utb 4329

Eine Arbeitsgemeinschaft der Verlage

Böhlau Verlag · Wien · Köln · Weimar
Verlag Barbara Budrich · Opladen · Toronto
facultas · Wien
Wilhelm Fink · Paderborn
A. Francke Verlag · Tübingen
Haupt Verlag · Bern
Verlag Julius Klinkhardt · Bad Heilbrunn
Mohr Siebeck · Tübingen
Nomos Verlagsgesellschaft · Baden-Baden
Ernst Reinhardt Verlag · München · Basel
Ferdinand Schöningh · Paderborn
Eugen Ulmer Verlag · Stuttgart
UVK Verlagsgesellschaft · Konstanz, mit UVK/Lucius · München
Vandenhoeck & Ruprecht · Göttingen · Bristol
Waxmann · Münster · New York

Frank Daumann, Benedikt Römmelt

Marketing und Strategie im Sport

UVK Verlagsgesellschaft mbH · Konstanz
mit UVK/Lucius · München

Dr. Frank Daumann ist Professor für Sportökonomie und Gesundheitsökonomie an der Friedrich-Schiller-Universität Jena.

Dr. Benedikt Römmelt berät Organisationen zu den Themen Strategie, Marketing, Sales und Marktforschung.

Bibliografische Information der Deutschen Bibliothek
Die Deutsche Bibliothek verzeichnet diese Publikation in der Deutschen Nationalbibliografie; detaillierte bibliografische Daten sind im Internet über <http://dnb.ddb.de> abrufbar.

© UVK Verlagsgesellschaft mbH, Konstanz und München 2015

Lektorat: Rainer Berger
Gestaltung: Claudia Rupp, Stuttgart
Einbandgestaltung: Atelier Reichert, Stuttgart
Coverillustration: © Vitaly Krivosheev – Fotolia.com
Piktogramme im Buch: © Terriana – Fotolia.com, © artvea – iStockfoto.com
Druck: fgb · freiburger graphische betriebe, Freiburg

UVK Verlagsgesellschaft mbH
Schützenstr. 24 · 78462 Konstanz
Tel. 07531-9053-21 · Fax 07531-9053-98
www.uvk.de

UTB-Nr.: 4329
ISBN 978-3-8252-4329-6

Vorwort

Viele Bereiche der Sportbranche durchlaufen eine erhebliche Wachstumsphase und professionalisieren sich zunehmend. Ein steigendes Einkommen und eine zunehmende Freizeit dürften Garanten dafür sein, dass diese positive Entwicklung des Sports anhält.

Eine stärkere Professionalisierung des Sports erfordert ein entsprechendes betriebswirtschaftliches Fundament, das alle Funktionen des Betriebes umfasst. Dieses Lehrbuch zielt darauf ab, einen Teilbereich – nämlich das theoretische Fundament im Bereich Strategie und Marketing im Sport – zu vermitteln. Besonderes Augenmerk wurde dabei darauf gelegt, die einschlägigen theoretischen Grundlagen der Unternehmensstrategie und des Marketings zu erläutern und dabei stets deren Bezug zum Sportbereich herzustellen. Insofern steht dieses Lehrbuch in der Tradition eines spezifischen Verständnisses von Sportmanagement: Sportmanagement als Anwendung betriebswirtschaftlicher Instrumente auf den Bereich des Sports.

Das Lehrbuch selbst richtet sich zum einen an Studierende, die sich in einem Bachelor- oder Masterstudium mit dem Sportmanagement beschäftigten, und zum anderen ist dieses Lehrbuch an Interessenten des Sportmanagements bzw. des Teilbereichs Strategie und Marketing im Sport gerichtet.

Wir wünschen dem geneigten Leser viel Freude bei der Lektüre und freuen uns über entsprechende Anregungen.

Jena, im Frühjahr 2015   Frank Daumann und Benedikt Römmelt

Inhaltsverzeichnis

Abbildungsverzeichnis

Tabellenverzeichnis

1 Einführung in Strategie und Marketing und Aufbau des Lehrbuchs

1.1 Rolle der Strategie und des Marketings in Unternehmen und Sportorganisationen

Hyperwettbewerb, hohe Marktdynamiken, Diskontinuitäten und Struktureinbrüche, zunehmende Komplexität, Wandel des Einkaufsverhaltens, ständig neue Trends, technologischer Fortschritt, eine abnehmende Halbwertzeit des Wissens, politische und wirtschaftliche Krisen, Alterung der Gesellschaft ... Unternehmen und Organisationen stehen in der heutigen Zeit sehr vielen simultanen Herausforderungen gegenüber und müssen einen wahren „Multifrontenkrieg" führen. Dies gilt sowohl für Unternehmen in klassischen Märkten als auch für Organisationen in Sportmärkten. Die enge Verwebung der Teilmärkte im Sport sowie die öffentliche Aufmerksamkeit, die staatliche Förderung und die besondere Rolle von Non-Profit-Organisationen erhöhen die Komplexität der zu berücksichtigenden Stakeholder in Sportmärkten.

Aufgabe des Managements ist es, diese komplexe Aufgabe zu lösen und auf die Entwicklungen im Umfeld und innerhalb des Unternehmens beziehungsweise der Organisation entsprechend reagieren zu können. Hierbei stehen der Unternehmensführung eine Reihe strategischer Instrumente zur Verfügung – von der globalen Umweltanalyse über den Stakeholderansatz bis hin zur Balanced Scorecard. Der zielgerichtete Einsatz dieser Instrumente bietet der Führungsriege im Unternehmen die Grundlage ihres Managements bei der Strategiebildung und verbessert die Chancen, das Unternehmen dauerhaft erfolgreich zu führen. Das Management setzt hierbei die Ziele, die es zu erreichen gilt. Die Strategie ist der Weg zum jeweiligen Ziel.

1.2 Lernziele und Studierhinweise

Dieses Lehrbuch soll einen grundlegenden Einblick in die Themenfelder Marketing, Strategie sowie deren Verknüpfung im strategischen Marketing geben und diese im Kontext des Sports aufarbeiten. Dies geschieht zunächst auf Basis allgemeiner Theorien und Instrumente des Marketings. Anschließend vertieft das Buch die jeweiligen Themen mit Blick auf Sportmärkte, stellt Beispiele sowie Fallstudien vor und diskutiert Besonderheiten und Spezifika im Sportkontext.

Dieses Werk ist ein Lehrbuch für Studierende in grundständigen und aufbauenden Studiengängen wie Sportmanagement, Sportökonomie, Betriebswirtschaftslehre, Wirtschaftswissenschaft oder Sportwissenschaft. Zudem bietet es Managern aus der Praxis ein kompaktes Nachschlagewerk der gängigsten Instrumente.

Dieses Lehrbuch soll

- dem Leser ein grundlegendes Verständnis für strategisches Denken vermitteln und ihn befähigen, selbsttätig Strategien zu entwickeln, umzusetzen und an Änderungen anzupassen (Controlling),
- die Charakteristika der verschiedenen Marketingausrichtungen ausleuchten,
- einen Überblick über die strategischen (externen und internen) Analyseverfahren geben und den Leser bei deren Anwendung anleiten,
- die notwendigen Kenntnisse der Planungsverfahren zur Bewertung und Auswahl von Marketingstrategien sowie der strategischen Planungsinstrumente dem Leser nahebringen,
- den Leser in die Lage versetzen, eine Marketingstrategie mit Hilfe der Marketinginstrumente zu implementieren,
- die grundlegenden Möglichkeiten des Marketing-Controllings aufzeigen,
- den Transfer der klassischen Instrumente in den Kontext des Sports leisten sowie
- die wesentlichen Spezifika der Sportbranche aufzeigen.

Der Aufbau dieses Lehrbuchs folgt dem Ablauf des strategischen Marketingprozesses mit dessen Phasen Analyse, Planung, Implementierung und Kontrolle. Nach einem Überblick über die Themenfelder Strategie und strategisches Management und einer Charakterisierung der Sportmärkte und seiner Akteure (Kapitel 2) werden die Grundlagen des Marketings und seiner Entwicklung gelegt, der Unterschied zwischen traditionellem und strategischem Marketing erörtert, die Schritte des Marketingprozesses erklärt sowie das Sportmarketing als Teildisziplin im Marketingkontext diskutiert (Kapitel 3). In Kapitel 4 werden strategische Analyseverfahren vorgestellt. Deren Darstellung erfolgt angelehnt an die SWOT-Logik, bei der externe Analysen die Chancen und Risiken der Umwelt betrachten und interne Analysen die Stärken und Schwächen der Organisation aufdecken sollen. Die Grundlagen, der Rahmen zur Strategieplanung, die Bewertung von Strategien sowie Planungsinstrumente sind Bestandteil des fünften Kapitels „Strategische Marketing Planung". McCarthy's 4P-Logik folgend werden in Kapitel 6 die Instrumente Produkt, Preis, Kommunikation und Distribution zur Implementierung der Marketingstrategie behandelt. Das siebte Kapitel „Sport- und Marketing-Controlling" schließt den strategischen Marketingprozess sowie dieses Lehrbuch ab.

Jedes Kapitel beginnt mit den grundlegenden theoretischen Hintergründen und einer Darstellung der Instrumente. Diese werden dann auf den Sport bezogen und in Beispielen und Casestudies mit Sportbezug vertieft. Jedes Kapitel schließt mit einem Repetitorium, das neben einer Zusammenfassung der wesentlichen Inhalte Wiederholungs- und Verständnisfragen anbietet.

2 Strategie und strategisches Management im Sportmanagement

Dieses Kapitel widmet sich den Grundlagen des strategischen Managements. Es gibt einen Überblick über die wichtigsten Begriffe, Entwicklungen und die Notwendigkeit und den Zweck in diesem Kontext. Zudem werden der Markt für Sport und seine Akteure vorgestellt.

2.1 „Strategie" – Begriff und Definition

Der Begriff „Strategie" ist wahrlich zu einem Modewort geworden, das all das beschreiben soll, was sich der konkreten Erfassung entzieht und nicht lediglich „operativ" ist. Die Verbindung mit dem Adjektiv „strategisch" erhöht scheinbar den Wert des dazugehörigen Substantivs (z. B. „strategische Ausrichtung", „strategische Kostenrechnung", „strategisches Marketing", „strategisches Management" etc.).

Etymologisch kommt der Begriff aus dem Griechischen: „stratos" steht für „das Heer" und „agein" bedeutet „führen". So meint Strategie also zunächst „Heeresführung". Ursprünglich hatte der Begriff auch eine rein militärische Bedeutung. Ab etwa 500 v. Chr. wurde in Athen die „Strategia", das Kollegium der zehn militärischen Oberbeamten, eingesetzt, die neben der Heerführung auch Politik betrieben. Somit wurde der Strategiebegriff um die Kunst der Staatsführung erweitert.

Strategie ist ein zielorientiertes Rahmenkonzept für Taktiken, das unter Ungewissheit zu formulieren und unter Berücksichtigung der aktuellen Umweltinformationen kontinuierlich zu prüfen ist. Somit ist eine (Unternehmens-)Strategie

- ein **Gesamtkonzept** zur Erreichung eines oder mehrerer **Ziele**, das
- auf **längere Zeit** ausgelegt ist und
- **aggregierte Größen** beinhaltet (Behnam, Gilbert & Kreikebaum, 2011, 25 ff.; Kreikebaum, 1997, 17 ff.).

Bea und Haas (2013, 55) definieren Strategien kürzer als „Maßnahmen zur Sicherung des langfristigen Erfolgs eines Unternehmens".

Für den Eingang des Strategiebegriffs in die Betriebswirtschaftslehre wird die Spieltheorie, allen voran von Neumanns und Morgensterns Buch von 1944 „Theory of Games and Economic Behaviour" verantwortlich gemacht (Bea & Haas, 2013, 55; Behnam et al., 2011, 23 f.; Corsten, 1998, 3 f.).

Mintzberg (1987) sieht fünf Betrachtungsweisen für den Begriff Strategie, die „fünf P": Strategy as Plan, Ploy, Pattern, Position, Perspective. Für viele ist Strategie ein Plan, also eine Art bewusstes, absichtliches Vorgehen oder eine Richtlinie, um mit einer Situation umzugehen. Ein Kind beispielsweise hat eine Strategie, um ein Hindernis zu überwinden. Eine Strategie kann aber auch eine List (Ploy) sein, sprich ein spezielles Manöver, um einen Gegner auszutricksen. Ein Unternehmen kann beispielsweise drohen, die eigenen Kapazitäten auszubauen, um einen Wettbewerber zu entmutigen, eine neue Fabrik zu bauen. Eine dritte Sichtweise besagt, dass Strategie ein Muster in einer Abfolge von Handlungen (Pattern) ist. Angestrebte (= geplante) Strategien werden nicht immer umgesetzt. Nur ein Teil dieser angestrebten Strategien wird wirklich vorsätzlich implementiert und erst zusammen mit auftauchenden, emergenten Strategien zusammen zur realisierten Strategie. Die vierte Definitionsmöglichkeit sieht in einer Strategie die Position bzw. Positionierung einer Organisation. Dies meint die Stellung einer Organisation in ihrem Umfeld. Diese Position soll aus ökonomischer Sicht so gewählt sein, dass entsprechende Rückflüsse erwirtschaftet werden. Dabei nimmt die Strategie eine Vermittlerrolle zwischen der Organisation und der Umwelt ein. Die fünfte Definition sieht Strategie als Perspektive, die nicht nur eine gewählte Position einnimmt, sondern die eine tief verwurzelte Methode der Wahrnehmung und Ausrichtung der Organisation darstellt. So verfolgen manche Unternehmen ihre Strategie, indem sie aggressiv die „Pace" auf dem jeweiligen Markt vorgeben, neue Technologien entwickeln, neue Märkte schaffen und diese ausschöpfen (z. B. Apple, google). Andere Unternehmen konzentrieren sich auf das Marketing und bilden gar Ideologien um ihre Marken (z. B. Coca Cola, Mc Donalds, adidas, Nike).

2.2 Entwicklung des strategischen Managements

Der Mensch beginnt schon sehr frühzeitig, sich mit betriebswirtschaftlichen Fragen zu beschäftigen. Bereits 8.000 v. Chr. und seit dem Beginn der Entwicklung von Schriften, die eine Dokumentation von Geschäftsvorfällen ermöglichen, werden kaufmännische Überlegungen angestellt, und das Rechnungswesen beginnt sich zu entwickeln. Im Jahr 1715 verfasst Paul Jacob Marperger ein Plädoyer mit dem Anliegen, eine Lehre der „Kaufmannschaft" an Akademien und Universitäten zu begründen. Die Handelsakademie von Büsch in Hamburg nimmt im Jahr 1768 ihren Lehrbetrieb auf. Offenbar reicht die Lehre an den vermehrt gegründeten Handelsakademien den Bedürfnissen der Leitung größerer Industrieunternehmen nicht mehr aus. Gegen Ende des 19. Jahrhunderts (1898), als die Universitäten sich noch der Betriebswirtschaft verschlossen, wird die Handelshochschule Leipzig als erste Hochschule für Betriebswirtschaft gegründet. Dem Leipziger Vorbild folgend werden weitere (private) Handelshochschulen gegründet, deren betriebswirtschaftlicher Teil auf Warenkunde, Handelsgeographie, kaufmännisches Rechnen und Buchhaltung beschränkt war. Nur langsam erkennt die übrige Wissenschaft die Handelshochschulen auch an, so dass sie 1922 Promotionsrecht erlangen und endgültig zu Universitäten aufschließen.

Während 1922 nur sechs Professoren Betriebswirtschaft in Deutschland lehren, vervielfacht sich die Zahl auf 32 im Jahr 1936, auf 105 im Jahr 1966 und auf 811 im Jahr 1998 (Brockhoff, 2009, 101 ff.; 2012, 208).

Im Gegensatz zu anderen Wirtschaftswissenschaftsdisziplinen ist das strategische Management ein relativ junges Beschäftigungsfeld. Innerhalb der Wirtschaftswissenschaften ist das strategische Management als Teildisziplin der Betriebswirtschaft mit mikroökonomischen Einschlägen zu sehen. Besonders die Industrieökonomik nimmt einen großen Einfluss auf das strategische Management.

Bea und Haas (2013, 11 ff.) identifizieren fünf Phasen bei der Entwicklung des strategischen Managements nach dem zweiten Weltkrieg (vgl. Tabelle 1). Die erste Phase war bedingt durch die Ressourcenknappheit vorwiegend auf die Planung der Finanzströme ausgerichtet. Budgeting, Finanzplanungsmodelle oder Verfahren des Operations Research wurden weiterentwickelt. In den 1960er Jahren orientierte sich das Management an einer langfristigen, weitsichtigeren Planung. Die Langfristprognosen, die zur Formulierung von Mehrjahresbudgets dienten, beruhten auf einer Verlängerung bisheriger Trends in die Zukunft. Eine solche Vorgehensweise führt bei Trendbrüchen (z. B. Ölkrise) zu falschen Ergebnissen. Deshalb begnügte man sich in der Phase der strategischen Planung nicht mehr mit der Verlängerung der Vergangenheit in die Zukunft, sondern analysierte systematisch künftige Chancen und Risiken sowie eigene Stärken und Schwächen. Die Analyse der globalen Umwelt, die durch Frühwarnsysteme und Szenarioanalysen gestützt wurde, rückte in den Vordergrund.

Tabelle 1: Entwicklung des strategischen Managements (Bea und Haas, 2013, 14)

Phasen	Zeitraum	Umweltsituation	Unternehmenssituation	Forschungsschwerpunkt	Forschungsansatz	Forschungsergebnisse	Forscher/Autoren
Planung	1945–1960	Wiederaufbau nach dem 2. Weltkrieg Umwelt: deterministisch, begrenzt, linear-dynamisch, einfach	Ressourcenknappheit, Verkäufer-/Angebotsorientierung	Finanzplanung und -steuerung, Budgetierung, Optimierung von Entscheidungen	Modellanalyse	OR-Modelle, (Finanz-)Planungsmodelle, Entscheidungs-/Optimierungsmodelle	Churchman, Ackoff, Arnoff
Langfristige Planung	1960–1973	Wirtschaftswachstum Umwelt: weitgehend deterministisch, linear-dynamisch, begrenzt komplex	Unternehmenswachstum, neue Märkte, Verkäufer-/Angebotsorientierung	Extrapolation bisheriger Entwicklungen, Steuerung und Kontrolle von Unternehmen, Verhaltensaspekte	Modellanalyse, verhaltensorientierte Forschung	Prognose-, Wachstums-, mehrjährige Planungsmodelle (z. B. PPBS), Gesamtunternehmensmodelle, Kennzahlensysteme	Ansoff, Agthe, Gälweiler, Wild
Strategische Planung	1973–1980	Ölkrise und Destabilisierung Umwelt: stochastisch, turbulent-dynamisch, komplex	Wachstumskrisen, Käufer-/Nachfrageorientierung, Diversifikation	Frühwarnung, Erkennung von Chancen & Risiken bzw. Stärken & Schwächen, Diskontinuitätenmanagement, Zielforschung, CI, DV-Unterstützung, Bedeutung der Zeit (Time Management)	Situativer Ansatz, empirische Forschung	Frühwarnsysteme, Szenario-Analyse, MaFo, Ziel- & Planungsmodelle, strat. Marketing, Stakeholder & Shareholder-, Portfolio-, Erfahrungskurven-, Lebenszykluskonzepte, PIMS, Wertkette, Management-Informationssysteme	Ansoff, BCG, Cyert/March, Henderson, Mintzberg, Porter, Williamson, Ulrich, Hahn

Phasen	Zeitraum	Umweltsituation	Unternehmenssituation	Forschungsschwerpunkt	Forschungsansatz	Forschungsergebnisse	Forscher/Autoren
Strategisches Management 1	1980–2000	Wachstumsgrenzen, Globalisierung, Corporate Social Responsibility, Dienstleistungsgesellschaft Umwelt: hyperturbulent, komplex	Internationalisierung, Käufer-/Nachfrageorientierung, Differenzierungsstrategien, Reengineering und Kostensenkung, Integration und Kooperation (strategische Allianzen)	Erfolgspotenziale, Kernkompetenzen, Umsetzungsschwäche, Outsourcing, Outplacement, (Unternehmens-)Kultur, Institutionales Lernen, Strategisches Controlling	Marktorientierter Ansatz, Fit-Konzepte, Integrativ-systemisches Denken, Human Resource-Ansatz	Integration aller Führungssubsysteme, Benchmarking, Business Reengineering, Lean Management, Shareholder-Value, Desinvestitionsmanagement	Ansoff, Chandler, Mintzberg, Porter, Rappaport, Senge, Hinterhuber, Kirsch, Probst, Scholz etc.
Strategisches Management 2	ab 2000	Zunehmende Bedeutung globaler Finanzmärkte; Globale Wissensgesellschaft: Wissen als Produktionsfaktor Nr. 1, virtuelle Märkte Umwelt: hyperturbulent, komplex; Notwendigkeit zur Übernahme von Zukunftsverantwortung durch Unternehmen	Kundenorientierung, weltweite Fusionen, Entstehung von Global Players & grenzenlosen Unternehmen. Auf der anderen Seite: „Small is beautiful": Virtuelle, polyzentrische Unternehmensstrukturen; Auf- und Zusammenbruch der New Economy; Finanzkrise, Energiewende	Selbstorganisation, Unternehmenssteuerung u. Menschenführung in virtuellen polyzentrischen Unternehmen, Lernen/Wissensmanagement, Projektmanagement, Nachhaltigkeit	Fit-Konzepte, systemisches Denken, ressourcenorientierter Ansatz der Kernkompetenz, wissensorientierter Ansatz, evolutionstheoretische Ansätze, institutionenökonomischer Ansatz, Konstruktivismus, Strukturationsansatz	Ganzheitliches Wertmanagement, „objektorientierte" Steuerungs- und Führungskonzepte, Balanced Scorecard, Unternehmensethik, Business Eco-Systems, Blue Ocean Strategy	Nonaka, Polanyi, Grant, Kaplan/Norton, Probst, Willke, Malik, Picot, Horvath, Giddens, Moore

Das strategische Management setzte sich erst in den 80er Jahren des 20. Jahrhunderts durch, als die Globalisierung zur Verstärkung der Position des Nachfragers führte. Als mögliche Geburtsstunde des strategischen Managements bezeichnen Bea und Haas (2013, 6) entweder das Jahr 1976 als Ansoff, Declerck und Hayes ihr Werk „From Strategic Planning to Strategic Management" herausgaben (Ansoff, Declerck & Hayes, 1976) oder das Jahr 1980, in dem die Zeitschriften „Strategic Management Journal" und „Journal of Business Strategy" gegründet wurden.

Aufgrund praktischer Erfahrungen machte sich langsam die Erkenntnis breit, dass die Implementierung von Strategien nur erfolgreich verläuft, wenn sie von den Mitgliedern des Unternehmens akzeptiert wird. Personal, Organisationsstrukturen, Unternehmenskultur und Informationen gewannen eine grundlegende strategische Bedeutung. Mit diesen Entwicklungen eng verbunden war die Erweiterung des Planungs- zu einem Managementkonzept.

In der neueren Zeit (ab 2000) gewinnen Gedankenkonstrukte wie „Wissensgesellschaft", „virtuelle Märkte", „grenzenlose Unternehmen", „lernende Organisationen" oder Nachhaltigkeit an Bedeutung. Nicht nur durch den Klimawandel, die Vernetzung der Welt und die Offenlegung sozialer Ungerechtigkeiten nimmt die Orientierung des strategischen Verhaltens von Unternehmen an sozialer Verantwortung („Corporate Social Responsibility") sowie die Bereitschaft zu, Verantwortung für die Zukunft durch nachhaltiges Handeln in ökonomischer, sozialer und ökologischer Weise zu übernehmen.

Insgesamt steht der „Fit-Gedanke" im Mittelpunkt. Dies bedeutet, dass alle Führungssysteme durch das strategische Management koordiniert werden und dass das strategische Management externe und interne Faktoren so koordiniert, dass die Unternehmensziele bestmöglich erreicht werden.

2.3 Notwendigkeit und Zweck des strategischen Managements

Veränderungen der Unternehmensumwelt bedingen adäquate Reaktionen des Unternehmens. Solche Veränderungen der Umwelt können durch eine Vielzahl von Faktoren und in verschiedenen Feldern erfolgen. Diese Faktoren und Felder können sowohl außerhalb als auch innerhalb des Unternehmens begründet sein (vgl. Abbildung 1).

Bea und Haas (2013) unterscheiden Veränderungen der Unternehmensumwelt anhand von Produktionsverfahren, Art der Produkte, Kaufkraft, geographische Verbreitung und Einfluss der Gesellschaft auf die Unternehmung. Tabelle 2 gibt eine Zusammenfassung über die Entwicklung dieser Einflussfaktoren im Verlauf der Zeit.

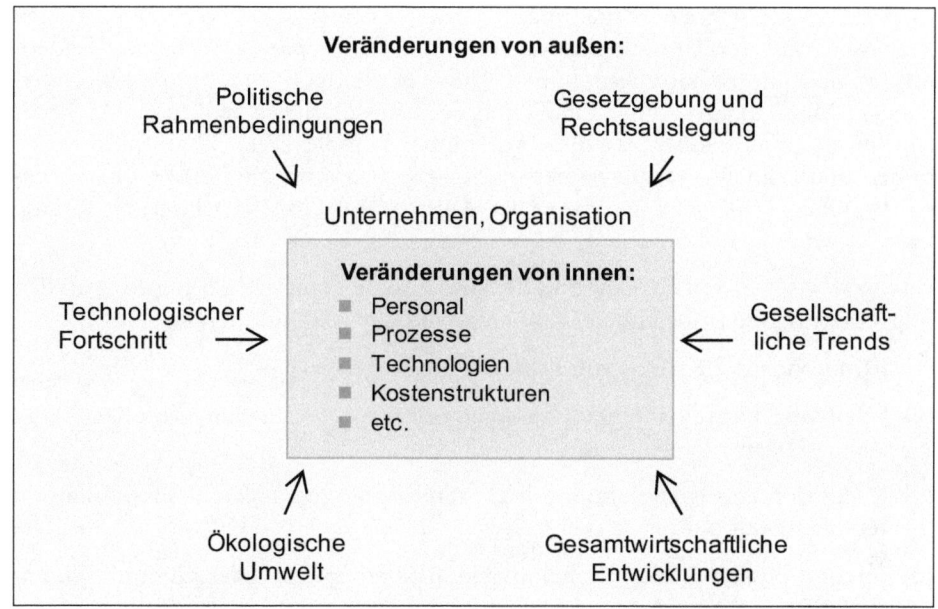

Abbildung 1: Externe und interne Einflussfaktoren auf Unternehmen
(eigene Darstellung)

Tabelle 2: Veränderungen der Unternehmensumwelt (Bea und Haas, 2013, 7)

	Vorindustrielle Zeit um 1900	Industrielle Zeit um 1930	Nachindustrielle Zeit um 2000
Produktions-verfahren	Handwerkliche Produktion	Industrielle Massen-produktion; elektronisch gesteuerte Fertigungsanlagen	Integrierte, flexible Fertigungssysteme; computerintegrierte Fabrik; globale, temporäre Produktionsnetzwerke
Art der Produkte	Individualprodukte	Homogene Massen-produktion	Heterogene und neuartige Produkte; Zunahme der Dienstleistungen; intelligente Produkte
Kaufkraft	Privilegien	Massenkaufkraft	Wohlstand
Geographische Verbreitung	Standortorientierung	Internationalisierung	Weltorientierung (Globalisierung)
Einfluss der Gesellschaft auf Unternehmen	Reglementierung	Liberalismus	Wachsende Einflussnahme der Politik und von Interessengruppen

Insgesamt lässt sich eine Zunahme der Komplexität von unternehmensinternen Prozessen und der Umwelt attestieren. Auch die Dynamik in beiden Feldern (extern und intern) hat zugenommen. Die Unternehmen geraten in stärker werdendem Maße in eine Abhängigkeit von der Umwelt. Somit steigen die Anforderungen an Unternehmen, da diese vor immer komplexeren Herausforderungen stehen und schneller reagieren müssen. Dadurch nimmt die Notwendigkeit des strategischen Managements mit seiner Außen- und Binnenorientierung ständig zu.

Das strategische Management und die strategische Planung haben grundsätzlich folgende Aufgaben zu erfüllen (Behnam et al., 2011, 28 und 35 ff.):

[1] Minderung des **Risikos** von Fehlentscheidungen

[2] Schaffung künftiger **Handlungsspielräume** zur Vermeidung von Sach- und Zeitzwängen

[3] Reduktion von **Komplexität** durch Stabilisierung von Verhaltensweisen und -erwartungen

[4] Integration von Einzelentscheidungen in einen **umfassenden Gesamtplan** unter Berücksichtigung der gegebenen Handlungsinterdependenzen

Das Strategische Management berücksichtigt langfristige, globale, umweltbezogene und entwicklungsorientierte Aspekte. Es umfasst die Gestaltung und gegenseitige Abstimmung von Planung, Kontrolle, Information, Organisation, Unternehmenskultur und strategischen Leistungspotenzialen (Bea & Haas, 2013, 22).

2.4 Der Markt für Sport und seine Akteure

2.4.1 Der Sportmarkt

Die Definition und Abgrenzung des Marktes für Sport ist komplex. Zum einen liegt dies an der Schwierigkeit der Abgrenzung der Begriffe „Sport" und „Markt" (Hermanns & Riedmüller, 2008, 41). Zum anderen existieren zahlreiche Modelle, die die Sportbranche darstellen sollen und die sich durch die jeweils eingenommenen Perspektiven unterscheiden (Graumann & Thieme, 2010, 33 ff.). Einigkeit besteht, dass der Sportmarkt aus unterschiedlichen Teilmärkten besteht, die miteinander zusammenhängen und voneinander abhängen.

Grundsätzlich lässt sich die Nachfrage nach aktivem Sporttreiben und passivem Konsum von Sport unterscheiden. Damit ist eine Abgrenzung des Marktes von aktivem Konsum (Sportlermarkt) und passivem Sportkonsum (Zuschauermarkt) möglich. Hermanns & Riedmüller (2008, 42 ff.) sprechen deshalb von einer „dualen Struktur" des Sportmarktes. Diese beiden Märkte hängen stark zusammen. Der Zuschauermarkt ist darauf angewiesen, dass im Sportlermarkt eine sportliche Leistung produziert wird, die dann für einen passiven Sportkonsum angeboten werden kann. Weiterhin existieren Folge- und Nachbarmärkte, die den Sport als Plattform nutzen, um Folgeprodukte auf diesem zu handeln. Abbildung 2 verdeutlicht die Strukturen auf dem Sportmarkt.

Auf dem Sportlermarkt schaffen die Anbieter Möglichkeiten zur aktiven sportlichen Betätigung (Daumann, 2015, 37 ff.). Grundsätzlich können drei Anbietertypen unterschieden werden: Non-Profit-Organisationen (z. B. Sportvereine, Verbände etc.), For-Profit-Organisationen (z. B. kommerzielle Fitnessstudios, Kletterhallen, Veranstalter von Teilnehmerevents etc.) oder staatliche Organisationen (z. B. Schulen, Hochschulen, Universitäten, städtische Einrichtungen, Volkshochschulen, Sportämter etc.; zu staatlichen Organisationen vgl. ausführlich Horch, Schubert & Walzel, 2014, 163 ff.). Der Sportlermarkt lässt sich in

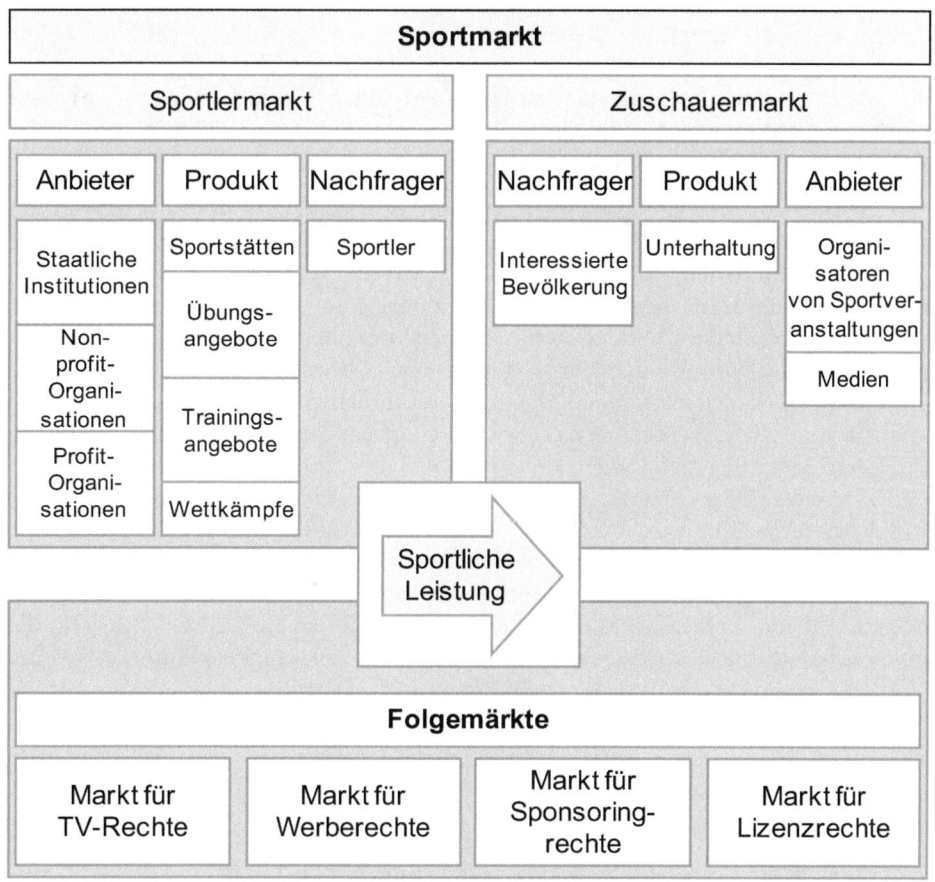

Abbildung 2: Der Markt für Sport (Daumann, Langer & Altmann, 2007, 23)

weitere Teilmärkte unterscheiden. Neben dem Markt für Sportgüter, auf dem insbesondere Sportartikel, Sportgeräte und Sportnahrung gehandelt werden, verfügt auch der Markt für Sportinfrastruktur über eine große Bedeutung. Letzter umfasst den Bau und Betrieb von Sportstätten, Stadien oder Arenen. Zudem lassen sich zahlreiche Dienstleistungen im Sportmarkt wie der Sportfachhandel, Übungs-, Trainings-, Betreuungsleistungen oder die Organisation von sportlichen Wettkämpfen und Teilnehmerevents im Sportlermarkt anführen. Als Nachfrager auf dem Sportlermarkt treten zum einen Freizeit- und Breitensportler auf, zum anderen Leistungs- und Spitzensportler.

Insbesondere das Interesse (an Teilen) der von Leistungs- und Spitzensportlern produzierten sportlichen Leistung bildet die Basis des Zuschauermarkts. Erst ab einem gewissen sportlichen Leistungsniveau, einer gewissen Erwerbs- und Außenorientierung sowie einer Ausrichtung auf Absatzpartner wird die sportliche Leistung interessant für Anbieter und Nachfrager auf dem Zuschauermarkt. Auf diesem wird die sportliche Leistung als Unterhaltungsprodukt gehandelt. Die an der sportlichen Leistung interessierte Bevölkerung (Nachfrager) konsumiert den Sport als Unterhaltungsdienstleistung entweder live und vor Ort (Anbieter: Sportveranstalter wie Fußballclubs, Boxpromotoren, Sportverbände etc.) oder indirekt über Medien (Anbieter: Free- und Pay-TV, Print, Radio, Online etc.).

Der Markt für bewegungsaktiven Sport (Sportlermarkt) und die Rezeption sportlicher Inhalte auf dem Zuschauermarkt bieten durch die mit dem Thema „Sport" verbundenen Konsumenten eine Plattform, die für außenstehende Anbieter interessant ist. Soweit sich dieser Zugang in der Verfügungsmacht der Anbieter im Sportler- bzw. Zuschauermarkt befindet und dieser Dritten (Unternehmen) im Sinne einer Vermarktung von Zugangsrechten zur Verfügung gestellt wird, kann man von Folgemärkten sprechen. Aufgrund der positiven Assoziationen bietet das Thema „Sport" Unternehmen die Möglichkeit, deren Produkte und Dienstleistungen mit Sport in Verbindung zu bringen und so auf einen Imagetransfer zu setzen. Durch diesen Zusammenhang entsteht der Markt für Werberechte (im oder mit Sport) beziehungsweise der Markt für Sponsoring. Weitere Folgemärkte sind der Markt für Übertragungsrechte von sportlichen Ereignissen (z.B. Bundesliga oder Olympische Spiele im TV) oder der Markt für Merchandising. Folgemärkte entstehen somit durch den Handel mit Rechten, die als Folgeprodukte aus der originären sportlichen Leistungserstellung abgeleitet werden können (Hermanns & Riedmüller, 2008, 59 ff.).

2.4.2 Unternehmens- und Organisationstypen im Sport

Die einzelnen Teilmärkte im Sport werden von unterschiedlichen Unternehmens- und Organisationstypen geprägt. Eine weit verbreitete Typologie von Betriebsformen im Sportmarkt liefert Woratschek (1998). Er unterscheidet grundsätzlich zwei Betriebstypen: Sportgüterproduzenten und Dienstleister im Sport (vgl. Abbildung 3).

Bei den Produzenten von Sportgütern handelt es sich zum einen um Hersteller von Investitionsgütern. Zu diesen zählen Unternehmen, die Stadien, Arenen, Sportplätze, Laufbahnen oder sonstige Sportstätten planen und bauen, sowie die Hersteller von Sportgeräten[1] wie Fitessgeräten, Turngeräten, Toren, Netzen, Booten etc. Zum zweiten stellen Sportgüterproduzenten Konsumgüter für den Sport her. Neben Sportbekleidung, Sportschuhen, Accessoires wie Taschen, Brillen oder Pulsmesser zählen auch Sportgetränke und Nahrungsergänzungsmittel zu den Konsumgütern.

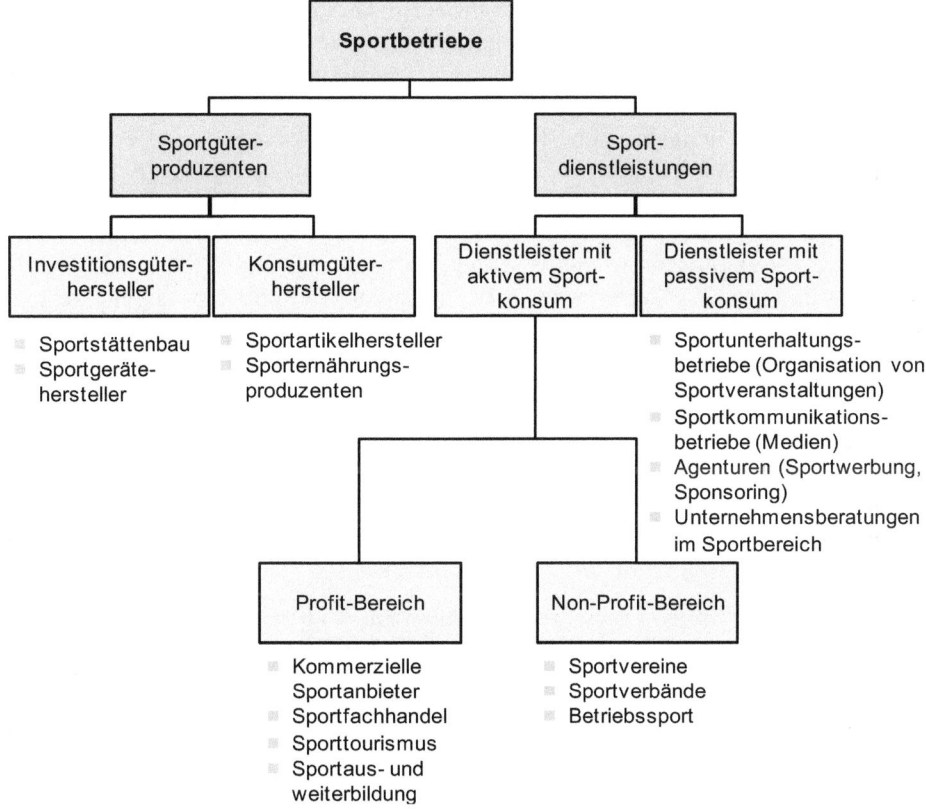

Abbildung 3: Unternehmens- und Betriebstypen im Sport
(Woratschek, 1998, 348; 1999, 169)

---

1   Die Abgrenzung von Sportgeräten und Sportartikeln ist fließend. In diesem Kontext sei unter „Sportgerät" ein solches Produkt im Sport verstanden, das einen gewissen Investitionscharakter aufweist und für eine längere Zeit einem größeren Nutzerkreis zur Verfügung steht.

Neben den Sportgüterproduzenten existieren Anbieter von Dienstleistungen im Sportkontext. Dies sind zum einen Organisationen, die auf Zuschauermärkten und Folgemärkten aktiv sind und Leistungen für den passiven Sportkonsum erstellen. Am nächsten zum Sport stehen die Sportunterhaltungsbetriebe, die als Veranstalter Sport und Sportevents produzieren und damit die Grundlage für die Sportkommunikationsbetriebe sind, die Nachrichten und Unterhaltungsprodukte erstellen. Sportkommunikation funktioniert in allen Mediengattungen – von Print, TV, Rundfunk bis online. Weitere Dienstleister im Kontext der Dienstleistungen für passiven Sportkonsum sind Werbe-, Sponsoring- oder Vermarktungsagenturen sowie Unternehmensberater mit Sportbezug.

Sportdienstleistungen, die eng mit dem aktiven Sporttreiben der Kunden verbunden sind, werden von gewinnorientierten Unternehmen (Profit-Organisationen) und bedarfsorientierten Organisationen (Non-Profit-Organisationen) angeboten. Klassische Non-Profit-Organisationen im Sport sind Sportvereine und Sportverbände. Sportverbände sind Zusammenschlüsse von Sportorganisationen, die fachliche oder überfachliche Interessen ihrer Mitglieder vertreten. Fachliche Interessen beziehen sich meist auf Sportarten spezifische Belange, die von Sportfachverbänden in mehreren Ebenen (Kreis-, Bezirks-, Landes- und Bundessportfachverbände) vertreten werden. Diese monopolistische Hierarchie liegt in der Verbandsautonomie und der Tatsache begründet, dass jede Sportart nur durch einen Fachverband in der jeweiligen Region bzw. Ebene vertreten wird. Um überfachliche Interessen kümmern sich Sportbünde, die ebenfalls auf unterschiedlichen Ebenen (Stadt-, Kreis-, Landessportbund und Deutscher Olympischer Sportbund) hierarchisch zusammenhängen.

Unternehmen im Profit-Sektor des Sports sind Sportfachhändler, Anbieter im Sporttourismus, in der Aus- und Weiterbildung (z. B. von Trainern, Nachwuchscamps) sowie kommerzielle Sportanbieter. Bei letzteren sind neben Fitnessstudios u. a. Kletterhallen, Go-Kart-Bahnen, Gruppen-Fitness, Personal-Training oder Outdoorsportanbieter zu nennen.

Insgesamt ist die Sportbranche bedingt durch die zahlreichen Sport bezogenen Teilmärkte von vielfältigen, verschiedenartigen Betriebstypen und Anbietern geprägt. Die Darstellung aller möglichen, existenten Betriebstypen würde den Umfang des Kapitels sprechen. Die vorgestellte Systematik deckt auf einem adäquaten Abstraktionslevel die wesentlichen Betriebe im Sport ab.

Repetitorium

Zusammenfassung

In diesem Kapitel wurde das Problemfeld „Strategie" und „strategisches Management" erläutert. Es wurde herausgearbeitet, dass eine Strategie ein Gesamtkonzept zur Zielerreichung darstellt, das auf längere Zeit ausgelegt ist und aggregierte Größen beinhaltet. Eine Strategie ist quasi der Weg zum Ziel. Dass der Begriff „Strategie" je nach Betrachtungswinkel unterschiedlich gesehen werden kann, zeigten die „5 Ps for strategy", die Mintzberg (1987) formuliert.

Anschließend wurde die Entwicklung des strategischen Managements skizziert. Diese relativ junge Disziplin begann mit der Phase der Planung, in der vor allem Instrumente wie Finanzplanung, Budgetierung und Optimierungsmodelle entwickelt wurden. Darauf folgte die Phase der Langfristplanung, in der Prognosemodelle und Kennzahlensysteme als strategische Instrumente neu zum Einsatz kamen. Durch Diskontinuitäten bedingt entwickelte sich die strategische Planung. In dieser Phase wurden wichtige Managementinstrumente wie Frühwarnsysteme, Szenarioanalysen, das Stakeholdermanagement, Portfoliokonzepte, Lebenszyklusanalysen, das PIMS-Programm, Wertschöpfungsanalysen oder das Erfahrungskurvenkonzept für die Managementpraxis entdeckt. Hierauf folgte die Weiterentwicklung zum strategischen Management mit ganzheitlichen Ansätzen zur Integration der Führungskonzepte, Leanmanagement, Benchmarking, Business Reengineering bis hin zur Balanced Scorecard.

Weiterhin wurden Notwendigkeit und Zweck des strategischen Managements untersucht. Ständige Änderungen der Umwelt, deren Auswirkungen auf das Management und auf den Erfolg einer Organisation begründen die Notwendigkeit der Außen- und Binnenorientierung des strategischen Managements. Der Zweck des strategischen Managements ist die Integration der Einzelentscheidungen in einen Gesamtplan, die Risikominderung, die Schaffung künftiger Handlungsspielräume und eine Komplexitätsreduktion.

Am Ende des Kapitels wurden der Markt für Sport und dessen Akteure betrachtet. Der Markt für Sport besteht aus Teilmärkten: dem Sportlermarkt, dem Zuschauermarkt und den Folgemärkten. Auf diesen Märkten existiert eine Vielzahl unterschiedlicher Betriebstypen.

Wiederholungs- und Transferfragen

- Was bedeutet „Strategie"? Definieren Sie den Begriff „Strategie"!
- Welche Kennzeichen hat eine Unternehmensstrategie?
- Geben Sie einen Überblick über die Betrachtungsweisen des Strategiebegriffs nach Mintzberg! (Five P for stratety)

- Wie lässt sich das strategische Management in die Betriebswirtschaftslehre einordnen?
- Skizzieren Sie die Entwicklungsphasen des strategischen Managements?
- Wie wirkte sich die Veränderung der Umwelt auf Unternehmen aus?
- Welchen Zweck verfolgt das strategische Management?
- Beschreiben Sie den Markt für Sport?
- Wie hängen die Teilmärkte mit Sportbezug zusammen?
- Welche Betriebstypen existieren im Sport? Wie lassen sich diese typologisieren?

3 Grundlagen des Marketings

Im Folgenden wird nach einem Überblick über die Entwicklung des Marketings, seiner Ausrichtungen und Schwerpunkte das traditionelle Marketingkonzept vorgestellt und vom strategischen Marketingkonzept abgegrenzt. Anschließend wird der strategische Marketingprozess erläutert, der diesem Buch einen Rahmen gibt. Am Ende des Kapitels wird das Sportmarketing als Teildisziplin des Marketings eingeordnet.

3.1 Entwicklung des Marketings

Ohne Zweifel kann dem Marketing in den letzten 50 Jahren ein außerordentlicher Zuwachs an Relevanz in Wissenschaft und Praxis zugeschrieben werden. Der Wandel vom Verkäufermarkt, in dem die Nachfrage das Angebot übersteigt (Nachfrageüberhang) und der Verkäufer die bessere Verhandlungsposition innehat, zum Käufermarkt, in dem das Angebot größer ist als die Nachfrage, führte zu dem hohen Stellenwert, den das Marketing heute hat. Dieser Wandel bedingte eine Zunahme des Wettbewerbs um die Kunden (vgl. Abbildung 4).

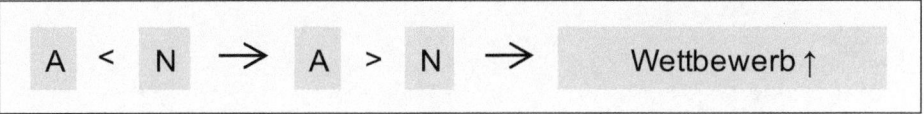

Abbildung 4: Wandel vom Verkäufer- zum Käufermarkt (eigene Darstellung)

Im Folgenden wird zunächst dem Ansatz von Pepels (2005) folgend ein Überblick über die Entwicklung der Marketinginhalte gegeben. Anschließend wird die Entwicklung des Anspruchspektrums und des inhaltlichen Fokus des Marketings nach Meffert et al. (2012) skizziert.

Im Laufe der Zeit entwickelten sich die Bedürfnisse der Konsumenten, Technologien, Rahmenbedingungen sowie die verschiedenen Märkte und deren Strukturen weiter. Damit wandelte sich auch der Fokus des Marketings kontinuierlich weiter (vgl. Abbildung 5).

In der traditionellen Absatzwirtschaft diente das Marketing zur Stimulierung des Flusses von Waren, Geldern und Informationen im Absatzkanal. In der Phase der Marktanpassung wurde die Nachfrage als nicht kreativ gesehen. Deshalb war es essentielle Aufgabe des Marketings, die Bedürfnisse der Konsumenten zu erkennen sowie passende Produkte zu entwerfen und anzubieten. Dagegen zielte das Marketing in der Phase der Marktgestaltung darauf ab, Probleme zu schaffen und die entsprechende Lösung mitzuliefern. Die Weiterentwicklung zum Beziehungsmarketing äußerte sich darin, dass das Management von Austauschprozessen mit unternehmensinternen und -externen Partnern beachtet wurde.

Generic Marketing
Beziehungsmarketing
Marktgestaltung
Marktanpassung
Traditionelle Absatzwirtschaft
Vor-Marketing-Ära
Jahr
1950
1960
1970
1980
1990
2000
2010
2020

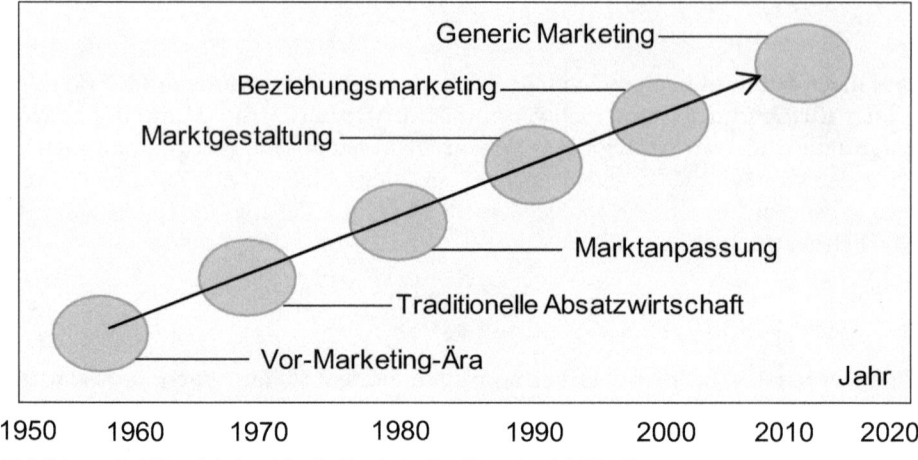

Abbildung 5: Wandel der Marketinginhalte (Pepels, 2005, 9)

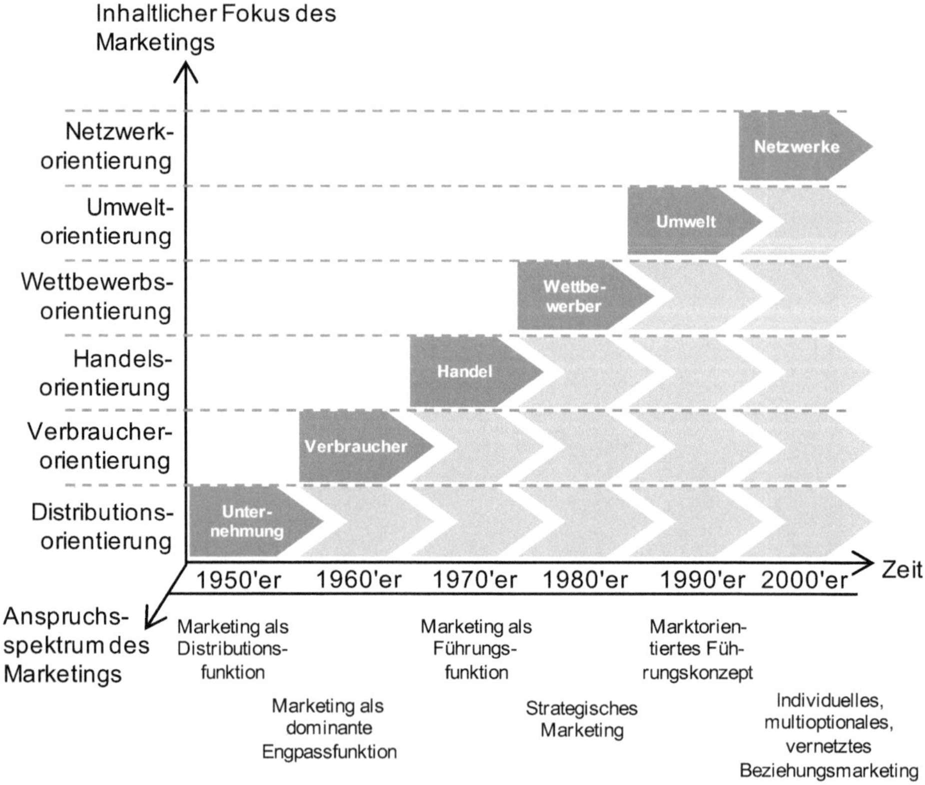

Inhaltlicher Fokus des Marketings
Netzwerk-orientierung
Umwelt-orientierung
Wettbewerbs-orientierung
Handels-orientierung
Verbraucher-orientierung
Distributions-orientierung
Netzwerke
Umwelt
Wettbe-werber
Handel
Verbraucher
Unter-nehmung
1950'er
1960'er
1970'er
1980'er
1990'er
2000'er
Zeit
Anspruchs-spektrum des Marketings
Marketing als Distributions-funktion
Marketing als dominante Engpassfunktion
Marketing als Führungs-funktion
Strategisches Marketing
Marktorien-tiertes Füh-rungskonzept
Individuelles, multioptionales, vernetztes Beziehungsmarketing

Abbildung 6: Entwicklungsstufen des Marketings (Meffert et al., 2012, 8)

Das Generic Marketing berücksichtigt die Gesamtheit sozialer Austauschbeziehungen zwischen allen Marktpartnern, die sich aus Marktteilnehmer, Staat und der Makroumwelt zusammensetzen (Pepels, 2005, 9 f.).

Meffert et al. (2012, 7 ff.) differenzieren bei den Entwicklungsstufen des Marketings die Phasen anhand des inhaltlichen Fokus und des Anspruchsspektrums des Marketings (vgl. Abbildung 6). Das Marketing wurde in den 1950er Jahren primär als „Distributions- und Verkaufsfunktion" interpretiert. Durch den oben schon erwähnten Wandel zum Käufermarkt wurde in den 1960er Jahren das Marketing als dominante Engpassfunktion erkannt und als Technik zur Beeinflussung der Verbraucher verstanden. Die wachsende Nachfragemacht des Handels mit seiner „Gatekeeper"-Funktion lenkte das Interesse im Marketing auf die handelsgerichteten Instrumente. In dieser Phase etablierte sich das Marketing als Führungsfunktion.

In den 1980er Jahren wurde Marketing strategisch betrieben. Durch die kompetitivere Ausrichtung, die ihre Ursache in einer stärker werdenden Internationalisierung und Globalisierung des Wettbewerbs hatte, erlangte das „Global Marketing" besonderes Interesse. Diesen Jahren sind Freemans Stakeholder Approach und Porters Five Forces Framework zuzurechnen. Diese Ansätze werden später noch intensiver behandelt (vgl. Kapitel 4.3).

Die Berücksichtigung globaler Umweltfaktoren in den Folgejahren führt zu einer Erweiterung des Anspruchsspektrums des Marketings, das sich als marktorientiertes Führungskonzept sieht. Im neuen Jahrtausend führten Entwicklungen im Bereich der Informations- und Kommunikationstechnologien, der Hyperwettbewerb sowie stark heterogene Konsumstrukturen zu neuen Herausforderungen für das Marketing. Begriffe wie Netzwerke, Database-Marketing, virtuelle Welten und Interaktivität prägen nunmehr das Marketing.

3.2 Traditionelles Marketing

Das traditionelle Verständnis des Marketings geht davon aus, dass beim Vorherrschen eines vom Käufer bestimmten Marktes, der Absatzmarkt der wichtigste Engpass für das Unternehmen ist. Anbieter sind in solchen Situationen nur dann erfolgreich, wenn ihre Leistungen exakt auf die Abnehmerwünsche hin konzipiert sind. Dieses Verständnis des Marketing-Konzepts basiert auf fünf Säulen (vgl. Abbildung 7).

Das traditionelle Marketing folgt dem „Primat des Absatzes". Damit stellt sich das Marketing in den Mittelpunkt des unternehmerischen Denkens und erhebt einen gewissen „Führungs-Anspruch." Durch eine Analyse der Nachfrager in einem bestimmten Markt werden beim Vorgehen nach dem traditionellen Marketing-Konzept Erfolgspotentiale identifiziert und geschaffen. Auf Basis derer wird die Marketingstrategie erarbeitet. Die Marketingstrategie wird durch die

Werkzeuge des Marketing-Mix umgesetzt. Dieser Prozess wiederholt sich kontinuierlich.

Abbildung 7: Das traditionelle Marketing-Konzept mit dem „Primat des Absatzes" (in Anlehnung an Böhler & Scigliano, 2005, 14 ff.)

Böhler und Scigliano (2005, 15) definieren das traditionelle Marketing als „marktorientierte Unternehmensführung [...], deren Planungs-, Implementierungs- und Kontrollaktivitäten auf systematisch gewonnenen Marktinformationen beruhen." Ihrer Ansicht nach lenkt das traditionelle Marketing-Konzept zwar die Aufmerksamkeit der Unternehmensleitung auf einen wichtigen Umweltausschnitt (Absatzmarkt), jedoch wird anderen externen Umweltbereichen und den nötigen internen Ressourcen zu wenig Aufmerksamkeit geschenkt. Demzufolge entstehen Chancen und Risiken für Unternehmen nicht nur auf den Absatzmärkten, sondern auch auf den Beschaffungsmärkten und durch Entwicklungen der globalen Umwelt. Diese werden jedoch beim traditionellen Marketingverständnis nicht berücksichtigt.

3.3 Strategisches Marketing

3.3.1 Grundlagen des strategischen Marketings

Die strategische Unternehmensführung zielt auf die Schaffung von langfristigen Erfolgspotentialen. Die operative Führung dagegen ist lediglich an erfolgswirtschaftlichen Größen (Umsatz, Kosten, Gewinn etc.) und der Erhaltung der Liquidität orientiert (vgl. Abbildung 8).

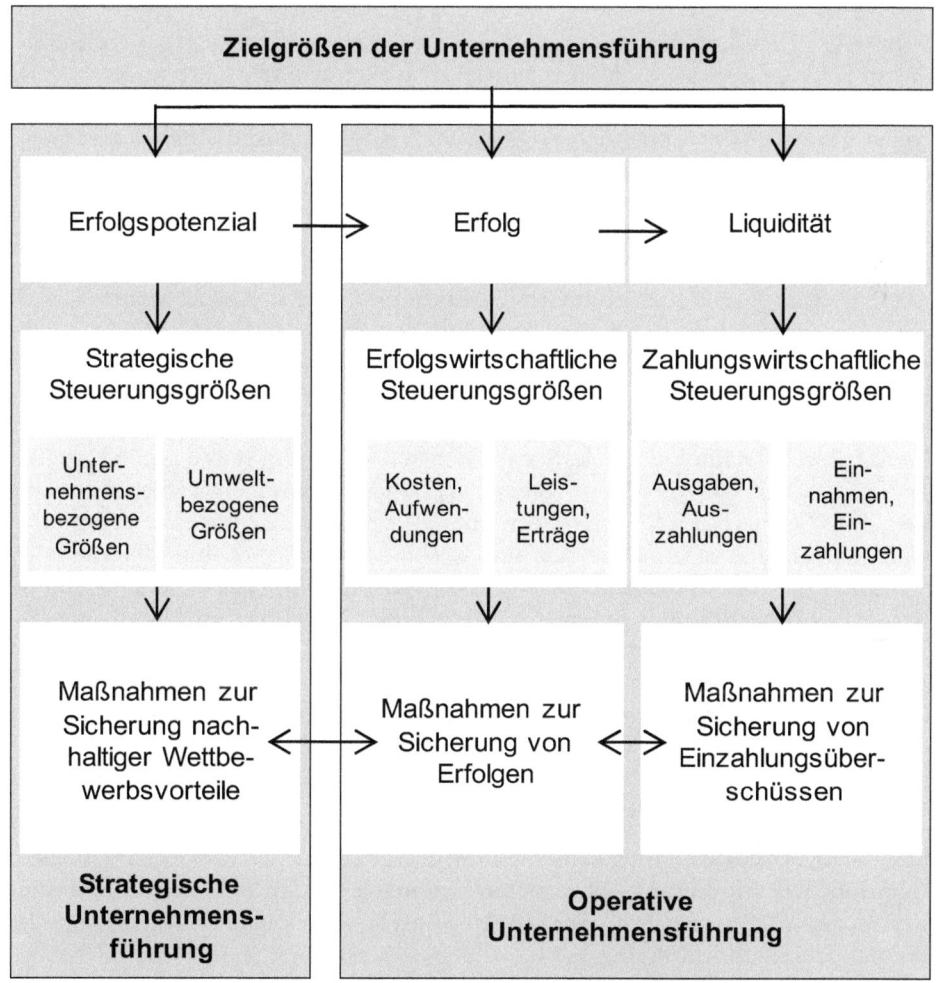

Abbildung 8: Abgrenzung der strategischen von der operativen Unternehmensführung (Böhler & Scigliano, 2005, 16)

Das strategische Marketing ist durch eine konsequente Ausrichtung sämtlicher Unternehmensfunktionen auf die Anforderungen der Umwelt gekennzeichnet (Bea & Haas, 2013, 512). Diesem Grundgedanken folgend sind alle relevanten unternehmensexternen und -internen Bereiche zu berücksichtigen, um entsprechende Erfolgspotentiale zu erarbeiten. Hierzu zählen v. a. Wettbewerbsvorteile, insbesondere die komparativen Konkurrenzvorteile (KKV), die die Basis für die angesprochenen Erfolgspotentiale bilden. Erfolgspotentiale sind nachhaltige, langfristige, künftige Erfolgsmöglichkeiten für Organisationen, die sich durch interne Stärken und externe Chancen ergeben (Böhler & Scigliano, 2005, 16 ff.).

Porter (1980) beschreibt in seinem Werk „Competitive Strategy" drei Strategien, die zu solchen Erfolgspotentialen führen. Die Strategie der Kostenführerschaft bietet dem Kunden die Produkte zu Preisen an, die die Konkurrenz nicht unterbieten kann (Penetration-Pricing). Dies wird möglich durch einen (effizienten) Ausbau der Produktionsanlagen, eine strenge Kostenkontrolle und die Nutzung von Skaleneffekten, d. h. das Entstehen und Nutzen erfahrungsbedingter Kostensenkungen. Als Beispiel für Penetration-Pricing lässt sich im Sport beispielsweise das Konzept von McFit oder die Handelsmarken der Discounter (Bsp. Sportartikel bei Aldi: Crane, bei Lidl: Crivit) anführen. Ganz anders konzentriert sich ein Unternehmen bei der Strategie der Differenzierung (Synonym: Qualitätsführerschaft) darauf, seine Produkte derart zu kreieren, so dass sie einzigartig in der Branche wahrgenommen werden. Diese Einzigartigkeit kann beispielsweise erreicht werden durch Design oder Markenname (z. B. Ferrari, Gucci, adidas, nike, Puma), durch Technologie (z. B. Sony, Siemens, Mammut), durch guten Kundendienst (z. B. Caterpillar, Würth, kleine Fachhändler), durch ein dichtes Händlernetz (z. B. Sparkasse, VW, Intersport) oder andere Dimensionen. Die dritte Strategie konzentriert sich auf Schwerpunkte (Nischenstrategie). Ein Unternehmen verzichtet hierbei auf die branchenweite Umsetzung seiner Ziele, sondern fokussiert sich auf bestimmte Bereiche. Prämisse dieses Vorgehens ist, dass begrenzte Ziele besser erreicht werden als von Konkurrenten, die sich in einem breiteren Wettbewerb finden. So hat sich die 3B Scientific GmbH auf anatomische Lehrmittel (z. B. für Medizinstudenten oder Erste Hilfe Kurse) spezialisiert und ist damit Weltmarktführer. Weitere Unternehmen, die eine Nischenstrategie verfolgen sind der Bio-Limonadenhersteller Bionade, der Edel-Handy-Fabrikant Vertu oder der Spezialist für Türzubehör Dorma.

Um solche Strategien entwickeln zu können, eignet sich das Vorgehen nach dem traditionellen Marketing-Konzept nur bedingt. Das strategische Marketing-Konzept erweitert den traditionellen Ansatz (vgl. Abbildung 7) um strategische Perspektiven (vgl. Abbildung 9).

Die fünf Säulen des Strategischen Marketing				
Problemlösungs-aspekt + Konkurrenz-orientierung	Informations-aspekt	Markt- und Ziel-gruppenaspekt	Maßnahmen-aspekt	Koordinations-aspekt
Aufbau und Erhaltung von komparativen Konkurrenz-vorteilen (KKV). KKVs müssen kauf-entscheidend, nicht imitierbar und vom Kunden wahrnehmbar sein.	Nicht nur Marktforschung, sondern auch sonstige vielfältige Umwelt-einflüsse (Früh-erkennung) werden in eine SWOT-Analyse mit einbezogen.	Märkte werden nicht als gegeben be-trachtet, sondern kön-nen geschaffen werden.	Die internen Wettbewerbs-vorteile werden nicht nur kurz-fristig mittels Marketing-Mix dem Kunden verdeutlicht. So soll eine entsprechend vorteilhafte Positionierung erreicht werden.	Die Schaffung und Erhaltung von Erfolgs-potenzialen setzt an der gesamten Wertschöpf-ungskette an.

Das strategische Marketing-Konzept → Marktdefinition, Analyse der Nachfrager und Konkurrenten sowie Überwachung der globalen Umwelt → Schaffung und Erhaltung von Erfolgspotenzialen durch Erarbeitung der Marketing-Strategie unter Berücksichtigung interner Ressourcen → Umsetzung durch Marketing-Mix

Abbildung 9: Das Strategische Marketing-Konzept (Böhler & Scigliano, 2005, 17 ff.)

3.3.2 Strategische Erfolgsfaktoren – die PIMS-Studie

Im Folgenden wird die zentrale Studie zu strategischen Erfolgsfaktoren vorge-stellt. PIMS steht für Profit Impacts of Market Strategies und ist ein Forschungs-projekt der Harvard Business School und des SPI (Strategic Planning Instituts). Dieses folgt folgendem Motto: „Lerne aus den Erfahrungen anderer, um eigene Fehler zu vermeiden."

Das in den 1960er Jahren bei General Electric initiierte PIMS-Programm un-tersuchte den Erfolg von einzelnen Geschäftseinheiten. In den folgenden Jahren wurden die Daten von über 3.000 strategischen Geschäftseinheiten erfasst. Die Analyse dieser Daten strategischer und finanzieller Art führte zu über 100 Ver-öffentlichungen (Buzzell, Gale & Greif, 1989).

Zentrales Konzept in allen Analysen ist der „bediente Markt". Dies bedeutet, dass sich eine Geschäftseinheit auf einen Teilbereich des Gesamtmarktes konzentriert. Der bediente Markt ist definiert als der Schnittbereich des Angebots eines für diesen Teilbereich passenden Produktes und den Marketingmaßnahmen, die auf diesen Teilbereich abzielen (Abbildung 10). Der bediente Markt ist ein zentrales Konzept in allen PIMS-Analysen, da

- der Marktanteil einer Geschäftseinheit im Verhältnis zu dem von ihr bedienten Markt gemessen wird,
- Messungen oder Schätzungen von Wachstumsraten eines Marktes für jeden von einer Geschäftseinheit bedienten Markt durchgeführt werden,
- Profil und Marktanteil führender Konkurrenten durch den Umfang des von ihnen bedienten Marktes bestimmt werden, und
- die relative Qualität der Produkte/Dienstleistungen einer Geschäftseinheit im Verhältnis zur Konkurrenz auf dem bedienten Markt bewertet wird (Buzzell et al., 1989, 31).

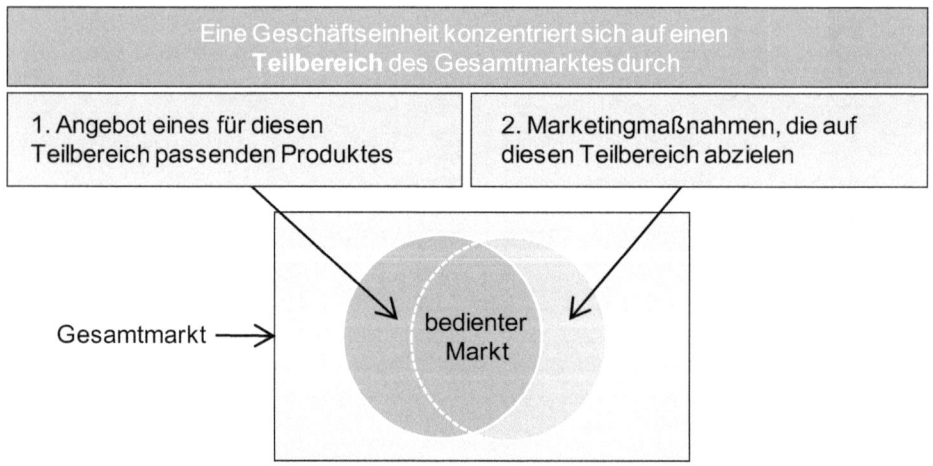

Abbildung 10: Konzept des „bedienten Marktes" (Buzzell et al., 1989, 31)

Ziel der Auswertung der PIMS-Daten ist die Ermittlung von Erfolgsfaktoren. Hierbei wird als Kennzahl für den Erfolg der ROI („Return on Invest") angesehen. Mittels linearer Regressionsmodelle mit dem ROI und teils des ROS („Return on Sales" = Umsatzrendite) als abhängige Variablen werden die Einflüsse verschiedener Faktoren auf den Unternehmenserfolg bestimmt. Besonders hohe Zusammenhänge (Korrelationen) konnten zwischen dem ROI und dem Marktanteil (positiv), der relativen Qualität (positiv), dem Lagerbestand (negativ) sowie der Kapitalintensität (negativ) beobachtet werden. Die Schlüsselfaktoren, die laut der PIMS-Daten Einfluss auf den ROI nehmen, sind in Abbildung 11 dargestellt.

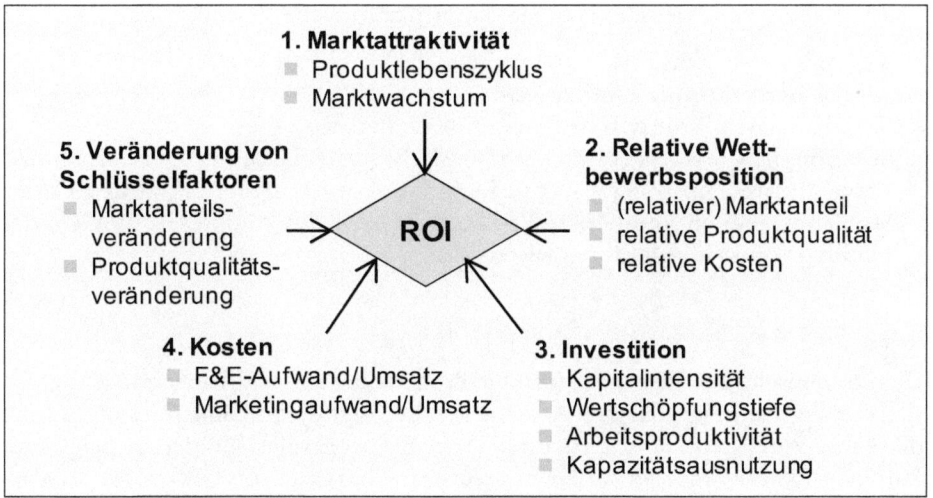

Abbildung 11: Schlüsselfaktoren für den Unternehmenserfolg (Bea & Haas, 2013, 130)

Aus diesen Ergebnissen lassen sich beispielhaft folgende strategische Prinzipien ableiten (Buzzell et al., 1989, 7 ff.):

- Auf lange Sicht ist die relative Qualität der Produkte einer Geschäftseinheit im Vergleich zum Wettbewerb der wichtigste Einzelfaktor.
- Der Marktanteil und die Rentabilität sind eng miteinander verbunden.
- Hohe Investmentintensitäten hemmen die Rentabilität.
- Viele Unternehmensbereiche, die als „dog" oder „question mark" bezeichnet werden, produzieren positive Cashflows, während dies vielen sogenannten „Cash Cows" nicht gelingt.
- Eine hohe Wertschöpfungstiefe ist nicht immer eine lohnende Strategie für strategische Geschäftseinheiten.
- Die meisten Faktoren, die den ROI erhöhen, tragen auch zur Erhöhung des langfristigen Unternehmenswertes bei.

Die PIMS-Studie und deren Ergebnisse sind nicht unumstritten (vgl. u. a. bei Bea & Haas, 2013, 129 f.; Behnam et al., 2011, 256 ff.; Corsten, 1998, 86; Scheuss, 2008, 78 f.). Besonders der Schluss von Korrelationen auf Kausalitäten wird kritisiert. Weiterhin können die „Marktgesetze" oder „strategischen Prinzipien" auf Basis der PIMS-Daten nicht für allgemeingültig erklärt werden. Zu gering erscheint der nachgewiesene Einfluss der Schlüsselfaktoren, da jeder einzelne für sich nur einen geringen Anteil der Varianz des ROI erklären. Darüber hinaus wird der unterstellte lineare Zusammenhang in den multiplen Regressionen als zu einfach angesehen, um die Wirklichkeit in der Art darzustellen, wie sie das PIMS-Programm beansprucht. Auch die Vergangenheitsbezogenheit der Daten ermöglicht nur die partielle Ableitung strategischer Schritte für die Zukunft.

Trotz all der Kritik weisen die PIMS-Studien zahlreiche Vorteile auf:

- Sie analysieren strukturiert strategische Probleme.
- Sie skizzieren Lösungsalternativen.
- Sie falsifizieren intuitiv getroffene Entscheidungen.
- Sie ermöglichen eine aus Unternehmenssicht strategische Bestandsaufnahme.
- Keine andere empirische Untersuchung kann nur annähernd mit den PIMS-Studien mithalten und höhere Erklärungsanteile am komplexen Problem der Findung von Erfolgsfaktoren leisten.

3.4 Prozess des strategischen Marketings

Das strategische Marketing folgt einem Prozess, der mit der Analyse beginnt und sich mit der Planung fortsetzt. Anschließend erfolgt die Implementierung, sprich die Umsetzung des Plans. Am Ende steht die Kontrolle (Böhler & Scigliano, 2005, 24). Dieser Prozess hat einen iterativen Charakter, und es kommt zu Vor- und Rückkopplungen in dessen Verlauf (vgl. Abbildung 12).

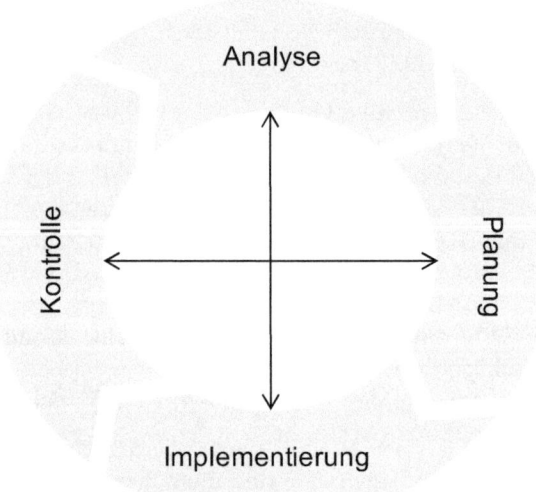

Abbildung 12: Iterativer Charakter des strategischen Marketing-Prozesses (eigene Darstellung)

Diesem vereinfachten Vorgehen folgen auch Kotler und Bliemel (2007). Komplexere Modelle für strategische Marketing- bzw. Management-Prozesse finden sich beispielsweise bei Benkenstein (2009, 20 ff.), Bea und Haas (2013, 54 ff.) oder Schierenbeck und Wöhle (2012, 114 ff.). Der hier dargestellte vereinfachte Prozess gibt, ohne wirklichen negativen Erkenntnis-Trade-off im Vergleich zu komplexeren Prozessmodellen, eine Struktur vor, die universal anwendbar ist.

Die Basis jeder guten Strategie stellen fundierte Analysen dar. In Kapitel 4 dieses Lehrbuchs werden die wichtigsten Verfahren für externe und interne Analysen vorgestellt. Auf Basis der Ergebnisse der Analysen erfolgt die strategische Planung. Methoden zur Planung werden in Kapitel 5 behandelt. Anhand dieser Fundamente (Analyse und Planung) werden die Säulen einer Marketingstrategie, die Marketinginstrumente (Marketing-Mix), eingesetzt. Die Implementierung des Marketing-Mix ist Kern des Kapitels 6. Zum strategischen Marketing gehört eine entsprechende Kontrolle zur Überprüfung und Anpassung der Marketingstrategie. Das Thema Marketing-Controlling wird in Kapitel 7 thematisiert. Abbildung 13 zeigt das „Haus" des strategischen Marketings. Diese Darstellung verdeutlicht alle notwendigen Marketingbestandteile in ihrer jeweiligen Relation zueinander.

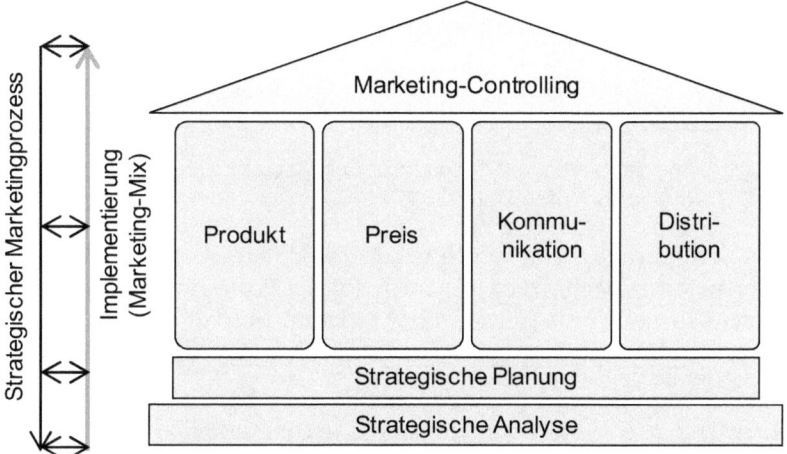

Abbildung 13: Bestandteile des strategischen Marketing: Das Haus des Marketings (eigene Darstellung)

3.5 Sportmarketing als Teildisziplin des Marketings

Aus marketingwissenschaftlicher Perspektive kann Sportmarketing als Teildisziplin des Marketings angesehen werden (vgl. Abbildung 14). Während einige Teildisziplinen wie beispielsweise das Konsumgütermarketing (Business to Consumer, B-2-C), das Industriegütermarketing (Business to Business, B-2-B) oder das Handelsmarketing bereits seit Jahren in Forschung, Lehre und Praxis etabliert sind, resultieren andere Disziplinen wie Gender Marketing oder Nachhaltigkeitsmarketing durch Änderungen im sozialen, wirtschaftlichen und rechtlichen Umfeldern sowie dem sich wandelnden Zeitgeist. Das Sportmarketing ist auf bestem Wege, ebenfalls als eigene Marketingdisziplin akzeptiert zu werden (Bühler & Nufer, 2012, 390 ff.).

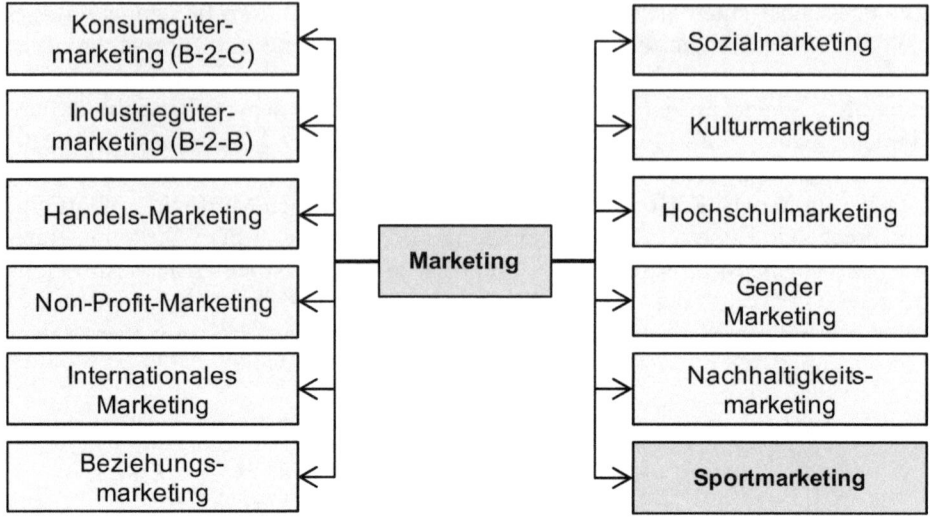

Abbildung 14: Sportmarketing als Teildisziplin der Marketinglehre
(Bühler & Nufer, 2012, 391)

In den letzten Jahren ist eine zunehmende Nachfrage nach Sport von Sportlern und Zuschauern zu beobachten, die auch auf die Professionalisierung im Sportmanagement zurückzuführen ist. Der Wandel im Marketing vom traditionellen zum professionalisierten Sportanbieter wird in Tabelle 3 dargestellt.

Der Einsatz von Managementinstrumenten und handlungsfähiger werdende Strukturen lassen eine stärkere Außenorientierung erkennen. Die Außenorientierung gepaart mit Erwerbsorientierung führt dazu, dass sich die Anbieter im Sport vermehrt an den Bedürfnissen und Wünschen potentieller Nachfrager orientieren und entsprechend mehr Kunden erreichen (Riedmüller, 2013).

Tabelle 3: Marketing-Konzepte bei traditionellen und professionalisierten Sportanbietern (in Anlehnung an Hermanns und Riedmüller, 2008b, 9)

	Traditionelle Sportanbieter	Professionalisierte Sportanbieter
Marketing-Verständnis	als Betrieb	als Marke
Marketing-Struktur	angebotsorientiert	nachfrageorientiert
Marketing-Instrumente	standardisiert	sportspezifisch

Der Begriff „Sportmarketing" lässt sich aus zwei Perspektiven betrachten (Nufer & Bühler, 2013b, 41 ff.): Marketing **von** Sport und Marketing **mit** Sport. Die erste Perspektive nimmt die Sichtweise von Sportanbietern ein, die sportbezogene Produkte verkaufen. Sie setzen allgemeine Instrumente des Marketings ein, um das Produkt „Sport" zu vermarkten. Gemäß der zweiten Perspektive (Marketing mit Sport) dient der Sport als Mittel zum Zweck, um eine sonstige Leistung zu vermarkten. Dabei muss diese Leistung keinen Sportbezug haben. Ein typischer Fall ist eine Brauerei, die sich als Sponsor engagiert und mit Slogans wie „Das Bier der Fußballfans" ihre sportfremden Produkte mit Bezug zum Sport verkaufen möchte. In Abbildung 15 werden die eben skizzierten Unterschiede von Marketing von und mit Sport in einem Sportmarketing-Modell dargestellt.

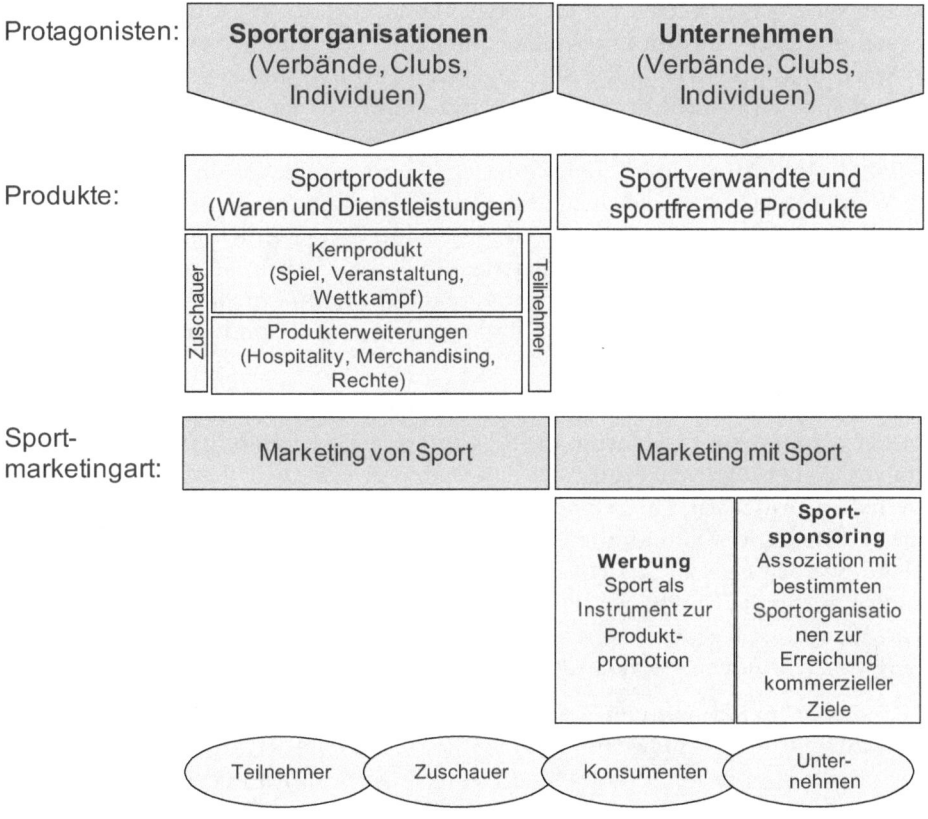

Abbildung 15: Sportmarketing-Modell (Bühler & Nufer, 2013, 43)

Für das Sportmarketing sind einige Besonderheiten des Sports, seiner Märkte bzw. der Sportbranche zu beachten. Dazu zählen u. a. Besonderheiten im Zuschauersport, Trends, ein ausgeprägtes öffentliches Interesse, staatliche Förderung, die aus ökonomischer Sicht relevanten Eigenschaften von Sportgütern, Sport als personenbezogene Dienstleistung, Emotionalität und Kapazitätsmanagement.

Die **Besonderheiten im Zuschauersport** äußern sich in mehreren Punkten (Daumann, 2015, 31 ff.; Nufer & Bühler, 2013b, 10 ff.):

- Je höher der Spannungsgrad eines sportlichen Wettkampfs und je unvorhersehbarer das Ergebnis ist, desto interessanter wird das sportliche Ereignis für den Konsumenten.
- Damit der Wettkampf und dessen Ergebnis aussagekräftig sind, bedarf es entsprechender Vereinbarungen und Regeln. Diese werden typischerweise von Ligen und Verbänden, die eine Monopolstellung bezüglich der Regelgebungskompetenz haben, aufgestellt.
- Ein sportlicher Wettkampf ist eine Unterhaltungsdienstleistung, bei der Herstellung und Konsum untrennbar miteinander verbunden sind. Ein Fußballspiel, das nicht live (i.S.v. ohne Zeitverzögerung) konsumiert wird, verliert exponentiell schnell an Spannung und damit an Wert. Selbst die technisch mögliche Lagerung durch Aufzeichnung tut diesem Fakt keinen Abbruch. So ist die Nachfrage nach konserviertem Sport (Aufzeichnungen vergangener Wettkämpfe) im Vergleich zu aktuellen Ereignissen vernachlässigbar gering.
- Die Verwertung sportlicher Wettkämpfe durch die Medien besitzt eine große ökonomische Relevanz. Die Übertragung durch Medien (TV, Radio, Internet) schafft veränderte Realitäten: Der Konsument nimmt nicht das originale Geschehen, das ein Zuschauer im Stadion erlebt, wahr, sondern eine veränderte „Postproduktionsersatzrealität".

Der Fan im Zuschauermarkt nimmt eine Doppelfunktion ein, die eines „Prosumers" (Producer und Consumer). Er konsumiert eine Unterhaltungsdienstleistung, ist aber zugleich Produzent einer integrativen Dienstleistung. Durch ihr Verhalten (Anfeuern, Fangesänge, Choreographien) prägen die Fans maßgeblich die Stimmung im Stadion, die wiederum wichtig für Medien und Sponsoren ist. Damit werden Fans zu „co-creators of value". Eine Steigerung des Werts entsteht zudem, wenn die Zuschauer als Werbeträger und Multiplikatoren für Sponsoren und Veranstalter genutzt werden können. Dies geschieht z.B. durch die Verteilung von gebrandeten Give-aways oder Fanartikeln durch die Sponsoren.

Phänomene im Kontext von Fans sind zudem das BIRGing und CORFing (Nufer & Bühler, 2013b, 14; Posten, 2009; Strauss, 2006). „BIRGing" ist ein Akronym für „basking in reflected glory", zu Deutsch „sich im Ruhme anderer sonnen". Es beschreibt das Phänomen, dass Menschen gern eine Verbindung zu erfolgreichen Anderen herzustellen versuchen. Dabei werden gemeinsame Merkmale in der Öffentlichkeit dargestellt. Typisch ist das Tragen von Merchandisingartikeln insbesondere nach Siegen der Mannschaft sowie die Nutzung der ersten Person Plural („Wir haben gewonnen"). Im Gegensatz dazu bezeichnet CORFing („cutting off reflected failure") ein sich von Fehlern anderer Distanzieren. So distanzieren sich Menschen von nicht-erfolgreichen Anderen, um keinen negativen Imagetransfer zu bewirken. Ein Kennzeichen ist das Verwenden der dritten Person („Die haben schon wieder verloren!"). CORFing ist bei eingefleischten Fans weniger ausgeprägt als bei „Schönwetter-Fans".

Sportprodukte und Sportdienstleistungen sind häufig **Trends** unterworfen. Die Produktlebenszyklen von Sportprodukten sind oftmals sehr kurz. Beispielhaft seien die Bestrebungen der führenden Sportartikelhersteller genannt, für jede Saison neue Kollektionen auf den Markt zu bringen. Auch Sportarten unterliegen entsprechenden Trends. Kurzfristige Hypes entstanden beispielsweise bei Streetball, Windsurfen, Beachvolleyball, Inline-Skating, Snowboarding oder Zumba. Nur einige dieser Trendsportarten konnten bzw. können sich auf hohem Niveau etablieren. Trotz häufiger Trends existieren stabile Sportarten, die sich teilweise schon seit weit über hundert Jahren großer Beliebtheit erfreuen. Neben Allzeitkönig Fußball sind Handball, Basketball, Eishockey, Boxen, Motorsport und Wintersport sowohl für aktive Sportler als auch passive Konsumenten relativ stabile Sportarten.

Sport ist ein Thema, das stark im **öffentlichen Interesse** steht und der zudem eine starke **staatliche Förderung** erfährt. Im DOSB sind etwa 28 Millionen Personen organisiert (DOSB, 2013). Somit ist es nicht verwunderlich, dass 70 % der über 14-jährigen deutschen Bevölkerung an Sport interessiert sind. Dabei sind 30 % besonders interessiert und 40 % mäßig interessiert (IfD Allensbach, 2014). Der deutsche Staat fördert den Sport direkt und indirekt (Daumann, 2015, 302 ff.). Direkte Subventionen fließen z. B. in die Co-Finanzierung von Sportstätten und Trainingsinfrastruktur (Leistungszentren, Stützpunkte), Sportgeräte und Personal sowie in die Talentsuche und -förderung, Unterstützung von Wettkampfteilnahmen, finanzielle Absicherung von Athleten (z. B. Sportfördergruppen in Bundeswehr, (Bundes-)Polizei oder in die Ausrichtung von Sportgroßveranstaltungen. Allein die Bundesregierung hat im Jahr 2010 über unterschiedliche Ressorts, Ämter und Ministerien insgesamt 236 Millionen Euro zur Förderung des Sports ausgegeben (Deutscher Bundestag, 2011). Indirekte Subventionen resultieren aus steuerlichen Vergünstigungen. Gerade gemeinnützige Sportvereine genießen Vorteile bei Körperschafts-, Gewerbe- und Umsatzsteuer. Zudem können sie Spendenquittungen ausstellen, die steuerbegünstigend beim Spender wirken.

Aus ökonomischer Sicht unterscheiden sich Sportgüter teilweise von Gütern anderer Branchen. Aus dieser Perspektive lassen sich Güter und Dienstleistungen nach der Rivalität der Nutzung einerseits und der Ausschließbarkeit andererseits klassifizieren (vgl. Tabelle 4). Im Sport sind nur ein Teil der hergestellten Leistungen Marktgüter im strengen Sinn, die nach dem Tausch- bzw. Ausschlusskriterium „Leistung gegen Geld" produziert und konsumiert werden (Schubert, 2008, 90 f.). Lassen sich Dritte nicht vom Konsum ausschließen, spricht man von öffentlichen Gütern, wenn die Nutzung durch andere Personen den Wert des Gutes nicht mindert. Dies ist beispielsweise der Fall, wenn ein Athlet bei den Olympischen Spielen eine Goldmedaille für Deutschland erringt. In diesem Beispiel verstärkt sich sogar der Wert für den Athleten, je mehr Menschen an diesem Sieg emotional partizipieren. Allmendegüter stehen wie öffentliche Güter grundsätzlich jedem offen, jedoch ist der Konsum rival. Im Beispiel eines öffentlichen

Bolzplatzes (ohne Zutrittsbeschränkung) sinkt die Qualität des Rasens, wenn eine gewisse Nutzungsintensität überschritten wird. Im Gegensatz dazu können bei Clubgütern Dritte ausgeschlossen werden. Typischerweise geschieht dies durch die Einführung von Nutzungsrechten wie Mitgliedschaften, die erworben werden müssen.

Tabelle 4: Klassifikation von Gütern im Sport (Daumann, 2015, 30; Heinemann, 1998)

Ausschließbarkeit \ Rivalität der Nutzung	nicht gegeben	gegeben
nicht gegeben	**Öffentliches Gut** (nationales Prestige, lokale Identität	**Allmendegut** (öffentlicher Bolzplatz)
gegeben	**Clubgut** (Sportanlagen eines Sportvereins)	**Privates Gut** (eigene Sportgeräte)

Viele Sportangebote haben den Charakter **personenbezogener Dienstleistungen.** Solche sind nur zum Zeitpunkt ihrer tatsächlichen Inanspruchnahme durch den Anbieter ökonomisch verwertbar, da der Konsument gleichzeitig Mitproduzent ist (Daumann, 2015, 32). Die Dienstleistungen basieren auf einer Kombination von Leistungspotentialen, -prozessen und -ergebnissen (Schubert, 2008, 91). Der Anbieter muss sein Leistungspotential (Halle, Platz, Sportgeräte, Personal etc.) bereithalten. Während des Leistungsprozesses kommt der Anbieter mit seinem Kunden in Kontakt, wobei letzterer die Rolle eines „Co-Producers" übernimmt.

Dem Sport wohnt grundlegend ein gewisses Maß an **Emotionalität** inne. Dies gilt sowohl für das eigene aktive Sporttreiben (z.B. Freude an gelungener Bewegung oder Sieg, Frust aufgrund von Niederlage) als auch für den passiven Sportkonsum. Das hohe Involvement der Konsumenten durch deren Identifikation und Emotionen machen den Sportkonsum zu einem Erlebnis. Es ist mittlerweile in allen sozialen Schichten akzeptiert, sich über Erfolge von Sportlern zu freuen und Emotionen zu zeigen. Diese Entwicklung zeigt sich bis in die hohen Spitzen der Politik; das Bild von Kanzlerin und Präsident beim WM-Finale in Brasilien zeugen von dieser Akzeptanz.

Insbesondere im Kontext des Marketings von Veranstaltungen in Veranstaltungsstätten mit fixen Plätzen wie Stadien oder Arenen kommt dem **Kapazitätsmanagement** eine besondere Rolle zu. Bei fixen Kapazitäten stehen die Vermarkter von Tickets vor dem Problem der optimalen Auslastung. Die Nachfrage nach einem Sportevent hängt stark von zeitlichen Faktoren (Wann findet das Event statt? Tageszeit, Tag, Zeitpunkt in der Saison) aber auch von der erwarteten Qualität ab. Je stärker der Gegner und je wichtiger das Resultat eines

Spiels im Rahmen der Meisterschaft, desto höher ist die Nachfrage. Im Kapazitätsmanagement stehen sich zwei teilweise konfligierende Zielstellungen gegenüber: Die vollständige Ausnutzung der Kapazitäten und die Erlösmaximierung. Ein ausverkauftes Stadion hat nicht nur eine Außenwirkung einer erfolgreichen, beliebten Veranstaltung, sondern die Stimmung auf dem Event wird als besonders wahrgenommen. Zudem steigen auch die Erlöse des Vorortkonsums von Getränken und Essen sowie aus dem Merchandisingverkauf. Auf der anderen Seite führt das Abgreifen von Preisprämien durch hohe Preise zwar zu höheren Erlösen, jedoch leidet die Qualität des Ereignisses durch eine mit hohen Preisen einhergehende geringere Kapazitätsauslastung und möglicherweise schlechtere Stimmung im Stadion. Eine Lösung dieser Problematik stellt das Yieldmanagement dar (vgl. zum Yieldmanagement im Profifußball Chatrath & Voerste, 2014).

Repetitorium

Zusammenfassung

In diesem Kapitel wurden die Grundlagen des Marketings behandelt. Zunächst wurde die Entstehung des Marketings beim Wandel vom Verkäufer- zum Käufermarkt geschildert. Anschließend wurde die Entwicklung des Marketings, der Wandel der Marketinginhalte und dessen Anspruchsspektrum erläutert.

Darauf stand das traditionelle Marketingkonzept im Blickpunkt. Dieses stellt den Absatzmarkt („Primat des Absatzes") in den Mittelpunkt und basiert auf fünf Säulen: Problemlösung, Information, Zielgruppen, Maßnahmen und Koordination. Beim traditionellen Marketing werden zunächst der Markt definiert und die Nachfrager analysiert. Hierauf werden Erfolgspotentiale durch die Erarbeitung einer Marketingstrategie erschaffen und erhalten. Diese wird durch das Instrumentarium des Marketing-Mix umgesetzt.

Das strategische Marketing dagegen orientiert sich an der gesamten Umwelt und versucht langfristige komparative Konkurrenzvorteile (KKV) als Erfolgspotentiale zu schaffen. Porter (1980) sieht hierbei drei generische Strategien: Kostenführerschaft, Qualitätsführerschaft (Differenzierung) sowie Konzentration auf Schwerpunkte (Nischenstrategie). Weiterhin wurden strategische Erfolgsfaktoren gemäß der PIMS-Logik dargelegt.

Anschließend wird der Prozess des strategischen Marketings vorgestellt, der den Rahmen des weiteren Lehrbuchs bildet. Dieser besteht aus den vier Phasen Analyse, Planung, Implementierung und Kontrolle, die kontinuierlich und iterativ ablaufen.

Am Ende dieses Kapitels wird das Sportmarketing als Teildisziplin des allgemeinen Marketings vorgestellt. Im Kontext des Sportmarketings ist zwischen Marketing mit und Marketing von Sport zu unterscheiden. Zudem wurden Eigenheiten des Sports und deren Bedeutung für das Marketing diskutiert (Besonderheiten im Zuschauersport, Trends, öffentliches Interesse, staatliche Förderung, ökonomischer Charakter von Sportgütern, Sport als personenbezogene Dienstleistung, Emotionalität und Kapazitätsmanagement).

Wiederholungs- und Transferfragen

- Inwiefern beeinflusste der Wandel vom Verkäufer- zum Käufermarkt das Management eines Unternehmens?
- Skizzieren Sie die Entwicklung der Marketinginhalte!
- Beschreiben Sie den Wandel des Anspruchsspektrums des Marketings!
- Auf welchen Säulen basiert das traditionelle Marketing?
- Worin besteht der Unterschied zwischen traditionellem und strategischem Marketing?
- Grenzen Sie strategische von operativer Unternehmensführung ab!
- Was sind Erfolgspotentiale und mit welchen generischen Strategien (nach Porter) lassen sich diese erreichen?
- Finden Sie Beispiele für Unternehmen aus dem Sportkontext, die folgende Strategien verfolgen: Nischenstrategie, Kostenführerschaft, Differenzierungsstrategie.
- Wofür steht das Akronym „PIMS"? Was sind die Schlüsselfaktoren für den Unternehmenserfolg (strategische Erfolgsfaktoren)? Inwiefern sind die Erkenntnisse der PIMS-Studien umstritten?
- Diskutieren Sie strategische Erfolgsfaktoren am Beispiel a) eines Fitnessstudios, b) eines Sportfachhändlers und c) eines Sportartikelherstellers!
- Beschreiben Sie das „Haus des Marketings" und seine Bestandteile sowie die Zusammenhänge!
- Ordnen Sie Sportmarketing als Teildisziplin des Marketings ein!
- Welche Richtungen lassen sich bezüglich des Begriffs „Sportmarketing" unterscheiden?
- Inwiefern prägen die Besonderheiten im Zuschauersport das Sportmarketing?
- Welche Rolle spielen Trends im Sport für das Marketing?
- Diskutieren Sie die Folgen des ausgeprägten öffentlichen Interesses und der staatlichen Förderung für das Sportmarketing!
- Beschreiben Sie die unterschiedlichen ökonomischen Charakteristika von Sportgütern!
- Welcher Einfluss auf das Marketing entsteht dadurch, dass Sport häufig eine personenbezogene Dienstleistung darstellt?

4 Strategische Marketing-Analyse

Im folgenden Kapitel wird zunächst die SWOT-Analyse als Rahmen der strategischen Marketing-Analyse vorstellt. Nach Vorstellung grundlegender Analysemethoden (Marktforschung, Früherkennung) und Perspektiven strategischer Analysen werden zunächst externe und dann interne Analyseinstrumente vorgestellt.

4.1 SWOT-Analyse als Rahmen

Im Rahmen einer strategischen Analyse untersucht man sowohl Stärken und Schwächen einer Organisation als auch Chancen und Risiken, die sich aus der Umwelt heraus für die Organisation ergeben. Den Rahmen für solch eine strategische Analyse gibt die SWOT-Analyse (Strength, Weaknesses, Opportunities, Threats; vgl. Abbildung 16) vor.

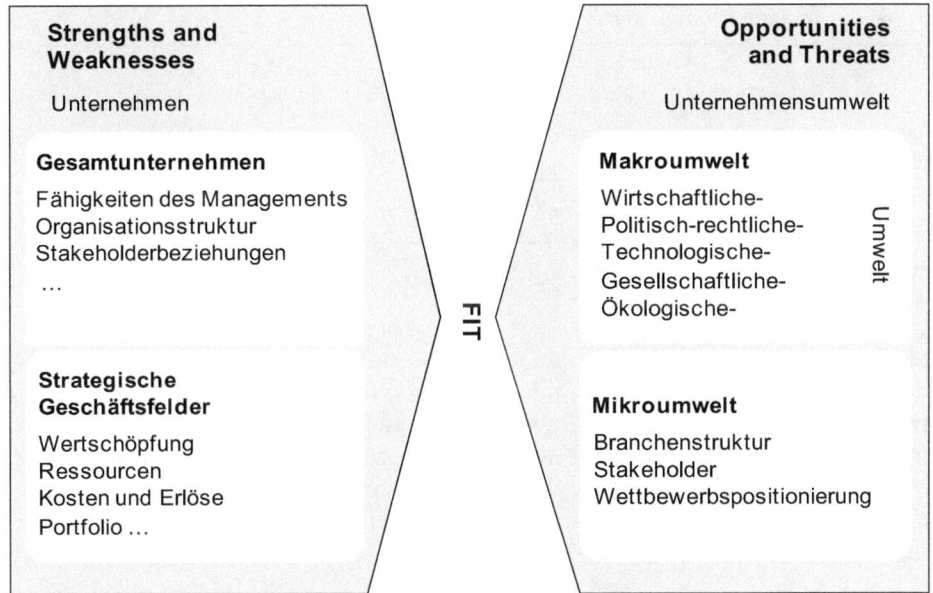

Abbildung 16: SWOT als Analyserahmen (Böhler & Scigliano, 2005, 25)

Stärken (Strength) und Schwächen (Weaknesses) sind innerhalb einer Organisation zu suchen. Dabei kann man ein Unternehmen als Ganzes betrachten und beispielsweise die Fähigkeiten des Managements, die Organisationsstrukturen oder die Handelsbeziehungen des Unternehmens analysieren. Weiterhin bieten sich die einzelnen strategischen Geschäftsfelder als Analyseobjekte an. In diesen werden die Wertschöpfung, die vorhandenen Ressourcen, die Kosten und Erlöse oder das entsprechende Portfolio genauer betrachtet.

Chancen (Opportunities) und Risiken (Threats) liegen in der Umwelt der Organisation. Es ist dabei zwischen Makro- und Mikroumwelt zu unterscheiden. Bei der Makroanalyse wird die globale Umwelt eines Unternehmens analysiert, die in wirtschaftliche, politisch-rechtliche, technologische, gesellschaftliche und ökologische Umwelt unterteilt werden kann. Die Mikroanalyse untersucht Zusammenhänge und Entwicklungen, die „näher" am Unternehmen sind als die globalen Umweltfaktoren. Hierzu zählt etwa die Analyse der Branchenstruktur, der Stakeholder oder der Wettbewerbspositionierung des Unternehmens.

Die SOWT-Analyse stellt den Rahmen für alle weiteren strategischen Analysen. Eine Marketing-Strategie sollte so entwickelt werden, dass sie sowohl die externen Gegebenheiten (Chancen und Risiken) als auch die internen Voraussetzungen (Stärken und Schwächen) berücksichtigt.

Tabelle 5: Strategiegrid zur Ableitung von Strategien aus der SWOT-Analyse (eigene Darstellung)

intern (beeinflussbar) \ extern (nicht beein-flussbar)	Opportunities (Chancen)	Threats (Risiken)
Strengths (Stärken)	S-O-Strategien „ausbauen"	S-T-Strategien „absichern"
Weaknesses (Schwächen)	W-O-Strategien „aufholen"	W-T-Strategien „vermeiden"

Nach Durchführung der einzelnen Analysen werden die Ergebnisse in einen Strategiegrid eingetragen und so die entsprechenden Strategien entwickelt (vgl. Tabelle 5). Die externen, nicht beeinflussbaren und damit als gegeben zu nehmenden Umweltfaktoren werden oben in die Felder „Opportunities" bzw. „Threats" eingetragen. Ebenso wird mit den erarbeiteten Stärken und Schwächen, die innerhalb des Unternehmens gefunden wurden und die somit beeinflussbar sind, verfahren.

Anschließend vergleicht man den externen Rahmen mit den internen Gegebenheiten. Hieraus lassen sich die entsprechenden Strategien erarbeiten. Eine S-O-Strategie zeigt, wie die Chancen aus der Umwelt mit den internen Stärken gekoppelt werden sollten (z. B. Trends wie das steigende Interesse an Gadgets und Apps für Mobiltelefone mit dem eigenen technologischen Know-how nutzen, um entsprechende Produkte zu kreieren). Eine W-T-Strategie dagegen soll zeigen, wie man mit Gefahren, die aus der Umwelt drohen – insbesondere unter Betrachtung der eigenen Schwächen – umgehen sollte (z. B. bei Änderungen der politischen Situation, die konkurrierende (ausländische) Anbieter im Gasmarkt in eine bessere Wettbewerbsposition führt, jedoch das eigene Unternehmen nur über einen beschränkten Ressourcenzugang verfügt und dieser nun noch schlechter wird).

Exkurs: Strategische Geschäftsfelder (SGF) und
strategische Geschäftseinheiten (SGE)

Strategische Geschäftsfelder (SGF) entstehen, indem das gesamte unternehmerische Tätigkeitsfeld in einzelne Aktionsbereiche zerlegt wird. Die Umwelt und der Markt dienen dabei als Orientierung zur Abgrenzung der SGFs. Die Bildung von SGFs geschieht zur Marktsegmentierung, reduziert somit die Komplexität und ermöglicht eine gezielte Marktbearbeitung (Bea & Haas, 2013, 146 f.). Die SGFs sollen deshalb eindeutig voneinander unterscheidbar und abgrenzbar sein (Sander, 2004, 304). Zur Differenzierung lassen sich folgende Dimensionen heranziehen: Technologie, Produkt, Problemlösungsansatz, Wettbewerber oder Nachfrager. Innerhalb eines Unternehmens kann es zwischen den verschiedenen SGFs Überschneidungen geben. Beispielsweise können Produkte für unterschiedliche SGFs auf den gleichen Anlagen produziert werden (Schneider, 2002, 122 f.). Die konkrete Formulierung der Geschäftsfelder hat im Einzelfall zu erfolgen. Eine enge Abgrenzung der Geschäftsfelder ermöglicht dezidierte Strategieempfehlungen und eine zielgenaue Marktbearbeitung, eine weite Abgrenzung der SGFs erhöht den Spielraum der Marktbearbeitung und verbessert die Überschaubarkeit der einzelnen SGFs.

Die konkrete Strategieentwicklung und Implementierung wird an die strategischen Geschäftseinheiten (SGE) delegiert (Sander, 2004, 305). Im Gegensatz zur Markt- und Umweltorientierung der SGF sind die SGE binnenorientiert. Die SGE stellen organisatorische Einheiten im Unternehmen dar, die die Zuteilung von Ressourcen und die Arbeitsteilung ermöglichen. Auf diese Weise werden Zuständigkeiten für Formulierung, Präzisierung, Ausführung und Monitoring spezifischer Strategien definiert (Bea & Haas, 2013, 150). Eine SGE ist nach Kutz (2006, 19 f.) gekennzeichnet durch folgende Aspekte:

- Eigenständigkeit ihrer Marktaufgabe: Eine SGE hat eine eigenständige Aufgabe am Markt, die unabhängig von der Marktaufgabe anderer SGEs ist.
- Gesellschaftsrelevanz der Marktaufgabe: Eine SGE hat zur Lösung gesellschaftlich relevanter Probleme beizutragen.
- Abhebung von der Konkurrenz: Eine SGE hat eine eindeutig identifizierbare Wettbewerbsposition und unterscheidet sich von den Konkurrenten durch ihre Kernkompetenzen.
- Erreichbarkeit relevanter Wettbewerbsvorteile: Eine SGE hat eine eindeutig identifizierbare Wettbewerbsposition und unterscheidet sich von den Konkurrenten durch ihre Kernkompetenzen.

- Relative Unabhängigkeit der Entscheidungen: Eine SGE ist für die Planung selbst verantwortlich. Entscheidungen für die Realisierung strategischer Ziele sind unabhängig von anderen SGEs zu treffen. Hierzu zählen z. B. Entscheidungen in Bezug auf Investitionen, Cashflow und Marketingmaßnahmen.
- Führungseffizienz: Eine SGE wird von einer Person geleitet, die in der Lage ist, alle für den Erfolg erforderlichen Entscheidungen zu treffen und Controlling-Maßnahmen durchzuführen. Die Führungskraft hat im Rahmen genehmigter Pläne Entscheidungsbefugnis über Produktion, Personal, Finanzierung sowie Marketing und Vertrieb.
- Beitrag zur Wertsteigerung des Unternehmens: Eine SGE ist in ihrem Marktsegment ergebnisorientiert zu führen und hat einen Beitrag zur Wertsteigerung des gesamten Unternehmens zu leisten.

4.2 Analysemethoden

4.2.1 Marktforschung

Die Marktforschung unterstützt das Management, indem es dieses mit Informationen versorgt, die zur Steuerung des Unternehmens und zur Ausgestaltung der Markt- und Marketingstrategie nötig sind. Für Böhler (Böhler, 2004, 19 f.) ist Marktforschung „die systematische Sammlung, Aufbereitung, Analyse und Interpretation von Daten über Märkte und Marktbeeinflussungsmöglichkeiten zum Zweck der Informationsgewinnung für Marketing-Entscheidungen".

Im Normalfall folgt ein Marktforschungsprojekt einem typischen Prozess, der aus sieben Phase besteht (Böhler, 2004, 29 ff.):

[1] Problemformulierung und Wahl des Forschungsdesigns

[2] Bestimmung der Informationsquellen und Erhebungsmethoden

[3] Operationalisierung und Messung der einbezogenen Variablen

[4] Durchführung der Erhebung

[5] Vorbereitung der Datenauswertung

[6] Datenauswertung und Ergebnisinterpretation

[7] Erstellung des Forschungsberichts und Ergebnispräsentation

Je nach Entscheidungsproblem bieten sich unterschiedliche Herangehensweisen (Forschungsdesigns) an (vgl. Abbildung 17).

	Exploratives Design	Deskriptives Design	Experimentelles Design
Kenntnisstand	gering	präzise formuliert	präzise formuliert
Ziele der Forschung	Präzisierung von Marketing-Entscheidungs- und Marktforschungsproblemen (Hypothesenfindung); Prioritätensetzung für die Projektauswahl; Anhaltspunkte für die Projektabwicklung	Beschreibung von Markttatbeständen und Ermittlung der Häufigkeit ihres Auftretens; Ermittlung des Zusammenhangs zwischen Variablen; Prognosen	Aufdeckung von Ursache-Wirkungsverhältnissen; Überprüfung von Marketing-Maßnahmen (Kausalzusammenhänge)
Ausgewählte Methoden des Forschungsdesigns	Literatursichtung; Analyse bereits vorliegender interner und externer Daten; Befragung von Experten	Standardisierte Befragung bzw. Beobachtung möglichst repräsentativer Teilerhebungen aus der Grundgesamtheit; Systematische (statistische) Analyse von Sekundärdaten (insbesondere von Paneldaten)	Laborexperimente; Marktexperimente

Abbildung 17: Forschungsdesigns der Marktforschung (Böhler & Scigliano, 2005, 28)

Die Informationen, die in einem Marktforschungsprojekt gewonnen werden, finden Eingang in die zu erarbeitenden Strategien. Der systematische Marktforschungsprozess ist Grundlage für jede mögliche Analyseform, auf die später weiter eingegangen wird.

4.2.2 Früherkennung

Früherkennung spielt im strategischen Marketing eine besondere Rolle. Bea und Haas (2013, 300) sehen in einem Früherkennungssystem „eine spezielle Form eines Informationssystems, dessen Ziel die möglichst frühzeitige Erkennung, Diagnose und Weitergabe von führungsrelevantem Wissen ist".

Böhler und Scigliano (2005, 38 f.) differenzieren drei Ansätze der Früherkennung:

[1] Kennzahlensysteme (z. B. Soll-Ist-Vergleich von Deckungsbeiträgen, Analyse der DuPont-Kennzahlen, Absatzzahlen)

[2] Frühindikatorsysteme (z. B. ifo-Geschäftsklimaindex, Empire State Index)

[3] Früherkennung strategischer Diskontinuitäten (plötzliche Strukturbrüche in der Unternehmensumwelt, z. B. deutsche Wiedervereinigung, Genmanipulation, Baumsterben als Indikator für Umweltverschmutzung und Ozonloch)

Problematisch bei Kennzahlensystemen als Früherkennungssysteme ist deren Vergangenheitsorientierung. So kommen die Kennzahlen aus dem traditionellen Rechnungswesen (Kostenrechnung, Finanzbuchhaltung) und sind somit unter-

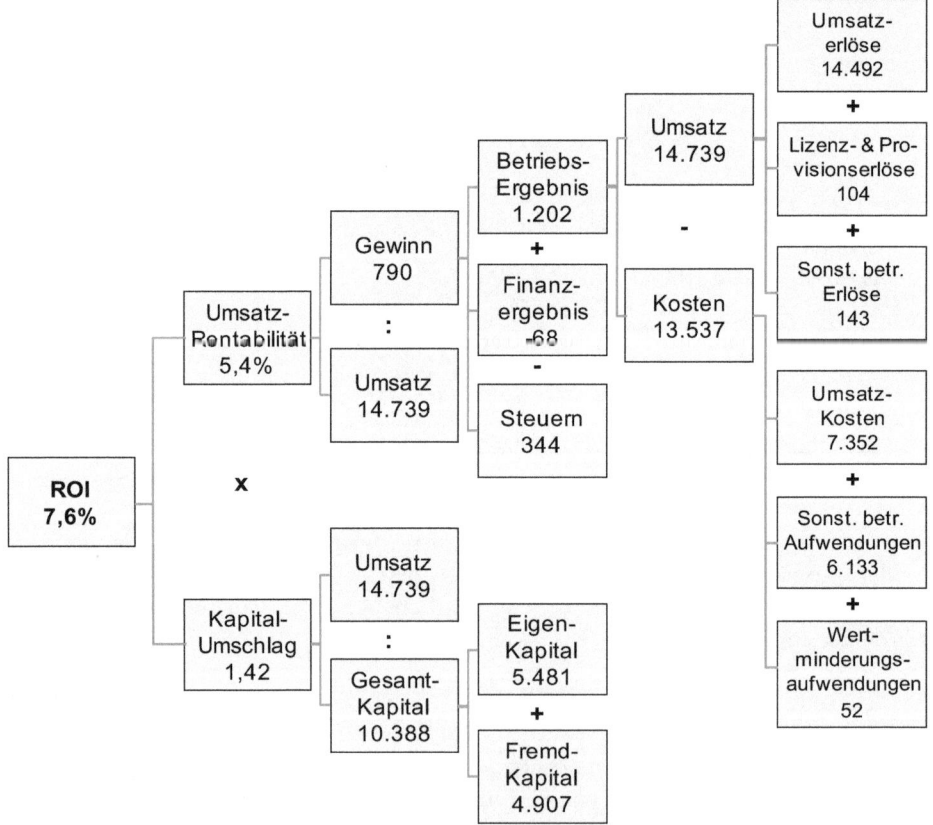

Abbildung 18: Exemplarisches, adaptiertes DuPont-Kennzahlensystem auf Basis des Konzernabschlusses der adidas Group 2013 (Daten gemäß adidas Group, 2014, 186 ff.)

nehmensinterne Daten der letzten Periode. Hierdurch werden negative Entwicklungen erst zu spät bemerkt. Weiterhin zeigen die erfassten Kennzahlen nicht die Ursachen von Veränderungen, sondern sind lediglich Ergebnisse und Symptome. Die Ursachen einer bestimmten Marktentwicklung lassen sich beispielsweise aus Absatzzahlen nicht ableiten.

Abbildung 18 zeigt exemplarisch, wie ein adaptiertes DuPont-Kennzahlensystem für die adidas Group aussieht. Aus diesem Kennzahlensystem lassen sich auf einer konzernweiten Perspektive die wichtigsten Erfolgskennzahlen ablesen und deren Entstehung analysieren. Dieses Tableau basiert jedoch auf Zahlen aus dem Konzernabschluss, der typischerweise Ende des ersten Quartals des nächsten Geschäftsjahres erscheint. Zwar ist es zur Früherkennung nur bedingt einsetzbar, jedoch eignet es sich gut zur Kontrolle und Planung.

Frühindikatorenkonzepte gehen davon aus, dass sich weitere Entwicklungen durch vorauseilende Ereignisse ankündigen. In diesen Indikatoren werden u. a. die Entwicklung der Auftragseingänge, Einzelhandelsumsätze oder Aktienkurse berücksichtigt. Die vorlaufenden Indikatoren („leading indicators") sollen später ablaufende Konjunkturentwicklungen im Vorfeld anzeigen. Problematisch an Indikatorsystemen erscheint, dass diese häufig auf Basis von festgelegten Faktoren bestimmt werden, die einmal für relevant befunden wurden. Häufig erfolgt keine regelmäßige Überprüfung und Adaption der Faktoren. Meist dominieren quantitative Größen, bei denen eine Fixierung von Soll-Werten und Toleranzbereichen nötig ist. Diese „hard-fact-Gläubigkeit" verhindert häufig eine kontinuierliche organisationsindividuelle Anpassung des Indikatorsystems.

Die quantitative Orientierung nimmt bei der Früherkennung der strategischen Diskontinuitäten ab. Vielmehr finden „weiche" qualitative Faktoren, sogenannte „weak signals" Berücksichtigung. Dieses auf Ansoff zurückgehende Konzept geht davon aus, dass sich Diskontinuitäten durch schwache Signale ankündigen. Diese müssen erkannt und verarbeitet werden, denn strategische Reaktionen auf schwache Signale sind möglich und sinnvoll (Bea & Haas, 2013, 300 ff.).

Die Früherkennung strategischer Diskontinuitäten läuft in mehreren Phasen, die in Abbildung 19 dargestellt sind, ab (Böhler & Scigliano, 2005, 39 ff.). Zunächst gilt es, die relevanten Umweltbereiche und Analysefelder zu bestimmen. Bei einem Sportverein könnte sich die Führung entschließen, die sozio-demographische und soziale Entwicklung in der Region und in der Nation, die eigenen Kernkompetenzen, die Entwicklung der Nachfrage nach Sportarten und Trends sowie die anderen Anbieter von Sport-Dienstleistungen in der Region (Konkurrenz) als relevante Bereiche zu sehen.

Abbildung 19: Arbeitsschritte bei der Früherkennung (Böhler & Scigliano, 2005, 40)

Anschließend werden strategische Signale erfasst (Scanning und Monitoring). Dies kann über eine SWOT-Analyse sowie mittels Überwachung der strategischen Erfolgsfaktoren erfolgen. Während zu den strategischen Erfolgsfaktoren von Unternehmen typischerweise u. a. Marktvolumen, Marktwachstum, Marktanteil, Strategien der Konkurrenz, ROI, Cashflow etc. zählen, könnten für einen Sportverein Faktoren wie die Bekanntheit in der Region, die Einbindung in das soziale Umfeld, die Stärke der Nachwuchsabteilung und der relative Marktanteil am aktiven Sport in der Region relevant sein. Diese Signale werden fortlaufend überwacht.

Diskontinuierliche Entwicklungen können z. B. über quantitative Zeitreihen aufgespürt werden. Diese zeigen Strukturbrüche oder weisen auf schleichende Veränderungen hin. Auch die Meinung von Experten kann der Feststellung von Diskontinuitäten dienen. Experten im Kontext von Sportvereinen können beispielsweise Vertreter von übergeordneten Verbänden sein, die die Entwicklungen von Vereinen und deren Probleme in anderen Regionen kennen. Nach der Feststellung von Diskontinuitäten werden deren Ursachen analysiert.

Sind die Ursachen einer Diskontinuität gefunden, ist eine Prognose der künftigen Entwicklung nötig. Sollte beispielsweise ein Sportverein sinkende Nachwuchszahlen in einzelnen Bereichen (Sportarten), die durch die Änderung des Lifestyles junger Menschen entstehen, entdecken, kann mit Prognoseverfahren (z.B. Szenario-Technik vgl. Abschnitt 5.4.3) die künftige Entwicklung abgeschätzt werden.

Auf dieser Basis muss untersucht werden, ob eine Reaktion auf diese Entwicklung nötig ist. Der Sportverein könnte beispielsweise zum Ergebnis kommen, dass bestimmte Sportarten langfristig immer weniger von Jugendlichen nachgefragt werden und stattdessen andere Sportarten im Fokus stehen. Weiterhin könnten Jugendliche nicht mehr an den institutionellen, regelmäßigen Trainingsangeboten interessiert sein und eher informelle, flexible Sportangebote präferieren. Diese Erkenntnisse muss die Führung des Sportvereins bei der künftigen Ausrichtung des Vereins und der Angebotspolitik berücksichtigen.

4.2.3 Perspektiven von strategischen Analysen

Eine strategische Analyse kann aus einer marktorientierten, einer ressourcenorientierten oder einer integrierten Perspektive erfolgen.

Der marktorientierte Ansatz, der sogenannte „market-based view", folgt dem Structure-Conduct-Performance-Paradigma des Harvard-Ansatzes von Mason (1939) und Bain (1956). Diese industrieökonomische Betrachtungsweise geht davon aus, dass die Marktstruktur (Structure) einer Branche sehr großen Einfluss auf das Marktverhalten (Conduct) der in dieser Branche agierenden Unternehmen nimmt. Das Marktverhalten wiederum wirkt stark auf das Marktergebnis (Performance). Diese Wirkungskette wird in Abbildung 20 dargestellt.

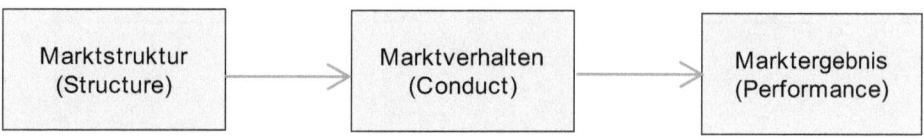

Abbildung 20: Market-based View (eigene Darstellung)

Stellen wir uns eine Branche vor, in der viele Unternehmen ein wenig differenziertes (Massen-)Produkt anbieten und die Kapazitäten der Branche nicht voll ausgelastet sind. Weiterhin sei die Macht der Nachfrager groß, da diese sehr leicht den Anbieter wechseln können (z.B. Milch). Hier ist es wahrscheinlich, dass diese Marktstruktur zu einem aggressiven Wettbewerb der Unternehmen führt, der in einen Preiskampf mündet. Diese Verhaltensstrategie führt im Normalfall zu einer sinkenden Rentabilität der gesamten Branche.

Im Vergleich zum marktorientierten Ansatz wechselt beim ressourcenorientierten Ansatz die Perspektive von einer outside-in- zu einer inside-out-Betrachtung. Begründet wurde diese Herangehensweise von Penrose (1959). Sie geht davon aus, dass das Potential (Qualität der Ressourcen), das einem Unternehmen zur Verfügung steht, die Unternehmensstrategie und damit dessen Verhalten (Conduct) beeinflussen. Dies wiederum bestimmt das Marktergebnis (Performance).

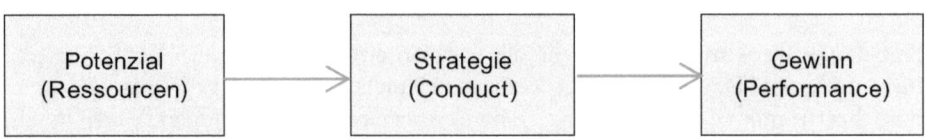

Abbildung 21: Ressourcenorientierter Ansatz (eigene Darstellung)

Ressourcen bzw. Potentiale stellen nach Bea und Haas (2013, 30) „Speicher spezifischer Stärke dar, die es ermöglichen, die Unternehmung in einer veränderlichen Umwelt erfolgreich zu positionieren und somit den langfristigen Unternehmenserfolg zu sichern." Der Erfolg eines Unternehmens, das sich auf Beratungsdienstleistungen spezialisiert hat, hängt vom Potential der Mitarbeiter ab (= Fähigkeiten). Dieses muss erkannt und entsprechend eingesetzt werden (= Strategie), um letztendlich auch monetär erfolgreich zu sein (= Gewinn). Ein Unternehmen in der Ölbranche kann nur erfolgreich sein, wenn es Zugang zu Ölvorkommen hat (= Ressource). Diese müssen effizient gefördert, verarbeitet und vermarktet werden (= Strategie, bzw. Conduct), um ökonomisch erfolgreich zu sein (= Performance).

Die Potentiale und Ressourcen können tangibler Art (z.B. Fabriken, Grundstücke), immaterieller Art (z.B. Patente, Technologie-Know-how, Markenstärke) oder menschlicher Art (Fähigkeiten, Erfahrungen und Motivation der Mitarbeiter) sein.

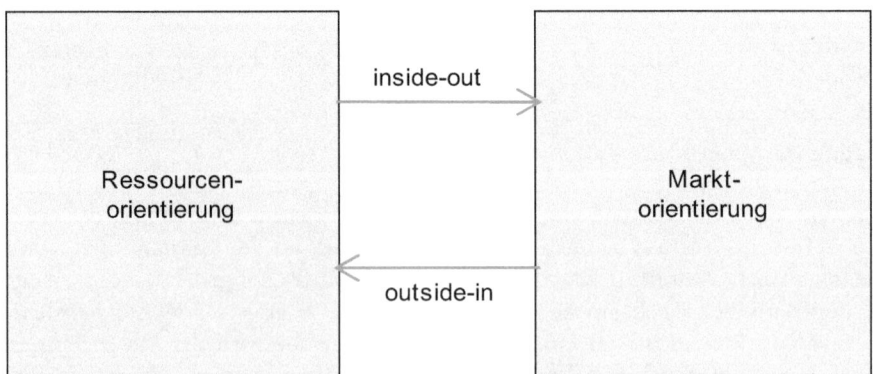

Abbildung 22: Integrativer Ansatz (eigene Darstellung)

Eine ausschließliche Fokussierung auf eine der beiden Betrachtungsweisen führt zu beschränkten Erkenntnissen. Der Blick muss sowohl von innen nach außen (= Ressourcenorientierung) als auch von außen nach innen (= Marktorientierung) gehen. Nur die Integration beider Perspektiven führt aufgrund der Komplexität und Dynamik von Zusammenhängen zu hinreichenden Ergebnissen (vgl. Abbildung 22).

4.3 Externe Analysen

4.3.1 Analyse der globalen Umwelt (Makro-Umwelt-Analyse)

4.3.1.1 Grundlagen globaler Umweltanalysen

Ein Unternehmen agiert auf einem Markt. In einer engen Marktdefinition versteht man darunter die Gesamtheit der wirtschaftlichen Beziehungen zwischen Anbietern und Nachfragern eines bestimmten Gutes oder einer bestimmten Gütergruppe. Dieses Marktverständnis bezieht sich auf den Absatz- und Beschaffungsmarkt. In einer weiteren Definition beinhaltet der Markt die gesamte aufgabenspezifische Umwelt, die Wettbewerbsumwelt und die Mikroumwelt. Die darüber hinausgehende weitere Unternehmensumwelt ist die Makroumwelt (= globale Umwelt).

Abbildung 23: Globale Umwelt (= Makroumwelt) (eigene Darstellung)

Genau diese Makroumwelt ist Untersuchungsobjekt der Globalanalyse. Diese Analyse untersucht das Umfeld eines Unternehmens, ohne direkten Bezug zum jeweiligen Markt und zum individuellen Unternehmen zu nehmen. Die Analyse der globalen Umwelt umfasst die Entwicklungen und Trends meist in sechs Bereichen (vgl. Abbildung 23).

Die Entwicklung der Gesamtwirtschaft beeinflusst den ökonomischen Rahmen, in dem die jeweilige Organisation existiert. Die Analyse der Gesamtwirtschaft berücksichtigt unter anderem die Entwicklung folgender Indikatoren:

- Sozialprodukt und Wertschöpfung
- Geldwerte (Inflation oder Deflation)
- Zahlungsbilanz (Verflechtung der Volkswirtschaft mit dem Ausland) und Wechselkurse
- Arbeitslosenzahlen
- Lebenshaltungskosten
- Staatsausgaben

Die Entwicklung der Demographie wird anhand folgender Indikatoren beobachtet:

- Geburtenrate
- Zu- bzw. Abwanderung
- Entwicklung der Altersstruktur (von Pyramide zu Pilz)
- regionale Mobilität
- Haushaltsgrößen (Zunahme der Singlehaushalte)

Technologische Entwicklungen führen zu verkürzten Lebenszyklen von Produkten und Technologien und äußern sich in:

- Produktinnovationen
- Prozessinnovationen
- Höhe der Ausgaben für Forschung und Entwicklung
- Patentanmeldungen

Folgende Indikatoren dienen zur Analyse der politischen und rechtlichen Umwelt:

- Finanz- und Währungspolitik
- Durchsetzung von Gesetzen (z. B. Patentschutz)
- Verschiebungen im Parteiengefüge
- Regierungswechsel
- Gesetzesinitiativen und gesetzliche Änderungen (z. B. Arbeitsrecht, Gesellschaftsrecht etc.)
- Deregulierung im Rahmen des europäischen Marktes
- Veränderung von Wochen- bzw. Lebensarbeitszeiten
- zwischenstaatliche Abkommen (EU, GATT/WTO, TTIP)

Veränderungen in der gesellschaftlichen Umwelt, insbesondere ein Wertewandel, lassen sich feststellen durch:

- die Entstehung von Bürgerinitiativen
- Änderungen in der Einstellung zur Arbeit und Freizeit (Freizeitmobilität und Freizeitverhalten)
- steigendes ökologisches Bewusstsein und Handeln
- die Abkehr von materiellen Werten hin zur Pflege des persönlich-privaten Lebensbereiches wie Ehe, Familie, Freizeit, Gesundheit, persönliche Unabhängigkeit

Die fortschreitende Zerstörung natürlicher Lebensgrundlagen führt dazu, dass auch die ökologische Umwelt Teil einer strategischen Makroanalyse wird. Folgende Faktoren sind hierbei besonders in den Vordergrund gerückt:

- Belastung von Luft, Boden, Gewässern
- Klimawandel
- Wetterphänomene (El Niño, Überschwemmungen)
- Verschiebung der Jahreszeiten

In der Praxis werden globale Umweltanalysen häufig als PEST- oder STEP-Analysen bezeichnet. In diesen Akronymen steht hierbei P für „political", E für „economical", S für „social" und T für „technological". Mittlerweile gibt es weitere Abwandlungen. Bei STEEP oder auch PESTE wird der Faktor „ecological environment" ergänzt, bei PESTEL steht zudem das L für „legal".

Vertiefende Informationen zur globalen Umweltanalyse finden sich bei Bea & Haas (2013, 92 ff.), Behnam et al. (2011, 297 ff.), Benkenstein (2009, 49 ff.), Becker und Fallgatter (2011, 68 ff.), Kotler und Bliemel (2001, 280 ff.).

4.3.1.2 Exemplarische Analyse der globalen Umwelt des Marktes für Wintersport

Im Folgenden wird eine Analyse der globalen Umwelt im Markt für Wintersport beschrieben. In diesem Markt agieren eine Vielzahl von Betrieben und Organisationen, die die gemeinsame Zielgruppe „Wintersportler" bedienen: Hersteller von Sportartikeln (insb. Wintersportgeräten, Ausrüstung und Kleidung), Handel (u.a. Sportartikel, Konsumgüter), Betreiber von Wintersportanlagen (z.B. Skigebiete, Loipen, Seilbahnbauer), Organisationen im Tourismus (z.B. Reiseveranstalter, Hotels, Pensionen, sonstige Beherbergungsbetriebe, Gaststätten in allen Variationen, Skischulen, Destinationsmanagement, Buchungsportale, Tourismusverbände, Eventagenturen), Bergrettung, öffentliche Einrichtungen von Städten und Regionen oder Medien (z.B. Reisemagazine, sportartenspezifische Zeitschriften). Die Daten und Zahlen basieren auf Lainsecq (2000), Kunz & Pratschko (2003) und SpEA (2010).

Ökologische Umwelt: Durch den Klimawandel stellt das Feld der ökologischen Umwelt im Wintersport ein besonders kritisches dar. Durch einen Anstieg der Temperaturen um 2°C würde die Seehöhe der natürlichen Schneesicherheit um 300 Meter, bei einem Anstieg um 4°C um 600 Meter steigen. Je nach Region in den Alpen liegt die Höhe der Schneesicherheit zwischen 1.050 und 1.200 Meter. Da der Temperaturanstieg in dieser Höhe nur eine Frage der Zeit zu sein scheint, wird erst in einer Höhe von 1.350 bis 1.500 Metern (+2°C) bzw. zwischen 1.650 und 1.800 Metern eine natürliche Schneesicherheit gegeben sein. Von den 199 österreichischen Skigebieten (insgesamt 228), die im Jahr 2006 als schneesicher galten (87 % aller Skigebiete), werden beim Anstieg um 2°C noch 115 (50 % aller Skigebiete) und um 4°C nur noch 47 Skigebiete (21 % aller Skigebiete) schneesicher sein. Auswirkungen dieser langfristigen Veränderungen der klimatischen Rahmenbedingungen im Wintersport sind zudem eine Verkürzung der Skisaison. Dies in Kombination mit einer verringerten Zahl an schneesicheren Skigebieten führt zu einer größeren Auslastung dieser Skigebiete und damit zu steigenden Schäden an der natürlichen Umgebung. Zudem wird ein Teil der Wintersportler aufgrund der zunehmenden Planungsunsicherheit bzw. voller Pisten seinen Wintersportkonsum ändern und weniger intensiv oder gar nicht mehr dem Skisport frönen.

Technologische Umwelt: Bei der Entwicklung neuer Wintersportgeräte werden innovative Technologien aus anderen Branchen (insb. Automobilindustrie) genutzt. Dabei sind für einen trendgetriebenen Konsumgütermarkt relativ lange Entwicklungszeiten (neues Skimodell ca. 2 Jahre) und daraus resultierend hohe Entwicklungskosten einzuplanen. Die Produktlebenszyklen der einzelnen Modelle sind allerdings recht kurz. Die Technologien, um künstlichen Schnee zu erzeugen, sind vorhanden. Jedoch ist trotz aller Weiterentwicklungen von Beschneiungssystemen eine Temperatur von konstant unter –3°C nötig. Künstliche Zusätze wie Snowmax, die das Wasser bereits einige Grad wärmer frieren lassen, sind in Deutschland und Österreich verboten. Deshalb ist auch der Einsatz von Beschneiungstechnologie mittelfristig erst ab einer Höhe des Skigebiets von 1.500 Metern sinnvoll.

Politische und rechtliche Umwelt: Da der Tourismus in den Bergen ein besonders wichtiger Wirtschaftsfaktor darstellt, versucht die Politik diesen Sektor zu fördern. So werden in Deutschland alle Übernachtungsdienstleistungen mit einem verringerten Umsatzsteuersatz (7 % statt 19 %) begünstigt. Vor allem in Skigebieten in Österreich und Südtirol werden Beschneiungsanlagen subventioniert. Je nach Interessenslage in einer Region werden gehäuft neue Großprojekte verhindert (vgl. Rolle von Bürgerinitiativen im Rahmen der gesellschaftlichen Umwelt).

Wirtschaftliche Umwelt: Die Finanzierungsstruktur und Ertragslage von Tourismusunternehmen in Österreich nimmt eine Sonderstellung in der Volkswirtschaft wahr. Auf der einen Seite ist die Branche ein erheblicher Wirtschaftsfaktor in der

Alpenregion. In Österreich beispielsweise trägt sie mit einen Anteil von 4,1 % zur Gesamtwertschöpfung des Landes bei. Dies entspricht der Relevanz des gesamten Einzelhandels. Auf der anderen Seite ist diese bedeutende und expansive Branche sehr stark verschuldet (Verschuldungsquote = Schulden/Gesamtkapital = 75 %). Ein bedeutender Teil der Gaststätten und Beherbergungsbetriebe weist zudem ein negatives Eigenkapital auf. Es ist jedoch ein Trend der Verbesserung zu erkennen. Größere Betriebe in dieser Branche erreichen deutlich bessere Rentabilitätseffekte als kleinere. Qualität scheint sich in dieser Branche zu lohnen: So korrelieren Ergebniskennzahlen positiv mit dem Qualitätsstandard des Betriebes. Durch einen hohen Anteil an Familienunternehmen herrschen ein hoher wirtschaftlicher Überlebenswille und auch eine Überlebensfähigkeit vor, wenngleich kleine Familienbetriebe häufig keine Skaleneffekte nutzen können.

In Zukunft könnten weiter steigende Energiekosten in Verbindung mit dem weiter intensivierten Einsatz von Beschneiungsanlagen die Kosten in der Branche erhöhen. Durch die Erhöhung der Schneegrenze ist mit einem Rückgang der Anbieter von Wintersportmöglichkeiten zu rechnen (Skigebiete nur noch ab 1.500 Meter).

Gesellschaftliche Umwelt: In den letzten Jahren ist ein Wandel in den Lebensstilen hin zu einer aktiven, sportlichen, gesunden und erlebnisorientieren Lebensweise zu beobachten. Von diesem Trend können Wintersportgebiete profitieren. Jedoch ist auch ein steigendes ökologisches Bewusstsein und Handeln zu beobachten. Die Konsumenten denken verstärkt über die Folgen des Konsums nach. Gerade bei Großprojekten entstehen Bürgerinitiativen, die sich aktiv gegen einschneidende Eingriffe in Natur, Landschaft und Region positionieren (vgl. Nolympia gegen die olympischen Spiele in München, Stuttgart 21). In den letzten Jahren ist zu beobachten, dass sich Wintersportler keine eigene vollständige Sportausrüstung zulegen. Stattdessen geht der Trend zum Leihmaterial. Damit sparen sich die Sportler die hohe Investition (der Preis für einen neuen Ski mit Bindung liegt gegenwärtig zwischen 500 Euro und 1.000 Euro), können jeweils auf die aktuellen Modelle zurückgreifen und müssen ihr Material weder warten und pflegen noch es über lange Strecken in die Skigebiete transportieren.

Demographie und Bevölkerung: Das Wachstum der Zahl typischer Wintersporttouristen ist begrenzt. Da für Wintersport eine bestimmte körperliche Konstitution nötig ist und der Bewegungsapparat stark beansprucht wird, kann bedingt durch den demographischen Wandel (Alterung der Gesellschaft) die Nachfrage zurückgehen. Zwar ist der Wohlstand in Europa relativ hoch, jedoch scheint die Schere zwischen Arm und Reich auch hier größer zu werden. Auch dies könnte zu einer Verringerung der Zahl von Touristen führen, da sie sich den kostenintensiven Wintersport nicht mehr leisten können oder wollen. Jedoch nimmt die Mobilität der Menschen zu. So können Wintersportler auch aus größeren Entfernungen in die Wintersportgebiete reisen.

4.3.2 Stakeholderanalyse[2]

4.3.2.1 Grundlagen der Stakeholdertheorie

Lange Zeit fokussierte sich das Blickfeld eines Unternehmens auf die Interaktionen mit den Lieferanten und den Kunden. Dieser „Production View" auf zwei Beziehungen, zum einen die Versorgung mit Ressourcen, zum anderen der Absatz der Produkte, schloss einen Großteil der Unternehmensumwelt aus. Während diese Betrachtungsweise für kleine Familienunternehmen noch gut funktionierte, wurde mit neuen Technologien, verbesserten Produktionsprozessen, größer werdenden Unternehmen mit Arbeitern und Führungspersonen, die nicht aus der Familie kamen, der „Managerial View" nötig. Dieser berücksichtigte neben den Lieferanten und Kunden auch die Interessengruppen der Angestellten und Eigentümer (Freeman, 1984, 6). Jedoch genügt dieser viersphärige Fokus einem heutigen Unternehmen auch nicht mehr. Wie eine in diesem „Managerial View"-Modell nicht aufgeführte Interessensgruppe unter Umständen mehr Einfluss auf den Erfolg eines Unternehmens haben kann, als beispielsweise ein Lieferant, zeigt folgender Exkurs.

Exkurs:

Während des Milchersatz-Skandals in den 1970er Jahren wurde die Säuglingsnahrungsindustrie stark von verschiedenen Aktivistengruppen (in den USA) unter Beschuss genommen. Grund war die aggressive Verkaufswerbung in Ländern der „Dritten Welt" für Milchersatzprodukte. Den Müttern wurden von Promotern in Verkleidung (z. B. Ärzten, Priestern, Schwestern) Vorteile der Ersatzmilch im Gegensatz zur Muttermilch nahegebracht. Diese besonders glaubwürdigen Kommunikatoren verschwiegen jedoch, dass sauberes Trinkwasser für die Herstellung von Säuglingsnahrung auf Basis von Milchpulver nötig ist. Viele Mütter stellten das Stillen ein und versorgten die Babys mit Milchpulver. Das in den Dritten-Welt-Ländern häufig stark verschmutzte Wasser führte bei den Säuglingen zu Gesundheitsschäden bis hin zu Todesfällen. Vor diesem Hintergrund kam es zu Konsumboykotten der entsprechenden Hersteller in den USA und in Europa.

Nach Gesprächen mit Aktivisten änderte ein US-Unternehmen seine Marketingstrategie und konnte sich so positiv von seinen Wettbewerbern differenzieren, die weiterhin einer starken Kritik ausgesetzt waren (Charan & Freeman, 1979, 8 f.).

---

2   Mit der Stakeholderanalyse werden externe und interne Anspruchsgruppen analysiert. Da der Schwerpunkt zumeist auf den externen Stakeholdern liegt, wird die Stakeholderanalyse hier zu den externen Analysen aufgeführt.

Aktuellere Beispiele sind z. B. Greenpeace und Shell („Shell is Hell") im Rahmen der Brent-Spar-Affäre oder aktuelle Diskussionen in der Fußballbundesliga zwischen Hardcorefans, Vereinsleitung und VIP-Tribünenbesucher („Verkauf der Seele des Fußball"). Auch die Sportartikelindustrie wurde wegen menschenunwürdiger Arbeitsbedingungen in den Fabriken ihrer Zulieferer in Asien, Lateinamerika und Osteuropa heftig von Aktivisten kritisiert.

Die Lobbyarbeit solcher Menschenrechtsaktivisten führte allerdings auch dazu, dass Märkte wie der Markt für fair gehandelte Produkte überhaupt erst entstehen konnten.

Um Vorfälle wie im Exkurs beschrieben zu vermeiden und um die Ziele, Befindlichkeiten oder Handlungsoptionen der unterschiedlichen Gruppen zu kennen, stellt die Analyse der Stakeholder für alle Organisationen eine essentielle Aufgabe dar.

Der Stakeholder Approach ist somit ein wichtiges Analyse-, Planungs- und Steuerungsinstrument des strategischen Managements. Besonders in komplexen Märkten ist er ein wirksames Mittel, Marktakteure zu identifizieren und ihre Ansprüche strukturiert zu erfassen (Figge & Schaltegger, 2000, 11; Pastowski, 2004, 5 f. und 28). Der Begriff „Stakeholder" wurde laut Freeman (1984, 31 f.)

Abbildung 24: Stakeholder Map (Freeman, 1984, 25)

zum ersten Mal 1963 vom Stanford Research Institute (SRI) verwendet. Stakeholder sind nach dem SRI „[...] those groups without whose support the organisation would cease to exist". Freeman (1983, 33) erweitert diese enge Sichtweise des Stakeholderbegriffs: „A stakeholder in an organisation is (by definition) any group or individual, who can affect or is affected by the achievement of the organisations objectives."

Gemäß der Stakeholder Map (vgl. Abbildung 24) sind Stakeholder nicht nur Personen oder Gruppen, die in einem direkten Bezug zur Organisation stehen. Es werden vielmehr alle berücksichtigt, die ein Interesse an der Organisation haben könnten oder auf die die analysierte Organisation Einfluss nimmt. Das heißt, nicht nur aktuell an der Organisation Interessierte, sondern auch potentielle Interessengruppen sind als Stakeholder zu verstehen. Je mehr verschiedene Gruppen an einem System partizipieren, desto größer wird das Konfliktpotential zwischen den Gruppen. Witt (2003, 53 f.) sieht im Stakeholder Approach sogar eine Möglichkeit, Interessenkonflikte der Stakeholder zu ermitteln, zu bewerten und zu lösen.

In der Literatur stehen beim Stakeholder Approach Unternehmen im Mittelpunkt. Jedoch ist dieser Ansatz auch auf alle sonstigen Organisationen, insbesondere Non-Profit-Organisationen, anwendbar. Die Anwendung dieses strategischen Planungsinstruments ermöglicht es, einen Überblick über alle entscheidenden, potentiellen Interessengruppen zu erhalten. Auch künftige Konflikt- und Erfolgspotentiale lassen sich dadurch bereits im Vorfeld aufdecken (Spieler & Römmelt, 2007, 7).

Der Stakeholder-Ansatz hat verschiedene Charaktereigenschaften. Erstens soll er ein strategisches Rahmenkonzept (Framework) darstellen, das flexibel genug ist, um sich an Veränderungen der Unternehmensumwelt anzupassen. Zum Zweiten ist er eher als ein strategischer Management-Prozess denn als ein strategischer Planungsprozess zu verstehen. Ein drittes zentrales Anliegen des Stakeholder Approaches besteht im langfristigen Überleben des Unternehmens und nicht lediglich in einer Optimierung des gegenwärtigen Outputs. Als vierte Eigenschaft ist diesem Ansatz inhärent, dass er das Management ermutigt, eine externe Perspektive einzunehmen, um so die Beziehungen, die nachhaltigen Erfolg sichern, zu identifizieren und in diese zu investieren. Zum Fünften vereinigt der Stakeholder-Ansatz präskriptive und deskriptive Elemente, statt sich lediglich auf Empirie und Deskription zu beschränken. Sechstens werden hierbei konkret „Namen und Gesichter" genannt, ohne dass sich bloß auf spezielle Stakeholder-Rollen festgelegt wird. So lässt sich ein Verständnis bezüglich der wirklichen, konkreten Stakeholder entwickeln, die immer unternehmens- bzw. organisations- und situationsspezifisch differieren. Schließlich hat das Stakeholder-Management einen integrativen Charakter. Das Management muss Wege finden, die die Bedürfnisse multipler Stakeholder gleichzeitig bedienen und darf nicht jeden Stakeholder für sich betrachten. Es wäre jedoch naiv zu glauben, dass alle Stakeholder gleichermaßen von der gewählten Strategie profitieren. Es wird sich wohl niemals eine umfassende „win-win"-Situation einstellen. Gewisse Stakeholder gewinnen, anderen entsteht ein Schaden. Wichtig ist jedoch, durch den Stakeholder Approach eine Strategie zu finden, die die Schäden so verteilt, dass die Unterstützung aller Stakeholder langfristig gesichert ist (Freeman & Mc Vea, 2001, 193 f.).

Zur Erreichung eines nachhaltigen Unternehmenserfolgs müssen nicht nur Shareholder, sondern viele Stakeholder beachtet werden. Einige Stakeholder sind wichtiger, einflussreicher und/oder gefährlicher als andere. Diese müssen auch entsprechend stärker berücksichtigt werden. Die Analyse der Stakeholder dient dazu, die Interdependenzen zwischen der eigenen Organisation und den Stakeholdern sowie Beziehungszusammenhänge zwischen den Stakeholdern zu erkennen. Die Stakeholderanalyse läuft in der Regel in vier Schritten ab (Abbildung 25).

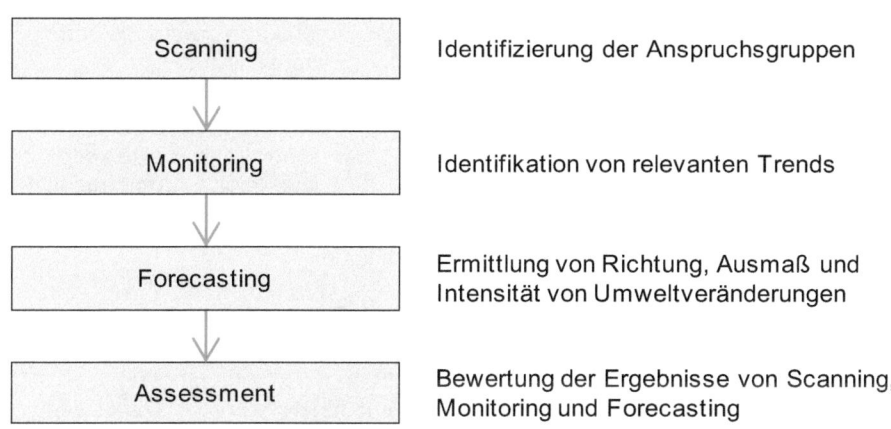

Abbildung 25: Ablauf der Stakeholderanalyse (Bea & Haas, 2013, 113)

Die Stakeholderanalyse gibt lediglich einen momentanen Zustand wieder. Die Relevanz der Stakeholdergruppen kann sich verändern und die Beziehung zu den Gruppen unterliegt stetigem Wandel. Weiterhin können neue Gruppen hinzukommen. Deshalb muss die Stakeholderanalyse kontinuierlich durchgeführt werden. Eine einmalige Anwendung genügt dem strategischen Management nicht.

4.3.2.2 Identifizierung von Stakeholdern in Bundessportfachverbänden

Im Folgenden wird die erste Phase der Stakeholderanlyse, die Identifikation der relevanten Stakeholder, für Bundessportfachverbände dargestellt. Die Ausführungen orientieren sich an der multiperspektivischen Stakeholderanalyse von Daumann & Römmelt (2013). Zur Identifizierung der relevanten Stakeholder werden unterschiedliche Quellen herangezogen. Neben einer Analyse der Satzungen, der Leitbilder und von sonstigen Publikationen der Verbände dient die direkte Perspektive von ehrenamtlichen und hauptamtlichen Führungskräften in Bundessportfachverbänden sowie von Experten aus dem organisierten Sport zur Identifizierung der relevanten Stakeholder.

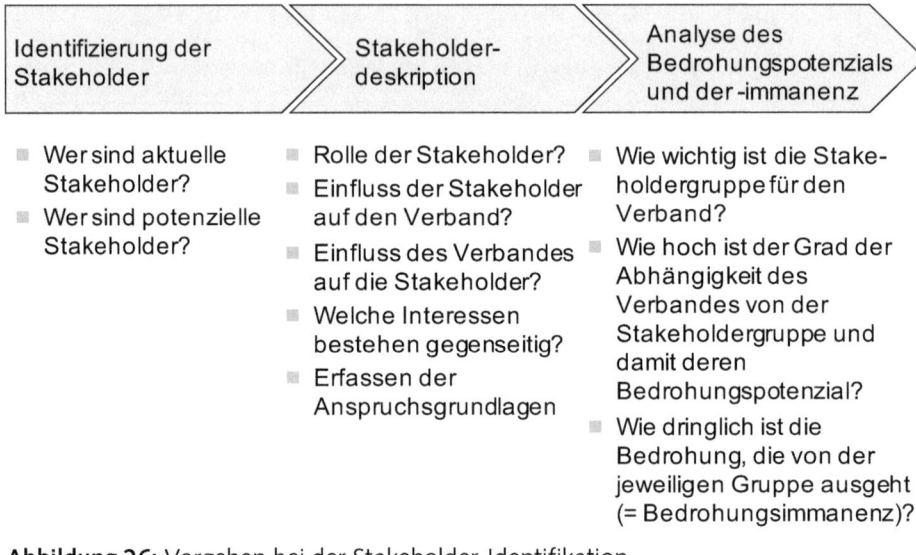

Identifizierung der Stakeholder	Stakeholder-deskription	Analyse des Bedrohungspotenzials und der -immanenz
▪ Wer sind aktuelle Stakeholder? ▪ Wer sind potenzielle Stakeholder?	▪ Rolle der Stakeholder? ▪ Einfluss der Stakeholder auf den Verband? ▪ Einfluss des Verbandes auf die Stakeholder? ▪ Welche Interessen bestehen gegenseitig? ▪ Erfassen der Anspruchsgrundlagen	▪ Wie wichtig ist die Stakeholdergruppe für den Verband? ▪ Wie hoch ist der Grad der Abhängigkeit des Verbandes von der Stakeholdergruppe und damit deren Bedrohungspotenzial? ▪ Wie dringlich ist die Bedrohung, die von der jeweiligen Gruppe ausgeht (= Bedrohungsimmanenz)?

Abbildung 26: Vorgehen bei der Stakeholder-Identifikation (Daumann & Römmelt, 2013, 106)

Die wesentlichen Fragen, die man sich bei der Identifizierung und Beschreibung von Stakeholdern stellen muss, sind in Abbildung 26 dargestellt. Im ersten Schritt müssen die relevanten Stakeholdergruppen identifiziert werden. Dabei genügt es aus strategischer Sicht nicht, sich nur auf die aktuell vermeintlich wichtigen Gruppen zu fokussieren. Stattdessen müssen auch die Gruppen berücksichtigt werden, die zwar zum heutigen Tag den Verband nicht beeinflussen, aber dies in Zukunft tun könnten. Die Teilnahme und Stellungnahme von Interessengruppen zu bestimmten Themen in der Vergangenheit können Indikatoren für relevante Stakeholdergruppen sein. Ebenso sind aus Sicht des Verbands vermutete Interessen aufzudecken, selbst wenn die Interessengruppen ihren Anspruch selbst noch nicht formuliert haben. Relevant sind überdies Gruppen, deren Meinungsführerschaft und deren (politische) Aktionen die Meinung anderer Stakeholder beeinflussen können.

Im zweiten Schritt ist die Stakeholdergruppe zu beschreiben und die Rolle der einzelnen Gruppierung zu analysieren. Dabei sind im Rahmen der Stakeholder-Theorie stets zwei Richtungen nötig. Zum einen stellt sich die Frage, wie stark die Stakeholdergruppe den Bundessportfachverband beeinflusst. Zum anderen, wie die jeweiligen Stakeholder vom Bundessportfachverband beeinflusst werden.

Im dritten Schritt wird eine Bestimmung der Relevanz für den Bundessportfachverband vorgenommen. Dabei wird die Höhe des Bedrohungspotentials der
Stakeholder für den Verband abgeschätzt. Weiterhin wird die Wahrscheinlichkeit bestimmt, inwiefern von der jeweiligen Gruppe eine Bedrohung ausgeht
(= Bedrohungsimmanenz).

Für Bundessportfachverbände ergeben sich die in Abbildung 27 dargestellten
Stakeholdergruppen. Die Einschätzungen der Relevanz der einzelnen Gruppen
innerhalb der unterschiedlichen Perspektiven divergieren. So sind in der Wahrnehmung der hauptamtlichen Führungskräfte beispielsweise die Sponsoren
wichtiger als aus Perspektive der ehrenamtlichen Führung. Diese wiederum setzt
einen größeren Schwerpunkt auf sportpolitische Gruppierungen. Sechs Gruppen
sind unabhängig von der Perspektive und verbandsübergreifend zu den besonderes relevanten Stakeholdergruppen zu zählen: Kaderathleten, Bundestrainer,
Spitzentrainer, Mitglieder, haupt- und ehrenamtliche Mitarbeiter.

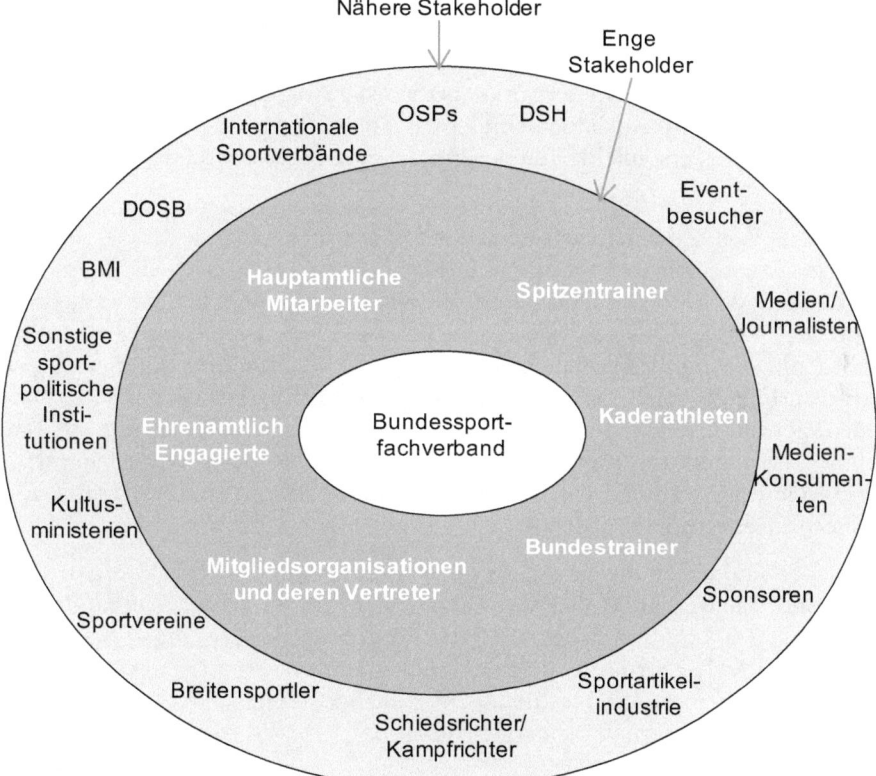

Abbildung 27: Stakeholder in Bundessportfachverbänden
(Daumann & Römmelt, 2013, 157)

Kadersportler sind die „Vorzeigeprodukte" eines Bundessportfachverbands. Die Betreuung der Kaderathleten, die eine Sportkarriere in der jeweiligen Sportart anstreben, und die Gewährleistung einer optimalen Sportkarriere stellen Hauptaufgaben eines Verbandes dar. Für die Athleten wenden die Verbände hohe Anteile ihres Budgets, insbesondere für Trainer, Trainingslager, Sportgeräte oder Wettkämpfe, auf. Der Kreis der Kaderathleten ist von Verband zu Verband unterschiedlich groß und die Definition der relevanten Spitzenathleten differiert zwischen den Verbänden. So besteht die Nationalmannschaft des Deutschen Leichtathletik Verbandes (DLV) aus über 400 Sportlern in den A-, B- und C-Kadern. Aus diesen rekrutiert sich das etwa 60-köpfige Top Team, das etwa die Hälfte der Leistungssportmittel des DLVs bindet. In den Sportarten mit professionellen Sportlern (Handball, Tennis) erfolgt der Kontakt zu diesen jedoch nur, wenn die Athleten der Nationalmannschaft angehören. Durch diese Mitgliedschaft erhöht sich der Marktwert der Sportler.

Die **Bundestrainer** haben eine Sonderstellung in den Bundessportfachverbänden: Sie sind besondere Mitarbeiter und zudem die obersten Trainer in der jeweiligen Altersgruppe in der Sportart oder der einzelnen Disziplin. Als Verantwortliche für das Training der Kaderathleten sind die Bundestrainer die Stakeholder, die am nächsten mit dem Athleten am sportlichen Erfolg arbeiten. Häufig sind die Bundestrainer zudem Aushängeschilder der Sportart und für die Medien besonders interessante Persönlichkeiten des Bundessportfachverbandes.

Spitzentrainer (A-Trainer) sind die Trainer der obersten Lizenzstufe. Die Ausbildung der Spitzentrainer obliegt dem Bundessportfachverband, der das Monopol in der jeweiligen Sportart innehat. Zudem wird der Erfolg der Leistungssportler und insbesondere der Kaderathleten, die wiederum eine wichtige Stakeholdergruppe des Verbandes sind, von der Qualität der jeweiligen Trainer beeinflusst. Somit lenkt ein Bundessportfachverband durch die Gewährleistung einer guten Trainerausbildung auch indirekt den sportlichen Erfolg der einzelnen Athleten. Zudem gewährleistet er die Grundlage für eine adäquate Ausbildung im Nachwuchsbereich und im Breitensport. Dabei tritt der Bundessportfachverband insbesondere im Rahmen von Aus- und Weiterbildungen mit den Trainern der höchsten Lizenzstufen in Kontakt.

Mitglieder sind eine konstituierende Gruppe innerhalb der als e. V. organisierten Bundessportfachverbände. Die Kernaufgabe der Bundessportfachverbände ist die Vertretung der Mitgliederinteressen zur Förderung der jeweiligen Sportart. Je nach hierarchischer Struktur in der jeweiligen Sportart sind Landesfachverbände (z.B. Fußball, Tennis, Leichtathletik) oder die Sportvereine direkt (z.B. Hockey, Rudern) Mitglied im Bundessportfachverband.

Ehrenamtlich engagierte Mitarbeiter sind eine der zentralen Stützen des deutschen Sportsystems. Auf allen Ebenen vom Sportverein über die Kreis-, zur Bezirks- und Landesebene bis hin zum nationalen Verband spielt die Ehrenamtlichkeit eine bedeutende Rolle. Der Begriff „ehrenamtlich" steht in diesem Kontext für freiwillige, unentgeltliche Arbeit im Sportsystem. Die ehrenamtlich Engagierten sind Personen, die eine Funktion im Bundessportfachverband, in dessen Organen, Gremien oder Ausschüssen innehaben. In ehrenamtliche Positionen können ehrenamtliche Mitarbeiter per Amt (z. B. Präsident in einem Landesverband als Mitglied im Bundesausschuss), per Wahl oder per Ernennung kommen. Typische Ämter sind Mitglieder des Präsidiums oder von Ausschüssen, Kassenwart, Sportwart, Ehrenpräsident, Athletensprecher. Einige Stellen werden auf Basis langjährigen Engagements besetzt, andere durch besondere Kompetenzen (z. B. Steuerberater, Rechtsanwalt).

Hauptamtliche Mitarbeiter der Bundessportfachverbände tragen die Mehrheit aller operativen Maßnahmen in einem Bundessportfachverband und stellen daher ein wichtiges Bindeglied zwischen dem Verband und allen anderen Stakeholdergruppen dar. Die Fähigkeiten und die Motivation jedes einzelnen hauptamtlichen Mitarbeiters sind Schlüsselfaktoren der Qualität der Leistungen eines Bundessportfachverbandes. Die hauptamtlichen Mitarbeiter repräsentieren den Verband nach innen und außen. Der Bundessportfachverband ist als Arbeitgeber maßgeblich für die Sicherung des Lebensunterhalts dieser Stakeholdergruppe.

4.3.3 Branchenstrukturanalyse

4.3.3.1 Theoretische Grundlagen der Branchenstrukturanalyse

Bei der Branchenstrukturanalyse nach Porter (1979; 2008) steht die Mikroumwelt mit insbesondere fünf Stakeholdergruppen und deren Machtkonstellation im Fokus (Five Forces-Modell). Zu diesen gehören die Wettbewerber auf dem Markt, potentielle neue in den Markt tretende Anbieter, Anbieter von Substituten, Lieferanten und Abnehmer (vgl. Abbildung 28).

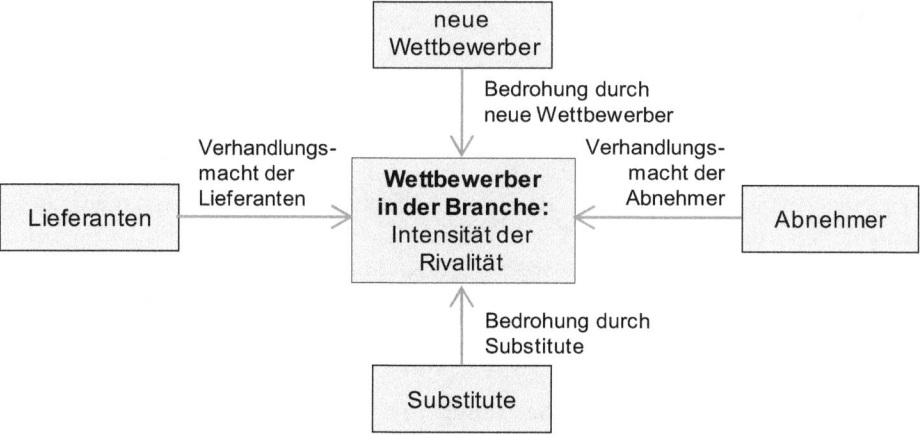

Abbildung 28: Five Forces-Modell von Porter (1979)

Fünf Kräfte ("Five Forces") bestimmen nach Porter (1979) den Wettbewerb innerhalb einer Branche und damit die Rentabilität und das Gewinnpotential derselben (zu folgenden Ausführungen vgl. auch Andrews & Daumann, 2005).

Die Rivalität zwischen den Konkurrenten als maßgebliche Determinante des Erfolgs eines Unternehmens ist wiederum Ergebnis einer Vielzahl von Faktoren. So ist diese als hoch einzustufen, wenn zahlreiche Akteure am Markt existieren, deren Produkte weitgehend homogen sind. Ebenso intensivieren Überkapazitäten und hohe Austrittsbarrieren die Rivalität innerhalb der Branche. Ein geringes oder stagnierendes Marktwachstum, was nach dem Marktphasenschema von Heuss (1965) ab der Sättigungsphase der Fall ist, zieht ebenfalls eine Intensivierung des Wettbewerbs nach sich.

Neben dem Ausmaß der Rivalität in einer Branche kann durch die potentielle Konkurrenz eine Erosion des Gewinnpotentials verursacht werden. Ob aus potentiellen Wettbewerbern akute werden, hängt neben der erwarteten Reaktion der Marktinsassen vor allem von der Existenz von Marktzutrittsschranken ab. Nach Porter (1985) wird der Marktzutritt potentieller Konkurrenten insbesondere durch die Existenz von Skaleneffekten (Bain, 1949) sowie durch ein hohes Ausmaß einer vom Kunden wahrgenommenen und akzeptierten Produktdifferenzierung erschwert. Daneben können hoher Kapitalbedarf, hohe Umstellungskosten bei den Konsumenten, sich dem Instrumentarium der Regulierung und Subventionierung bedienende staatliche Politik sowie hohe, sich etwa aus Know-how, Patenten oder einem günstigen Zugang zu Rohstoffen ergebende absolute Kostenvorteile der Marktinsassen den Markteintritt von Newcomern behindern.

Des Weiteren können von den Anbietern von Ersatzprodukten oder -dienstleistungen (Substituten) Gefahren für die betrachtete Branche ausgehen. Die Substitute absorbieren Nachfrage nach den Produkten der Branche. Die damit verbundenen Risiken sind dann als sehr hoch einzustufen, wenn sich die etwaigen Substitutionsprodukte durch ein aus Sicht der Konsumenten günstiges Preis-/Leistungsverhältnis auszeichnen.

Auch Lieferanten können mit ihrer Verhandlungsstärke die erzielbaren Renditen einer Branche reduzieren. Technische oder etwa durch hohe Umstellungskosten bedingte ökonomische Restriktionen bei der Substitution der Vorleistungen sowie eine geringe Bedeutung der Branche für die Lieferanten generieren eine hohe Marktmacht der Lieferanten. Diese versetzt die Lieferanten in die Lage, durch hohe Preise oder durch kostensparende Qualitätsverminderung ihrer Vorleistungen die Renten in der nachgelagerten Branche zumindest teilweise zu ihren Gunsten zu verringern. Darüber hinaus wird die Verhandlungsmacht der Lieferanten verstärkt, wenn die Vorleistungen nicht lagerfähig sind.

Schließlich können die Abnehmer durch ihre Verhandlungsmacht mit Forderungen nach günstigeren Preisen, höherer Qualität oder einer Ausweitung der

Serviceleistungen die Branche bedrohen. Eine hohe Marktmacht der Nachfrage ist dort zu erwarten, wo bedingt durch eine große Konzentration auf der Nachfrageseite, einem hohen Standardisierungsgrad des Produkts sowie einer großen Markttransparenz die Konsumenten über ein erhebliches Sanktionspotential verfügen.

Ausgehend von der Ausgestaltung der fünf Wettbewerbskräfte in der betreffenden Branche leitet Porter (1985) drei alternative Basisstrategien ab: Kostenführerschaft, Differenzierung und Nischenbildung. Während mit der ersten Strategie durch den Aufbau von günstigen Kostenstrukturen eine den Wettbewerbern überlegene Marktposition erreicht werden soll, zielt die zweite Alternative auf die Etablierung einer etwa aus der Qualität des Produkts oder des besonderen Markenimages resultierenden Sonderstellung aus Sicht der Konsumenten ab. Die Strategie der Nischenbildung stellt schließlich den Versuch dar, sich durch die Konzentration auf ein ausgewähltes Marktsegment eine überlegene Stellung auf dem Markt zu verschaffen.

4.3.3.2 Analyse der Branchenstruktur im Markt für TV-Rechteagenturen

Sport stellt eines der beliebtesten Formate im Fernsehen dar. Im Jahr 2013 waren 14 der 20 (70 %) reichweitenstärksten Sendungen Sportübertragungen (AGF, 2014). Seit Aufkommen des dualen Systems aus öffentlich-rechtlichem und privatem Rundfunk in Deutschland Ende der 1980er Jahre entwickelte sich der TV-Rechtehandel für Übertragungsrechte von Sportevents in atemberaubender Geschwindigkeit (vgl. ausführlich bei Daumann & Römmelt, 2009).

Wettbewerber in diesem Markt sind alle Unternehmen und Organisationen, die TV-Rechte mit Sportbezug an TV-Sender verkaufen. Ein großer Teil dieser Rechte wird durch spezialisierte Sportrechteagenturen gehandelt. Besonders beliebte Rechte werden auch „inhouse" von den originären Rechteinhabern (z. B. FIFA, UEFA, DFL, DFB, FIA, ITR) direkt verkauft. Insgesamt ist der Wettbewerb auf dem Markt der TV-Rechtevermarkter als hoch einzustufen. Gründe hierfür sind die hohe Anzahl an Wettbewerbern, ein abnehmendes Branchenwachstum, hohe strategische Einsätze der Wettbewerber und hohe Fixkosten. Waren bis Ende der 1990er Jahre nur wenige Agenturen auf dem deutschen TV-Rechtemarkt tätig (ISPR, Ufa, SportA) existieren heute eine große Zahl an immer internationaler werdenden Agenturen (vgl. Abbildung 29). Die hohen Wachstumszahlen der 1990er Jahre konnten in den letzten Jahren nicht gehalten werden. Ausnahmen bilden einige wenige Rechte, die durch hohe strategische Einsätze von Abnehmern der Rechte (z. B. Bundesliga bei Sky) hohe Wachstumsraten halten konnten. Erlöszuwächse konnten vor allem durch Markterweiterungen (Stichwort Auslandsvermarktung) generiert werden. Jedoch sind solche Markterweiterungen aufwandsintensiv und relativ gering im Vergleich zu den Erlösen zur Inlandsvermarktung bzw. Vermarktung in den Kernmärkten der jeweiligen Sportrechte. Zum Dritten werden leicht zu vermarktende und damit lukrative Rechte (z. B. nationale und internationale Fußallrechte) häufig durch die Lieferanten (originäre Rechteinhaber) selbst vermarktet (Vorwärtsintegration). Hohe Margen werden zudem durch strategische Einsätze der Vermarkter geschluckt, die teilweise ruinös hohe Preise für Rechte bezahlen, die nicht refinanziert werden können. Die Vorfinanzierung von TV-Rechten verschärft zudem die Kostensituation der Vermarkter, da hohe Fixkosten entstehen.

**Umfang des TV-Rechte-
portfolios im Sport ***

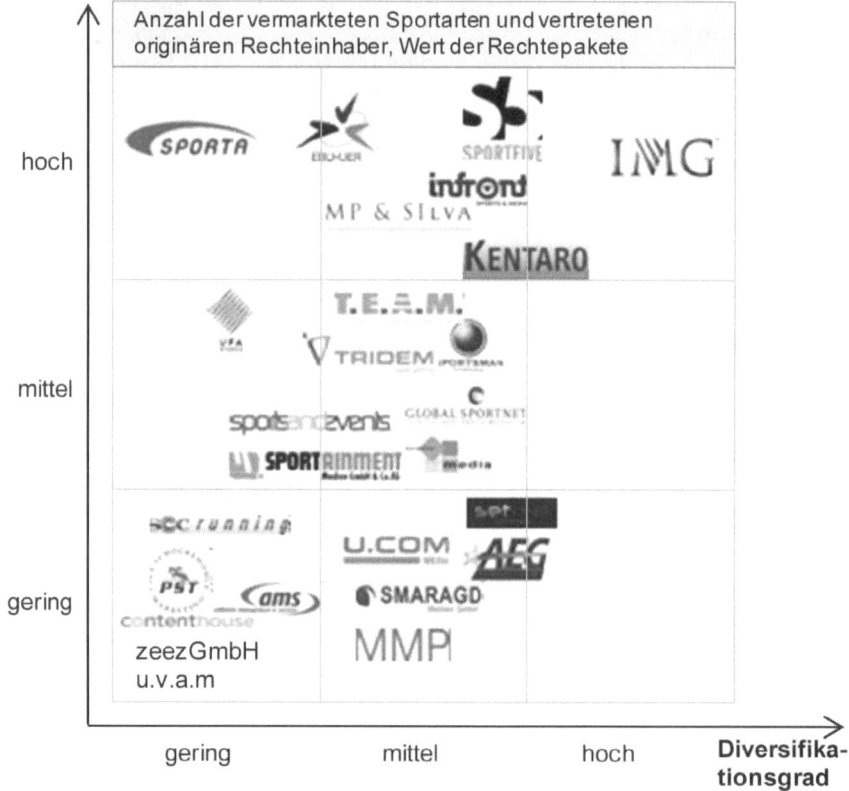

Abbildung 29: Wettbewerber im Markt für TV-Rechte (aktualisierte Darstellung in Anlehnung an Daumann & Römmelt, 2009, 205)

Der hohe Kapitalbedarf beim Markteintritt erschwert **neuen Anbietern** den Markteintritt. Weitere relevante Markteintrittshürden im TV-Rechtemarkt sind Produktdifferenzierung, fehlende Zugänge zu Vertriebskanälen, hohe Umstellkosten und Vorkaufsrechte etablierter Anbieter. Produktdifferenzierung bezieht sich in diesem Kontext auf die Vermarktungsdienstleistung. Während der eigentliche Vermarktungsprozess sich zwischen den Anbietern nur gering unterscheidet, scheint die Bekanntheit der Agentur bzw. deren Vertreter sowie deren Erfolg in der Vergangenheit ein wichtiges Signal für potentielle Rechtelieferanten und Käufer. Damit erhalten etablierte Anbieter eher die Chance ihre Ansätze und Ideen bei den Entscheidern zu präsentieren als „Newcomer" oder „Nobodys". In diesem B-2-B-Markt ist somit für neue Wettbewerber auch der Zugang zu Vertriebskanälen (Entscheider bei den TV-Stationen) erschwert. Jedoch ist in den letzten Jahren zu beobachten, dass etablierte „Gesichter" der Branche aus großen Agenturen (z.B. Sportfive, Infront) ausscheiden und als neue Agentur (z.B. Ufa-Sports, Tridem Sports) in den Markt eintreten. Zudem ist die Ablösung einer Agentur in bestehenden Vermarktungsbeziehungen häufig erschwert, da Vorkaufsrechte (matching offer rights) oder Erstverhandlungsrechte (rights of first offer negotiation) vereinbart sind. Die Umstellkosten beim Wechsel der Vermarktungsagentur sind sowohl für die originären Rechteinhaber als auch für die Kunden nicht unwesentlich. Insgesamt lässt sich die Bedrohung durch neue Anbieter als relativ gering bezeichnen.

Die **Macht der Abnehmer** hängt stark von der Abnehmerkonzentration, dem Umsatzanteil des Abnehmers beim Anbieter, den Rückwärtsintegrationsmöglichkeiten sowie dem Wachstum ab. Zwar existieren zunehmend mehr Fernsehsender, jedoch gehören die intensiv genutzten Sender zu fünf Sendergruppen (ARD, ZDF, RTL Group, ProSiebenSat1 Media, Sky). Deshalb ist von einer recht starken Konzentration der Abnehmer auszugehen. Der Anteil des Umsatzes von Top-Sportrechten am Gesamtumsatz von Vermarktern ist meist hoch. Jedoch diversifizieren die Agenturen das eigene Portfolio auch in andere Bereiche (z.B. Vermarktung von Sponsoring und Hospitality). Zudem existiert ein hoher Wettbewerb zwischen den Abnehmern um Einschaltquoten (und damit Werbeerlöse). Dazu kommen hohe strategische Einsätze bei Sportrechten: Für Sky sind die Bundesligaliverechte derart überlebenswichtig, dass sie extrem hohe Rechtefees (ab 2013 ca. 485 Mio. € p.a.; fast das doppelte der Vorsaison) an die DFL zahlen. Auch die Sportschau der ARD lässt sich nicht über Werbeerlöse finanzieren, sondern es müssen Gebührengelder für die Deckung der Kosten verwendet werden. Eine Rückwärtsintegration der TV-Stationen ist durchaus möglich. So können diese entweder direkt Rechte bei den originären Rechteinhabern kaufen oder gemeinsam mit diesen neue Formate entwickeln. Einige Sendergruppen können bereits auf Hausagenturen (z.B. SportA für ARD; EBU für 75 Mitgliedsanstalten; Ufa Sports und RTL Group) zurückgreifen.

Soweit die originären Rechteinhaber ihre TV-Rechte nicht direkt vermarkten, sind sie als Lieferanten der Vermarkter zu sehen. Die **Verhandlungsmacht der Lieferanten** wird beeinflusst von dem Differenzierungsgrad des Produkts, Umstellkosten, der Konzentration der Lieferanten, der Substituierbarkeit ihres Produktes und Möglichkeit der Vorwärtsintegration. Das Produkt bzw. die Dienstleistung „Handel mit Sportrechten" ist wenig differenziert. Jedoch ist jedes angebotene

Recht einzigartig und wird nur von einem Lieferanten angeboten. Dabei müssen nicht nur einzelne Sportarten, sondern unterschiedliche Events innerhalb der einzelnen Sportarten differenziert betrachtet werden. So hat z. B. der DFB Rechte an diversen Länderspielen der A-Nationalmannschaft, der Frauen, der U23, der U21 etc. Die Umstellkosten beim Wechsel eines Rechtelieferanten sind grundsätzlich gering. Jedoch muss teilweise spezifisches Wissen (z. B. Produktion der Inhalte, rechtliche Rahmenbedingungen, Strukturen in der Sportart, Kontakte) für die Vermarktung einer „neuen" Sportart aufgebaut werden. Im DOSB sind über 60 Sportarten vertreten, die jedoch nicht alle TV-relevant sind. In den quotenstarken Sportübertragungen finden sich nur wenige Sportarten (Fußball, Boxen, Formel 1, Wintersport). Somit ist die Konzentration der Lieferanten als hoch zu bewerten. Die Substituierbarkeit der Dienstleistung des Rechtehandels ist durch Vorwärtsintegration gegeben. Das gehandelte Produkt (Sportrechte) ist jedoch nur bedingt ersetzbar (vgl. Ausführungen zu Substituten). Insgesamt ist die Verhandlungsmacht der Lieferanten der reichweitenstarken Top-Sportevents sehr groß. Die Veranstalter von kleineren Sportarten haben nur eine sehr geringe Verhandlungsmacht. Ein Teil dieser Sportarten bündelt seine TV-Rechte im sogenannten 32-er Vertrag. Dieser bringt den vertretenen Verbänden zwar nur relativ geringe Einnahmen (ca. 2 Mio. Euro), aber garantiert eine (geringe) Berichterstattung, die zur Sponsoringvermarktung innerhalb der Sportart essentiell ist.

Substitute erfüllen dieselbe oder ähnliche Funktionen wie das Branchenprodukt (hier gehandelte TV-Rechte im Sport). TV-Sportrechte entfachen Emotionalität, verfügen über die Ungewissheit des Ergebnisses und dienen letztendlich der Unterhaltung. Zudem sind Sportereignisse massentaugliche Inhalte. Alternativen als unterhaltende Inhalte im Fernsehen sind beispielsweise Spielfilme, Serien, (Spiel-, Unterhaltungs- oder Talk-)Shows oder Musiksendungen. Diese alternativen Inhalte weisen oft ein besseres Kosten-Nutzenverhältnis aus, da z. B. (selbstproduzierte) Spielfilme im Gegensatz zu Sportübertragungen mehrfach gesendet oder Soaps durch Werbefinanzierung kostenneutral sind. Zudem kann der TV-Konsum auf Endnutzerseite durch Medien (z. B. Internet u. a. mit Streams oder Web-TV, mobile Endgeräte, DVD, Radio, Print) substituiert werden. Insgesamt kann die Bedrohung durch Substitute als mittel bezeichnet werden.

Fazit der Branchenstrukturanalyse

- Der Markt für den Handel von TV-Rechten im Sport ist ausdifferenziert und hochkompetitiv.
- Ein Wachstum der Rechtehändler ist nur durch Verdrängungswettbewerb und Marktdurchdringung möglich, die mit der Einschränkung der Profitabilität einhergehen. Alternativ bieten sich für Vermarkter Diversifikationsstrategien (z. B. Beratung, Kreation eigener Events, Betrieb von Veranstaltungsstätten) oder die Entwicklung neuer Produkte (z. B. durch Nutzung neuer Technologien wie IP, Mobile, eigene Spartenkanäle) an.

- Einige TV-Rechte haben eine hohe strategische Relevanz für einzelne Unternehmen (z. B. Bundesliga für Sky). Zudem führt die Gebührenfinanzierung des öffentlich-rechtlichen Rundfunks im TV-Rechtehandel zu überhöhten Erlösen, die sich ansonsten nicht einstellen würden.
- Polemische Diskussionen um das „öffentliche Gut Sport bzw. Fußball" in der Öffentlichkeit beeinflussen Politik und Management im Medienmarkt. Versuche, die Marktstruktur zu ändern, lösen sehr leicht politische Reaktionen aus (vgl. Entscheidung des Kartellamts im Sirius-Fall).
- Die exponentiellen Erlössteigerungen für TV-Rechte sind Geschichte und signifikante Erlössteigerungen sind eher über neue Märkte und Geschäftsfelder möglich als durch eine weitere Exploration bestehender Märkte.

4.3.4 Konkurrenzanalyse

4.3.4.1 Grundlagen der Konkurrenzanalyse

Um die Stellung der eigenen Organisation im Wettbewerb bestimmen zu können, muss die Leistungsfähigkeit der Konkurrenten analysiert werden. Eine Konkurrenzanalyse besteht aus vier zu diagnostizierenden Elementen: künftige Ziele, gegenwärtige Strategie, Annahmen und Fähigkeiten (Porter, 2004, 47 ff., vgl. Abbildung 30). Das Verständnis dieser vier Elemente erlaubt begründete Rück-

Abbildung 30: Elemente einer Konkurrenzanalyse (Porter, 2013, 90)

schlüsse auf das Reaktionsprofil des Konkurrenten. Hierbei müssen nicht nur die bedeutenden existierenden Wettbewerber, sondern auch potentielle Wettbewerber berücksichtigt werden.

Zunächst gilt es, sich die Ziele der Konkurrenten bewusst zu machen. Ist der Konkurrent mit seinen (Finanz-)Ergebnissen zufrieden oder eher nicht. Diese Kenntnis ermöglicht eine Vorhersage der Wahrscheinlichkeit eines Strategiewechsels oder der Stärke der Reaktion des Wettbewerbers auf Veränderungen der Umwelt. Bei der Analyse der Ziele sind nicht nur die finanziellen Ziele eines Konkurrenten zu beachten, sondern auch qualitative Faktoren wie z. B. die Marktführerschaft, die technologische Position oder soziale Leistungen sollten in Betracht gezogen werden. Weiterhin sollten die Risikoeinstellungen, die Werte und Überzeugungen, die organisatorischen Strukturen, die internen Kontroll- und Anreizsysteme sowie die „Manager-Typen" (Art, Einigkeit der Führung, Aufsichtsratszusammensetzung etc.) der Konkurrenten untersucht werden. Auch vertragliche Verpflichtungen sowie wettbewerbsrechtliche, staatliche oder gesellschaftlich-soziale Einschränkungen können die Ziele der Konkurrenten beeinflussen.

Im zweiten Schritt der Konkurrenzanalyse werden die Annahmen eines jeden Konkurrenten analysiert. Hierbei lassen sich Annahmen des Wettbewerbers über sich selbst und Annahmen des Wettbewerbers über die Branche und die anderen Unternehmen unterscheiden. Die Untersuchung der Annahmen der Konkurrenten kann Verzerrungen oder blinde Flecken zutage fördern, die sich im Management des Konkurrenten festgesetzt haben. Um herauszufinden, welche Annahmen der Konkurrent trifft und welche davon nicht völlig rational oder realistisch sind, sollten folgende Fragen überdacht werden (Porter, 2013, 102 f.):

[1] Was scheint der Konkurrent über seine relative Wettbewerbsposition zu glauben (Kosten, Qualität, Technologien etc.), wenn man beispielsweise die offiziellen Mitteilungen oder Äußerungen vom Management zu Grunde legt? Worin sieht der Konkurrent seine Stärken und Schwächen?

[2] Hat der Konkurrent starke historische oder emotionale Bindungen an Produkte, Instrumente, Designs, Standorte etc., an die er sich klammern wird?

[3] Gibt es kulturelle, regionale oder nationale Unterschiede, die Einfluss auf die Wahrnehmung des Wettbewerbers bezüglich bestimmter Ereignisse nehmen?

[4] Gibt es organisatorische Werte oder Regeln, die sich institutionell verfestigt haben? Gibt es Strategien, an die die Unternehmensgründer fest glauben oder die noch nachklingen?

[5] Wie schätzt der Wettbewerber die Entwicklung der Nachfrage nach dem Produkt ein und welche Bedeutung ordnet er Trends zu?

[6] Was scheint der Wettbewerber über die Ziele und Tätigkeiten seiner Konkurrenten zu glauben? Über- oder unterschätzt er sie?

[7] Glaubt der Wettbewerber an „konventionelle Branchenweisheiten", Daumenregeln oder branchenübliche Ansätze?

[8] Spiegelt die derzeitige Strategie eines Wettbewerbers möglicherweise seine Annahmen wider? Die vorhergehende und derzeitige Situation eines Unternehmens kann einen Filter bilden, durch den es die Ereignisse in der Branche betrachtet. Darunter kann die Objektivität leiden.

Das dritte Element der Konkurrenzanalyse besteht in der Untersuchung der gegenwärtigen Strategie der Konkurrenten. Die Strategie eines Konkurrenten sieht Porter (Porter, 2013, 106) als „Kombination seiner wichtigsten Instrumente in jedem Funktionsbereich mit der besonderen Art vor, wie er die jeweiligen Elemente untereinander zu verbinden sucht". Hierbei werden die Funktionsbereiche Marketing, Vertrieb, Fertigung, Personal, Einkauf, Forschung und Entwicklung, Finanzierung und Finanzkontrolle differenziert untersucht und Entwicklungen von Produktprogramm, Umsatz sowie Reaktionen auf externe Entwicklungen betrachtet.

Zum Abschluss der Konkurrenzanalyse werden die Fähigkeiten eines jeden Wettbewerbers analysiert. Die zuvor identifizierten Ziele, Annahmen und gegenwärtigen Strategien beeinflussen die Wahrscheinlichkeit, den Zeitpunkt, die Art und die Intensität der Reaktion von Wettbewerbern. Die Analyse der Stärken und Schwächen eines Konkurrenten besteht aus folgenden Faktoren (Porter, 2013, 107 f.):

- Produkte (Qualität, Breite und Tiefe des Sortiments)
- Händler- und Vertriebsnetz (Abdeckung und Art der Vertriebskanäle, Stärke der Beziehung zu den Vertriebskanälen)
- Marketing und Verkauf (Fähigkeiten in jedem Aspekt des Marketing-Mix, der Marktforschung und Produktentwicklung)
- Verfahren (Kostensenkung durch Betriebsgrößenersparnisse, Erfahrungskurveneffekte, Technologien, Flexibilität der Produktionsanlagen, Zugang zu Rohstoffen)
- Forschung und Technik (Patente, Know-how)
- Gesamtkosten (Betriebsgrößenersparnisse, gemeinsam genutzte Ressourcen, Standort)
- Finanzielle Stärke (Cashflow, Kreditlinien, Eigenkapitaldeckung, Finanzmanagementfähigkeiten)
- Organisation (Unternehmenswerte, Organisationsstrukturen, Geschäfts- und Arbeitsklima, Arbeitnehmerförderung)
- Allgemeine Managementfähigkeiten (Führungsqualitäten des Management, Motivation, Managementnachwuchs)
- Konzernportfolio

Hierbei sollten die Kernkompetenzen des jeweiligen Konkurrenten herausgearbeitet werden. Besonders relevant aus strategischer Sicht sind Wachstumsfähigkeiten, die Fähigkeit zur schnellen Reaktion auf Veränderungen im Wettbewerb, die Anpassungsfähigkeit und das (finanzielle) Durchhaltevermögen.

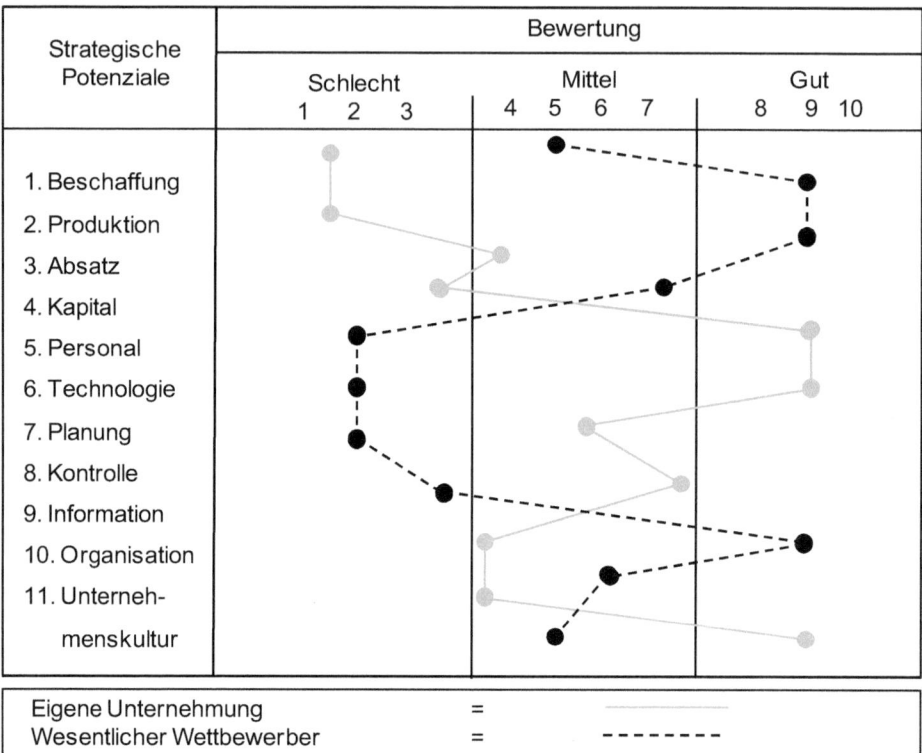

Abbildung 31: Stärken-Schwächen-Profil (Bea & Haas, 2013, 125)

Ein beispielhaftes Stärken-Schwächen-Profil in einem Duopol, einem Markt mit zwei Anbietern, zeigt Abbildung 31. Die eigenen Kernkompetenzen liegen hier bei gutem Personal und der Technologieführerschaft. Der Konkurrent dagegen weist fortschrittlichere Fähigkeiten in der Produktion (z.B. durch größere Kapazitäten) und im Absatz (z.B. durch eine sehr gute Vertriebsstruktur) auf. In dieser Situation wäre eine Handlungsalternative für das eigene Unternehmen, mit technischem Know-how die Kapazitäten auszubauen, um von Größenvorteilen zu profitieren. Ein weiterer Ansatzpunkt wäre die Optimierung der Beschaffung.

4.3.4.2 Konkurrenzanalyse im Markt kommerzieller Sportanbieter am Beispiel einer Kletterhalle

4.3.4.2.1 Situationsbeschreibung

Der Betreiber des Kletterzentrums Matterhorn möchte seine Konkurrenten analysieren. Das Kletterzentrum Matterhorn liegt im Industriegebiet einer Großstadt (ca. 130.000 Einwohner). Im Einzugsgebiet (definiert durch eine 45 minütige Anfahrt mit dem PKW) befinden sich drei weitere Anbieter von Klettermöglichkeiten: Die Halle des örtlichen Alpenvereins (drei Minuten Entfernung), der Boulderpark Ostblock (20 Minuten) und das Kletterwerk (35 Minuten). Die Angebote des Matterhorn sowie der Konkurrenten sind in Tabelle 6 dargestellt.

Tabelle 6: Übersicht der Angebote der Kletterhallen (eigene Darstellung)

	Matterhorn	Alpenverein	Ostblock	Kletterwerk
Indoor Kletterfläche (m²)	1.000	450	nein	1.200
Outdoorbereich (m²)	500	nein	nein	400
Boulderbereich (m²)	350	100	450	250
Shop	Kletterausrüstung, Literatur, Kleidung	nein	nein	Kletterausrüstung, Literatur, Kleidung
Bistro	Kalte und warme Getränke, kleine Speisen	nein	Kalte und warme Getränke, Snacks	angegliedertes Bistro
Sonstiges	Verleih von Ausrüstung, Kletter- und Boulderkurse	aktives Vereinsleben, regelmäßige Trainingsgruppen, alpine Wanderungen	Boulderkurse	Verleih von Ausrüstung, eigene Kollektion, Kletterkurse, Incentives, Angebot von Kletterreisen

4.3.4.2.2 Alpenverein

Ziele und Rahmenbedingungen: Der Alpenverein möchte für seine Mitglieder eine günstige Möglichkeit zum Sportklettern und von weiteren Angeboten im Kontext des Alpinismus bieten. Gäste dürfen gegen eine Nutzungsgebühr (5−7 Euro) ebenfalls die Kletterhalle nutzen. Neben den Trainingszeiten für Kinder, Kurse und Wettkampfgruppen übernehmen Mitglieder die Hallenaufsicht zu den allgemeinen Öffnungszeiten an vier Tagen pro Woche (16.00−22.00 Uhr). In diesen Zeiten ist die kleine Halle gut besucht und mit 14−20 Personen wird es beengt. Die finanziellen Ziele sind die Deckung der Kosten für Miete und Einrichtung. Zudem sollen abwechslungsreiche Kletterrouten und Boulder zur

Verfügung gestellt werden, die regelmäßig (zweimal jährlich) erneuert werden. Unter den Vereinsmitgliedern befinden sich wahre Kletterfreaks, die sowohl das Routenschrauben als auch das Training von Mitgliedern sowie die Organisation von alpinen Wander- und Klettertouren übernehmen. Der Verein wird basisdemokratisch gesteuert, womit viele Ideen der Mitglieder in Eigenregie umgesetzt werden können. Jedoch sind die Reaktionszeiten durch die stark eingeschränkten Finanzen recht lange.

Annahmen: Im Alpenverein wird eine besondere Kletterethik gelebt. Es geht den Mitgliedern darum, Kletterregeln einzuhalten, Spaß am Sport zu haben und diesen weiterzugeben. Die Mitglieder glauben, dass sie bessere Routen als die kommerziellen Anbieter in der Region schrauben können und damit das Klettererlebnis in ihrer kleinen Halle technisch anspruchsvoller und hochwertiger zu bewerten ist. Sie sehen sich jedoch nicht als Konkurrent. Der Alpenverein ist mit der Auslastung der Halle sowie seinen Leistungen sehr zufrieden.

Strategie: Halten des Status-Quo! Der Alpenverein freut sich über Mitglieder, die zu ihm passen und die sich gern aktiv einbringen. Gastkletterer sind gern gesehen, solange sie sich an die Gepflogenheiten des Alpenvereins anpassen. Das wichtigste strategische Ziel ist die Erhaltung des Vereins, seiner Infrastruktur sowie die Sicherung der Qualität seiner Angebote. Weitere Expansionen werden durch die eingeschränkten personellen und finanziellen Ressourcen nicht angestrebt.

4.3.4.2.3 Ostblock

Ziele und Rahmenbedingungen: Ein ambitionierter Kletterer hat sein Hobby zum Beruf gemacht und betreibt diese Boulderhalle mit Hilfe zweier Aushilfen. Sein Ziel ist es, nachhaltig von den Erträgen der Kletterhalle zu leben. Dazu öffnet das Ostblock an sechs Tagen seine Türen (12.00–22.00 Uhr). Die Boulderer zahlen 5–7 Euro Eintritt. Im Schnitt besuchen 20 Boulderer am Tag die Halle. Finanziell scheint das Ostblock am Existenzlimit zu laufen und keine größeren Beträge abzuwerfen. Deshalb plant der Betreiber, vermehrt Kurse an Schulen und Firmen zu verkaufen. Als one-man-show ist der Betreiber sehr flexibel und kann sich zudem auf seine sportlich sehr kompetenten Aushilfskräfte bestens verlassen.

Annahmen: Als kommerzieller Anbieter weiß der Betreiber um die Relevanz des Marketings. Er versucht durch einfache Maßnahmen seine Zielgruppe zu erreichen. Zudem scheint er stark auf Mund-zu-Mund-Propaganda und die Treue der Bouldercommunity in der Gegend zu setzen. Der Betreiber entstammt der Szene und kann entsprechend gut in der Community kommunizieren. Ein Anbau und Ausbau der bestehenden Anlage wäre bei entsprechend steigender Nachfrage und Finanzkraft grundsätzlich möglich. Jedoch scheinen die Cashflows wenig Potential für große Investitionen zuzulassen.

Strategie: Steigerung der Auslastung durch Ausbau der Besucherzahlen! Dies soll durch eine Erhöhung der durchschnittlichen Zahl der Tagesgäste erreicht werden. Weiterhin bietet der Betreiber Einsteigerkurse sowie Tagesevents für Firmen und Schulen an.

4.3.4.2.4 Kletterwerk

Ziele und Rahmenbedingungen: Das Kletterwerk möchte zum regionalen Zentrum des Sportkletterns mit all seinen Spielarten werden. Das Kletterwerk öffnet täglich von 10.00–23.00 Uhr. Die Kunden zahlen 7–12 Euro, je nach Tageszeit und Angebotsnutzung (Klettern oder Bouldern). Das Kletterwerk wird sehr gut besucht. In Zeiten schwächerer Nutzung werden gezielt Gruppentrainings an Schulen und Vereine oder als Incentives bzw. Teambuildingmaßnahmen für Firmen angeboten. Zudem wird das angegliederte Bistro intensiv genutzt. Auch die Mitarbeiter umliegender Unternehmen kommen in der Mittagspause und zum Kaffeetrinken. Die Bilanz des Kletterwerks zeigt eine hohe Eigenkapitalquote. Dies in Kombination mit aufgrund der guten Auslastung vermuteten positiven Cashflows eröffnet dem Kletterwerk eine gute Ausgangsvoraussetzung, weiter in neue Geschäftsfelder oder den Ausbau der Anlage zu investieren. Das Einzugsgebiet des Kletterwerks (45 Minuten Umkreis) ist mit einer Million Menschen etwa viermal größer als das des Matterhorns.

Annahmen: Der Betreiber und sein Team nutzen professionelle Marketingmaßnahmen und führen zielgerichtete Vertriebsmaßnahmen durch. Auch Cross-Selling (Shop, Bistro, Reisen, Verleih) wird intensiv betrieben. Das Team ist jung, dynamisch, engagiert und gut ausgebildet. Professionelle Prozesse und eine kundenfreundliche Umgangsweise lassen sowohl gelegentliche als auch regelmäßige Kunden gern wiederkommen. Insgesamt ist eine hohe Kundenzufriedenheit und Loyalität zu beobachten.

Strategie: Marktdurchdringung bei den Sportkletterern und Erweiterung des Kundenkreises durch Produktentwicklung! Der Betreiber des Kletterwerks beobachtet Trends und Entwicklungen im Umfeld sehr genau. Er sucht kontinuierlich und systematisch nach weiteren Chancen und ist gewillt, in diese zu investieren.

4.3.4.2.5 Stärken-Schwächen-Profil und Fazit

Die Analyse der Stärken und Schwächen der einzelnen Anbieter ergibt das in Abbildung 32 dargestellte Profil. Zunächst wird deutlich, dass das gerade noch im Einzugsbereich liegende Kletterwerk in allen Kategorien dem Matterhorn zumindest gleichwertig, wenn nicht gar überlegen ist. Weiterhin wird klar ersichtlich, in welchen Bereichen das Kletterzentrum Matterhorn besser als dessen lokale Konkurrenten abschneidet (Angebotsquantität, Kunden, Personal).

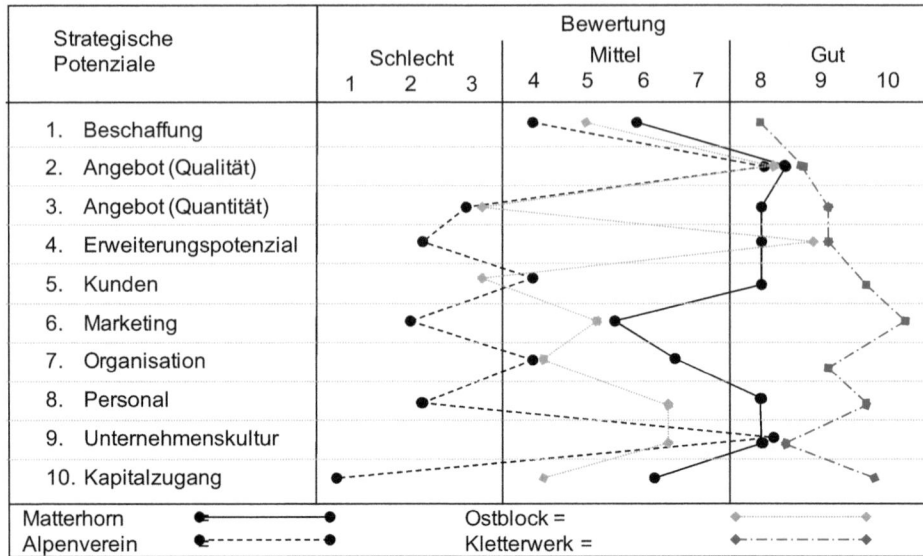

Abbildung 32: Stärken-Schwächen-Profile der analysierten Kletterhallen
(eigene Darstellung)

Auf Basis der so ermittelten Stellung im Wettbewerb und der über die Wettbewerber gesammelten Informationen müssen deren Reaktionsmöglichkeiten sowie die Auswirkungen dieser auf das Matterhorn ermittelt werden. Dabei gilt es
insbesondere zu reflektieren, ab welchem Weiterentwicklungs- und Wachstums-
status des Matterhorns und bei welchem Marktverhalten sich dessen Konkurrent „Kletterwerk" bedroht fühlt und etwaige Gegenmaßnahmen einleitet, die
möglicherweise zu einem ruinösen Wettbewerb führen können. Das Reaktions-
potential der beiden anderen Wettbewerber ist in dieser Situation relativ gering.

4.3.5 Kundensegmentierung und Analyse der Wettbewerbspositionierung mittels des S-T-P-Ansatzes

4.3.5.1 Theoretische Basis des S-T-P-Ansatzes

Den typischen Kunden gibt es nicht und undifferenziertes Massenmarketing
nach dem Gießkannenprinzip, bei dem ein Produkt für alle Kunden angeboten
wird, funktioniert kaum in einer Branche. Gerade in wettbewerbsintensiven
Märkten, wie sie ein großer Teil der Teilmärkte im Sport darstellen, stellt die
kundenorientierte Ausrichtung des eigenen Angebots den zentralen Erfolgsfak-
tor dar. Ziel eines jeden Unternehmers sollte es sein, seinen Kunden einen größt-
möglichen Nutzen zu bieten. Nur derjenige, der seinen (potentiellen) Kunden
sowie dessen Bedürfnisse und Präferenzen kennt, ist in der Lage, ein optimales
Angebot zu erstellen.

Gerade in einer Gesellschaft mit zunehmenden Individualisierungstendenzen wie der unseren, muss ein Anbieter um die heterogenen Bedürfnisse der Kunden wissen. Eine intensive Untersuchung der Kunden und eine Reflexion der Unterschiede in einzelnen Kundengruppierungen sind unumgänglich. Selbst Gruppen wie „Studenten" oder „Hausfrauen" stellen in sich sehr unterschiedliche Gesamtheiten dar, die keine homogenen und immer ähnlichen Präferenzen vorweisen.

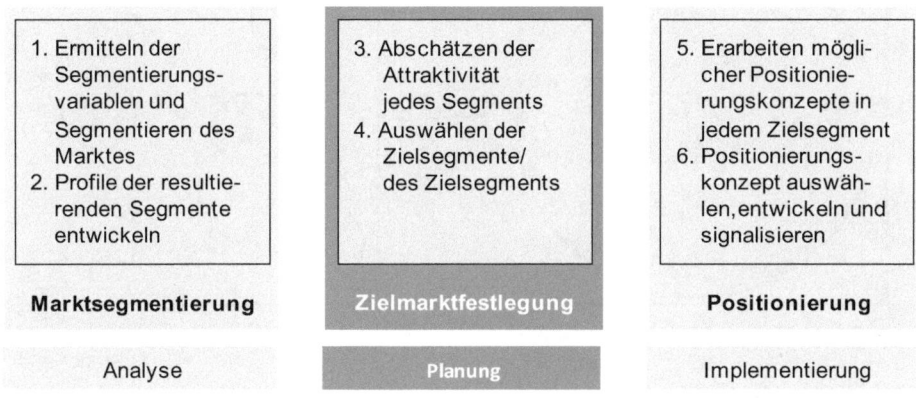

Abbildung 33: Marketingplanung nach dem S-T-P-Ansatz (Kotler & Bliemel, 2001, 416)

Der S-T-P-Ansatz kombiniert Analyseinstrumente mit Planungsinstrumenten und bietet damit eine Möglichkeit, die Marketingstrategie eines Unternehmens zielgruppengerecht zu entwickeln. Zunächst wird der Markt segmentiert (Segmenting), dann werden die Zielgruppen ausgewählt (Targeting) und schließlich das eigene Unternehmen bzw. das eigene Angebot entsprechend positioniert (Positioning) (vgl. Abbildung 33).

In der ersten Phase, dem Segmenting, geht es darum, homogene Teilmärkte im Gesamtmarkt aufzufinden. Hierbei werden im ersten Schritt mit Hilfe der jeweils passenden Segmentierungsvariablen Segmente gebildet (vgl. Abbildung 34). Als Segmentierungsvariablen eigenen sich grundsätzlich alle Variablen des S-O-R-Modells (z. B. räumliche Variablen wie Herkunft oder Wohnort, Alter, Geschlecht, Bildung, Einkommen, Motive, Einstellungen, Werte, Lebensstile oder verhaltensbezogene Merkmale wie Mediennutzung oder Kaufverhalten; vgl. Böhler & Scigliano, 2005, 44). Bei der Wahl der Segmentierungsvariablen ist zu beachten, dass die Variablen verhaltensrelevant, messbar, zeitlich stabil, wirtschaftlich in der Erhebung und bei der Segmentbearbeitung hilfreich sind sowie Anhaltspunkte für die Marketingmaßnahmen liefern (Böhler & Scigliano, 2005, 73 f.). Bei der Segmentierung kommen multivariate statistische Analysen zum Einsatz. Insbesondere Kombinationen aus Faktoren- und Clusteranalyse werden hierbei häufig verwendet.

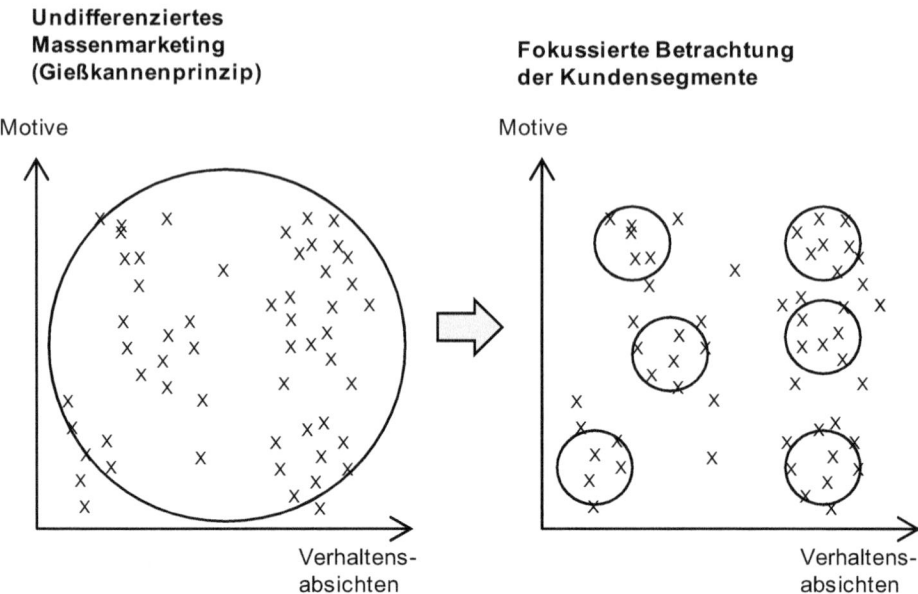

Abbildung 34: Segmentbetrachtung statt Gießkannenprinzip (eigene Darstellung)

Im zweiten Schritt werden Profile der resultierenden Segmente erstellt. Die Segmente werden anhand weiterer Merkmale (passive Variablen) beschrieben. Hieraus erhält man Anhaltspunkte, wie das Marketing für die einzelnen Segmente zu gestalten ist (Böhler & Scigliano, 2005, 74).

In der Targetingphase wird zunächst die Attraktivität der einzelnen Segmente abgeschätzt. Bei der Bewertung der Attraktivität spielen Größe und Wachstum der Segmente eine große Rolle (Kotler & Bliemel, 2001, 452 f.). Erst ab einer bestimmten Segmentgröße lohnt es sich für Unternehmen, dort spezielle Angebote zu platzieren. Ein wachsendes Segment (z.B. „agile Rentner") bietet künftiges Erfolgspotential. Weiterhin sind die Zielsetzungen und Ressourcen des eigenen Unternehmens zu beachten. Passt das Segment nicht zu dem Image des Unternehmens, widerspricht es der Unternehmenskultur oder eine Segmentbearbeitung ist kontraproduktiv zu anderen Geschäftsfeldern, dann können die Gesamtzielsetzungen des Unternehmens leiden. Weiterhin sind die Ressourcen zur Bearbeitung der jeweiligen Segmente zu prüfen. Insbesondere segmentspezifisches Know-how und Produktionsmöglichkeiten spielen eine Schlüsselrolle.

Darüber hinaus sind der Konkurrenzeinfluss im jeweiligen Segment und potentielle Reaktionen der Wettbewerber mit zu berücksichtigen. Um in hochkompetitiven Märkten erfolgreich zu agieren, muss ein Unternehmen seine Stellung im Umfeld der Wettbewerber kennen. Die Analyse der Wettbewerbspositionierung i. S. der Autoren stellt im Grundlegenden eine Betrachtung der Kundenwahrnehmung der im (relevanten) Markt vorhandenen Anbieter dar. Unabhängig vom wirklichen Leistungspotential der konkurrierenden Anbieter erfolgt diese Analyse (im Normalfall) aus originärer Kundensicht. Hierbei werden die Anforderungen bzw. die von den potentiellen Kunden gewünschten Leistungsmerkmale des jeweiligen Produkts oder der jeweiligen Dienstleistung erhoben. Anschließend werden die Potentiale hinsichtlich der Kundenanforderungen aller Wettbewerber erfasst. Im Optimalfall geschieht dies auch aus originärer Kundensicht. Dafür muss ein potentieller Kunde jedoch die Ausprägung der Leistungsmerkmale aller Anbieter kennen. Da dies häufig nicht der Fall ist, können bei der Erhebung hilfsweise Produktkarten mit den Profilen der Anbieter und deren Leistungsmerkmalen verwendet werden. Anschließend kommen multivariate statistische Verfahren zum Einsatz (z.B. Faktorenanalyse, multidimensionale Skalierung). Alternativ kann die Positionierung der Unternehmen auch durch einen qualitativen Ansatz (z.B. durch Expertenbefragung) untersucht werden.

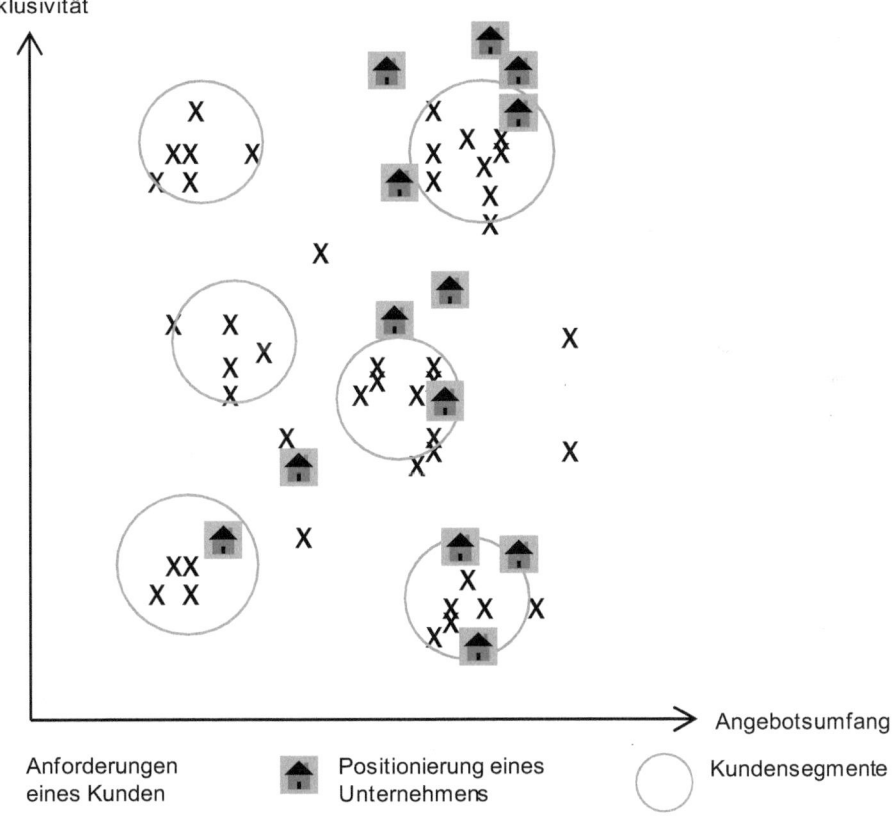

Abbildung 35: Joint-Space der Positionierung der Wettbewerber aus Kundensicht (eigene Darstellung)

Nachdem die Anforderungen der Kunden hinsichtlich der relevanten Leistungsmerkmale und die Ausprägungen der Anbieter gemessen wurden, lassen diese
sich in einen „Joint-Space" (gemeinsamer Raum) darstellen. Abbildung 35 zeigt
den Joint-Space eines fiktiven Marktes, in dem in einem zwei-dimensionalen
Raum die einzelnen Kundenurteile hinsichtlich der relevanten Faktoren (hier:
Exklusivität und Angebotsumfang) sowie die Position der Wettbewerber erfasst
wurden. Hierbei kommen unterschiedliche Kundensegmente zum Vorschein. In
einigen herrscht starker Wettbewerb, in anderen dagegen ist noch kein Angebot
vorhanden. Einige der Anbieter sind ungünstig zwischen den Segmenten positioniert. Ausgehend von der Annahme, dass die Kunden den Anbieter wählen, der
die eigenen Anforderungen am besten erfüllt, ist eine solche Position im „Nie-
mandsland" nicht anzustreben. Weiterhin sind die Größe der Kundensegmente
sowie die Anzahl der Wettbewerber von Belang, die auf das spezielle Segment
abzielen. Helm (2009, 261 f.) formuliert die Problematik vieler ähnlicher Angebote folgendermaßen: „Je größer die Ähnlichkeit von Produkten oder Dienstleistungen wahrgenommen wird, desto austauschbarer sind sie in der Wahrnehmung der Kunden. Dies reflektiert die Wettbewerbsintensität".

Nachdem Kundensegmente und die Position der Wettbewerber analysiert sind,
müssen nun die zu bearbeitenden Segmente ausgewählt werden. Dabei bieten
sich verschiedene Alternativen an: Beim konzentrierten Marketing konzentriert
sich der Anbieter auf ein einzelnes Segment (z.B. Ferrari als Hersteller von Edel-
sportwagen). Bei der selektiven Spezialisierung (z.B. Mischkonzerne) wählt das
Unternehmen in unterschiedlichen Märkten jeweils ein Segment, wobei nur selten Synergien entstehen. Bei der Produktspezialisierung konzentriert sich ein
Unternehmen auf bestimmte Produkte und deckt mehrere Märkte mit diesem
Produkt ab (Kotler & Bliemel, 2001, 454 ff.). Beispielsweise kann sich ein Hersteller auf Ferngläser spezialisieren und Spielzeug- oder Hobby-Versionen, geho-
bene Ausführungen wie im Biathlon oder High-tech-Ausführungen zur Sternen-
beobachtung in Sternwarten produzieren. Alternativ könnte dieses Unternehmen
auch eine Marktspezialisierungsstrategie wählen und sich speziell auf eine Kun-
dengruppe konzentrieren und dieser alle Produkte anbieten. Im vorherigen Beispiel würden nun nicht nur High-tech-Ferngläser, sondern auch andere optische
High-tech-Geräte für Forscher vermarktet (Mikroskope, Lasergeräte, Speziallin-
sen etc.).

Nachdem sich das Unternehmen nun entschieden hat, welche Marktsegmente
bedient werden, steht die Positionierungsphase an. „Positionierung ist das Be-
streben des Unternehmens, sein Angebot so zu gestalten, dass es im Bewusstsein
des Zielkunden einen besonderen, geschätzten und von Wettbewerbern abgegrenzten Platz einnimmt." (Kotler & Bliemel, 2001, 495). Kernelemente dieser
Definition, an denen sich die Positionierungsstrategie orientieren muss, sind folgende:

- Bei der Positionierung muss die Kundenperspektive eingenommen werden!
- Die Differenzierungskriterien müssen von Kunden besonders geschätzt und erkannt werden!
- In diesen relevanten Kriterien muss sich das Angebot vom Wettbewerb unterscheiden!
- Das Produkt muss den Wettbewerbsprodukten überlegen sein!
- Die Unterschiedlichkeit muss vom Kunden bezahlbar sein und gleichzeitig Gewinnbeitragspotential für den Hersteller gewährleisten!
- Die Differenzierung vom Wettbewerb muss nachhaltig sein!

Deshalb muss sich der Anbieter nun bewusst werden, mit welchen Attributen er sein Angebot ausgestaltet und wie viele Unterschiede er herausstellen muss. Differenzierungsmerkmale am Beispiel von PKWs können folgende sein:

- Produktausstattung (Extras wie Klimaanlage, Tiptronik-Schaltung bei Autos)
- Produktleistung (Motorleistung, Verbrauchswerte)
- Haltbarkeit (Kommt es zum Durchrosten? Wie lange fährt das Auto?)
- Zuverlässigkeit (Springt das Auto immer an? Wie oft muss eine Werkstatt besucht werden?)
- Instandsetzbarkeit (Sind Teile reparabel oder müssen Teile sofort ersetzt werden?)
- Styling (Design eines Ferraris)
- Serviceleistungen (Beratung, Testfahrten, kostenlose Waschanlage)
- Mitarbeiter (Kompetenz, Höflichkeit, Zuverlässigkeit)
- Distribution (Lieferung nach Hause vs. Abholung ab Werk)
- Markenimage (Porsche vs. Mercedes vs. Opel)

Im letzten Schritt muss nun das Positionierungskonzept umgesetzt werden. Hierzu dienen insbesondere Kommunikationsmaßnahmen. Aber auch andere Marketinginstrumente spielen bei der Umsetzung der Positionierung eine Rolle. Preispolitische Instrumente können von Bedeutung sein, wenn der Preis als Qualitätsindikator genutzt wird.

4.3.5.2 Anwendung des S-T-P-Ansatzes am Beispiel eines Fitnessstudios

Ein Sportverein in einer Stadt mit 100.000 Einwohnern plant die Neueröffnung eines vereinseigenen Fitnessstudios. Dieses soll insbesondere für die Zielgruppe „Studenten", von denen in der Stadt etwa 25.000 wohnen, gestaltet werden. Die Daten der folgenden Ausführungen sind Römmelt (2010) entnommen.

Im Zuge der **Kundensegmentierung** werden zur Diskriminierung der Kundensegmente die Präferenzen bezüglich der Einzelleistungen im Fitnessstudio angewendet (z.B. Ausdauergeräte, Freihanteln, Kraftgeräte, Gruppentraining, Wellness, Catering). Eine Clusteranalyse auf Basis einer Befragung der Zielgruppe ergab fünf Segmente: Preisbewusste Pumper, Fitnessindividualisten, Eisenjungs, Wellness & Health Socializer sowie Cardio Puristen (vgl. Abbildung 36).

Preisbewusste Pumper	Fitness-individualisten	Eisenjungs
9% der GG; 100% Männer; Ø-Alt 24,8; RQ = 23,1%; Bd = 24,5€; Präf = Kraftmaschinen, auch Freihanteln, wohnortnahes Training, kein Gruppen- & Ausdauertraining, keine Wellness & Gastro; KM = positives Körpergefühl, körp. & geistiges Wohlbefinden, Muskelaufbau	28% der GG; 70% Männer; Ø-Alt 23,1; RQ = 5,0%; Bd = 32,5€; Präf = Cardiogeräte, Kraftmaschinen, Wellness, wohnortnahes Training, teilweise Getränkeangebot; KM = körperliches & geistiges Wohlbefinden, positives Körperge-fühl, Ausdauer verbessern und erhalten	19% der GG; 96% Männer; Ø-Alt 25,1; RQ = 51,2%; Bd = 28,3€; Präf = Freihanteln, Kraftmaschinen, Getränkeangebot, keine gesundheitsorienterten Angebote oder Gruppentraining; KM = Muskelaufbau, leistungsorientiertes Training, Ergänzung zu anderen Sportarten

Wellness & Health Socializer	Cardio Puristen	Legende:
33% der GG; 91% Frauen; Ø-Alt 21,9; RQ = 6,4%; Bd = 30,6€; Präf = Gruppentraining, Wellness, Cardiogeräte, gesundheitsorientierte Angebote, Getränke ; KM = Gesundheit erhalten, Stress abbauen und entspannen, abnehmen, „socializing", positives Körpergefühl	11% der GG; 81% Frauen; Ø-Alt 22,9; RQ 25%; Bd = 31,6€; Präf = Cardiogeräte, Gymnastik, gelegentlich Gruppentraining, keine Zusatzangebote; KM = Ausdauer verbessern, positives Körpergefühl, Stress abbauen	GG = Grundgesamtheit Alt = Alter in Jahren RQ = Reaktionsquote Bd = Verfügbares, monatl. Budget für Fitnesssport Präf = Präferenzen KM = Kernmotive

Abbildung 36: Kundensegmente im Markt für Fitnessstudios für Studenten

Im Rahmen des **Targeting** wird nun eine Abschätzung der Attraktivität der einzelnen Kundensegmente vorgenommen. Es zeigt sich, dass die preisbewussten Pumper, die Eisenjungs sowie die Cardio Puristen nur eine geringe bis mittlere ökonomische Relevanz für das neue Fitnessstudio des Vereins haben. Diese drei potentiellen Zielgruppen sind relativ klein und haben nur eine relativ geringe Zahlungsbereitschaft, die vor dem Hintergrund der zu stemmenden Investitionen für den Verein in neue Maschinen und die Ausstattung nicht genügen, um das neue Studio nachhaltig zu finanzieren. Die Cardio Puristen könnten zudem in bestehende Angebote (Spinning-, Lauf-, Walkinggruppen) integriert werden. Interessanter sind die beiden übrigen Zielsegmente. Die Fitnessindividualisten sind eine sehr große Gruppe mit Cross-Selling-Potential und großer Zahlungsbereitschaft. Bei den Wellness & Health Socializern handelt es sich ebenfalls um eine sehr große Gruppe mit Cross-Selling-Potential bei Getränken und Wellness-Angeboten. Diese beiden Gruppen lassen sich zudem in einem gemeinsamen Fitnessstudio bedienen.

Die Untersuchung der Konkurrenz- und Wettbewerbssituation ergab elf nennenswerte konkurrierende Anbieter. Die Wettbewerbspositionierung der anderen Anbieter sowie die Kundensegmente sind in Abbildung 37 in einem Joint-Space dargestellt. Während es für Fitnessindividualisten zwei Studios gibt, die deren Anforderungen perfekt erfüllen, existiert bislang kein perfekter Anbieter für die Wellness & Health Socializer. Dies liegt daran, dass die kommerziellen Anbieter ein umfangreiches Angebot nur bei höheren Mitgliedsbeiträgen unternehmerisch sinnvoll realisieren können. Hier liegt nun die Chance für das Vereinsfitnessstudio, das ein umfangreiches Angebot zu einem günstigen Preis schaffen kann, das sich mit dem Budget der Wellness & Health Socializer (33,6 €) deckt.

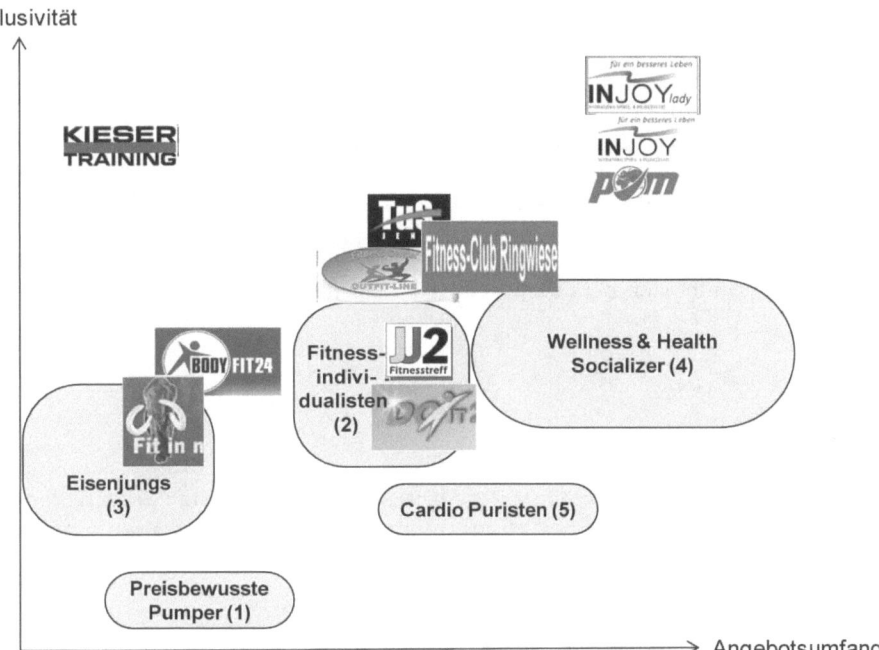

Abbildung 37: Joint-Space der Wettbewerber und der Kundensegmente
(Römmelt, 2010, 32)

Eine Reaktion der Wettbewerber zur Abdeckung dieses Segments ist nicht zu erwarten. Vor dem Hintergrund, dass das Vereinsstudio nicht das oberste Ziel einer Gewinnmaximierung verfolgt, kann der Verein Kostenvorteile einer mittleren Exklusivität direkt an die Mitglieder weitergeben. Eine Erweiterung des Angebots der Medium-Class-Studios würde für diese zwar Kosten verursachen, aber keine höheren Erlöse ermöglichen. Die exklusiven Studios werden ihre Exklusivität nicht verringern, sondern könnten höchstens über Sonderangebote für Studenten die Wellness & Health Socializer locken. Dies birgt allerdings die Gefahr, dass bestehende Mitglieder ebenfalls Sonderkonditionen fordern und damit ein Nullsummenspiel wahrscheinlich ist. Nur die Erhöhung der Mitgliederzahl durch Neukunden aus der Gruppe der Wellness & Health Socializer würde zu Lasten der Exklusivität der Studios gehen. Damit bietet sich für den Sportverein eine Spezialisierung des neuen Studios mit einem umfangreichen Angebot auf die Zielgruppe „Wellness & Health Socializer" an.

Im Rahmen der **Positionierung** ist das Angebot derart am Markt zu platzieren, dass genau die Wünsche und Präferenzen angesprochen werden, die für diese Zielgruppe relevant sind (Gruppentraining, Wellness, Cardiogeräte, gesundheitsorientierte Angebote, Getränke). Dabei sollten die Kernmotive der Zielgruppe in den Kommunikationsmaßnahmen angesprochen werden (Gesundheit erhalten, Stress abbauen und entspannen, abnehmen, „socializing", positives Körpergefühl). Um die Differenzierung von den existierenden Anbietern zu kommunizieren, bieten sich Maßnahmen wie Flyer oder Banner an den Hotspots der Zielgruppe (z. B. Mensa, Kneipen, Sportstätten) und Kooperationen mit dem Hochschulsport an. Die beschriebene Positionierung macht das Studio auch für die Fitnessindividualisten und teilweise die Cardio Puristen interessant.

Ein weiteres Beispiel zur Segmentierung von Kunden in Medium-Segment Fitnessstudios findet sich bei Heinze & Römmelt (2012).

4.4 Interne Analyse

4.4.1 Wertschöpfungsanalysen

Die Analyse der Wertschöpfung im Unternehmen stellt eine essentielle Informationsquelle über künftige Erfolgspotentiale dar. Das Verständnis der in der eigenen Organisation erzeugten Wertschöpfung ist eine der Kernaufgaben des strategischen Managements.

4.4.1.1 Porters Wertekette

Den Begriff „Wertekette" („value chain") prägte Porter (1985). Das Konzept der Wertekette beeinflusst seitdem intensiv die Wirtschaftswissenschaft und kaum ein Management-Lehrbuch hat nicht ein eigenes Kapitel zur Analyse der Wertschöpfung.

Porters Modell impliziert, dass Wettbewerbsvorteile durch die Gesamtheit der Unternehmensfunktionen geschaffen werden. Wettbewerbsvorteile entstehen dann, wenn Aktivitäten kostengünstiger und für den Kunden nutzbringender als bei der Konkurrenz vollzogen werden. Deshalb ist eine ganzheitliche Analyse notwendig, die alle wertschöpfenden Aktivitäten erfasst. Wertaktivitäten im Porterschen Sinne sind die physisch und technologisch unterscheidbaren, von einem Unternehmen ausgeführten Aktivitäten. Sie sind die Bausteine, aus denen das Unternehmen ein für seine Abnehmer wertvolles Produkt schafft.

Porter unterscheidet hierbei zwischen primären und sekundären (unterstützenden) Aktivitäten (vgl. Abbildung 38). Die (Werte-)Aktivitäten dieses prozessorientierten Konzeptes sind dabei nicht unbedingt identisch mit den gleichnamigen Abteilungen.

Die primären Wertaktivitäten sind unmittelbar mit der Herstellung und dem Vertrieb des Produktes verbunden. Porter geht in diesem Zusammenhang von sukzessive ablaufenden Prozessen aus. Die Phasen folgen dabei dem Transformationsprozess von Produktionsfaktoren in Güter und Dienstleistungen, d. h., ein Input wird in ein Produkt transformiert. Zunächst müssen die Inputfaktoren beschafft werden (Eingangslogistik). Anschließend werden die Inputfaktoren im Produktionsprozess ins fertige Produkt umgewandelt. Die Ausgangslogistik beinhaltet Aktivitäten wie Lagerung und Transport. Die Aktivitäten Marketing und Verkauf sind darauf ausgerichtet, Kunden zu gewinnen und ihnen Zugang zu den Produkten zu schaffen. Serviceaktivitäten finden nach dem Kauf durch den Kunden statt. Dazu zählen alle Maßnahmen, um den Wert des Produktes zu erhalten oder zu steigern.

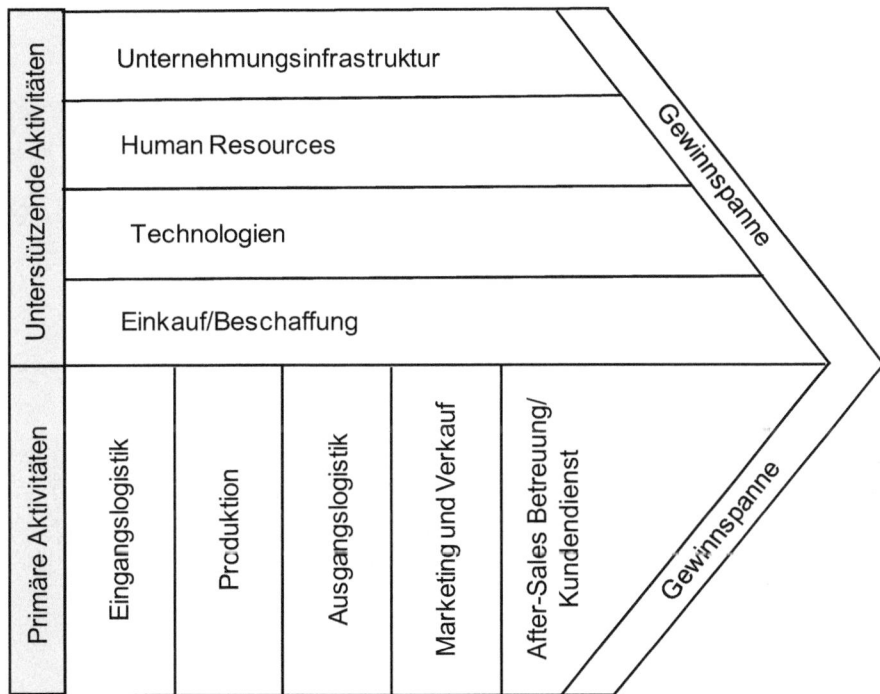

Abbildung 38: Porters Value Chain (Porter, 1985)

Die sekundären Aktivitäten sind weniger prozessorientiert und unterstützen die primären Aktivitäten. Sie laufen simultan zu den primären Aktivitäten ab.

Die Gewinnspanne ist der Unterschied zwischen dem Gesamtwert und der Summe der Kosten, die durch die Ausführung der Wertaktivitäten entstanden sind.

4.4.1.2 Alternative Wertschöpfungskonfigurationen

Woratschek et al. (2002, 60) stellen die universelle Anwendbarkeit der Werte-kette als Analyseinstrument grundsätzlich in Frage. Zwar sei die Werteketten-analyse ein relativ flexibles Instrument, jedoch ist die zugrunde liegende Struk-tur der Wertschöpfungsaktivitäten zu stark an den Transformationsprozess als Quelle der Wertschöpfung angelehnt und eine zu starre Schablone für Unter-nehmen, deren Wertschöpfungsaktivitäten einem fundamental anderen Muster folgen.

Stabell und Fieldstad (1998) bieten als Ergänzung zu Porters Wertekette zwei Wertkonfigurationen für Unternehmenstypen an, deren Wertschöpfung nicht de-nen von typischen Produktionsunternehmen ähnelt. Insbesondere bei Dienstleis-tungen treten häufig andere primäre Aktivitäten auf, als von Porter vorgesehen. Die zwei alternativen Konfigurationen sind Werteshop und Wertenetzwerk.

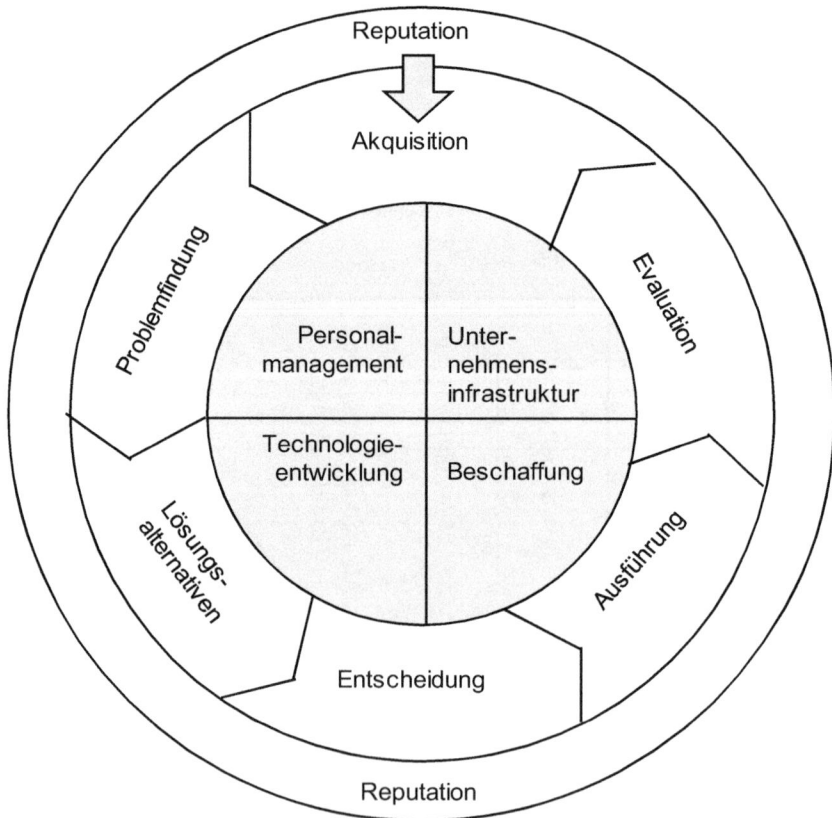

Abbildung 39: Wertschöpfungskonfiguration für problemlösende Unternehmen: Werteshop (Schafmeister, 2004)

Der Werteshop stellt die Wertschöpfung von problemlösenden Unternehmen dar. Problemlöser sind i. d. R. Dienstleister wie beispielsweise Ärzte, Unternehmensberatungen, Werbeagenturen, Anwaltskanzleien oder Marktforscher. Solche Unternehmen analysieren und lösen komplexe Probleme im Auftrag ihrer Kunden.

Die primären Aktivitäten unterscheiden sich von denen in einem typischen Produktionsunternehmen (Abbildung 39). Nach der Akquisition eines Projektes folgt gemeinsam mit dem Kunden die Problemdefinition. Anschließend werden Lösungsalternativen erarbeitet. Eine dieser Alternativen wird schließlich gewählt und umgesetzt. Anschließend erfolgt die Evaluation der Problemlösung. An dieser setzt dann das nächste Projekt an (Woratschek et al., 2002, 60 f.).

Die primären Wertschöpfungsaktivitäten verlaufen im Gegensatz zur Wertekette zyklisch, iterativ und unstetig. Beginn und Ende einer Transformation sind nicht immer direkt bestimmbar. Vielmehr werden die einzelnen Phasen mehrfach durchlaufen, neue Informationen aufgenommen, verarbeitet und in neuen Lösungsvorschlägen umgesetzt (Woratschek et al., 2002, 60 f.). Eine besondere Rolle für einen Problemlöser spielt die Reputation. Je besser der Ruf, desto einfacher ist für ihn die Akquisition neuer Projekte (Schafmeister, 2004). Die Reputation ist quasi das „Profil" eines problemlösenden Unternehmens, das es sozusagen auf der Straße hält und ein Platzen des Reifen verhindert.

Liegt die Wertschöpfung eines Unternehmens in der Erfüllung einer Intermediationsfunktion, eignet sich das Wertenetzwerk zur Abbildung der Wertschöpfung (vgl. Abbildung 40). Man kann sich die Aufgabe solcher Mediatoren als „Clubmanager" vorstellen (Stabell & Fieldsted, 1998, 427). Solche Unternehmen eröffnen unterschiedlichen Stakeholdern (z. B. Konsumenten, Unternehmen, Organisationen etc.) die Möglichkeit der Kontaktaufnahme. Die Kontakte können dabei ausschließlich auf Informationsaustausch basieren, sie können Vertragsabschlüsse zwischen den Beteiligten vermitteln oder es kann eine Distributionsfunktion übernommen werden (Woratschek et al., 2002, 65 ff.). Beispielsweise ist das Wertenetzwerk für Anbieter von klassischen oder online-Auktionen (z. B. ebay als Vertragsvermittler), Socialnetworks (z. B. XING, linkedin, facebook, studiVZ zur Kontaktaufnahme und zum Informationsaustausch), Datenbanken (z. B. Marktdatenbanken, Unternehmensverzeichnisse, Telefonvermittlung zum Informationsaustausch) oder Vermarktungsunternehmen (z. B. Mediaagenturen oder googleads zur Distribution von Werbung) geeignet. Aber auch die Wertschöpfung von Sportverbänden und den Veranstaltern von Sportligen (z. B. DFL) folgt der Logik des Wertenetzwerks, indem sie den organisatorischen Rahmen und zentrale Dienstleistungen für die einzelnen Wettbewerber (Vereine) bieten (Woratschek, 2004).

Im Wertenetzwerk erfolgen die primären Aktivitäten Netzwerkpromotion, Netzwerkservices und Netzwerkinfrastruktur simultan während diese bei der Wertekette sequenziell und beim Werteshop zyklisch ablaufen. Unter Netzwerkpromotion versteht man alle Maßnahmen, die potentielle Netzwerksmitglieder (Kun-

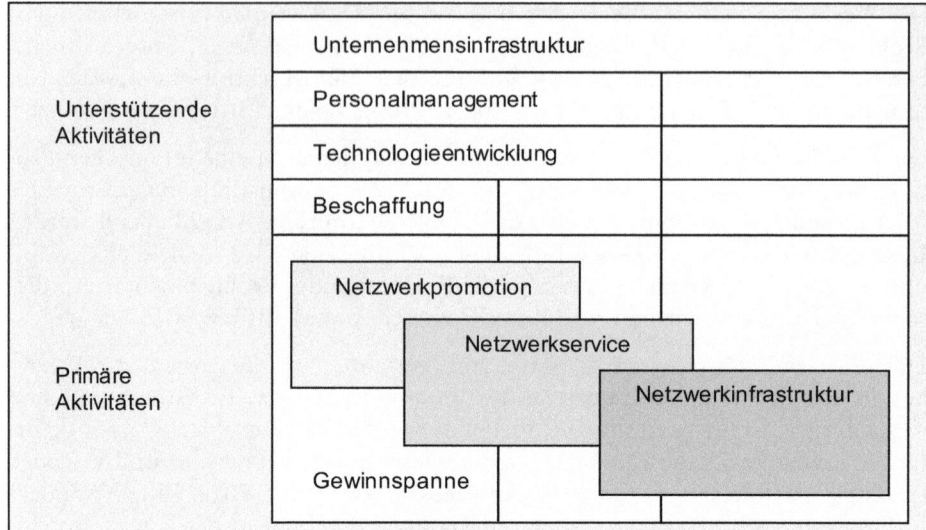

Abbildung 40: Wertschöpfungskonfiguration für koordinierende Unternehmen: Wertenetzwerk (Stabell & Fieldsted, 1998)

den) zu einer Mitgliedschaft im Netzwerk bewegen, die Auswahl und Zulassung von Netzwerksmitgliedern (insb. bei Clubgütern wichtig) sowie das Vertragsmanagement von der Unterzeichnung bis zur Beendigung der Mitgliedschaft. Netzwerkservices sind alle Aktivitäten zum Aufbau, zur Unterhaltung und zur Beendigung von Beziehungen zwischen den Kunden sowie die Rechnungsstellung für die jeweils erhaltenen Leistungen. Für die Rechnungsstellung ist es nötig, die Nutzung der Netzwerkservices durch die Kunden zu messen. Die dritte Aktivität, der Betrieb der Netzwerkinfrastruktur, besteht aus allen Maßnahmen zur Bereitstellung, Unterhaltung, Erhaltung und zum Ausbau der Funktionalität des Netzwerks. Kernaufgabe dieser Aktivitäten ist es, das Netzwerk und seine Serviceleistungen in einem Bereitschaftsstatus zu erhalten, so dass die Kunden die Leistungen des Netzwerks ständig nutzen können (Stabell & Fieldsted, 1998, 427 ff.).

4.4.1.3 Wertschöpfung im Sport

Die **Wertekette** kann im Sport ohne besondere Modifikationen für klassische Produktionsunternehmen wie beispielsweise die Sportartikelindustrie angewendet werden. Mit einigen Anpassungen kann die Wertekette jedoch auch für andere Organisationen im Sport eingesetzt werden. Exemplarisch seinen zwei Beispiele angeführt: Pay-TV-Unternehmen und Fußballclubs.

Im Vergleich zum klassischen Produktionsunternehmen unterscheiden sich die wesentlichen primären Aktivitäten bei einem Pay-TV-Anbieter (Abbildung 41). Zunächst muss ein attraktives Programm geschaffen werden. Im Pay-TV werden häufig Rechte an exklusiven Programmen wie Sportrechte, Spielfilme oder Serien erworben, die als Abgrenzung zum Free-TV dienen. Mit einem interessanten Rechteportfolio lassen sich Kunden für die Abonnements gewinnen. Eine zentrale wertschöpfende Aktivität ist die Produktion des TV-Programms, also die Zusammenstellung der Sendungen, die auf Basis des Rechteportfolios selbst produziert werden oder auf fertigen Bestandteilen (z. B. Spielfilme) basieren. Das TV-Programm wird nun als Fernsehsignal zum Konsumenten übertragen. Dabei bieten sich unterschiedliche Übertragungswege an: terrestrisch, per Kabelnetzwerk, via Satellit oder mittels des Internetprotokolls (IP-TV). Schließlich findet eine Betreuung der Bestandskunden (Kundendienst, After-Sales) statt, die häufig mit Cross-Selling einhergeht. Dabei werden zusätzliche Angebote wie weitere TV-Programme, Web-TV oder Mobile Zugänge bzw. Streams oder On-demand Services neben dem bestehenden Paket verkauft.

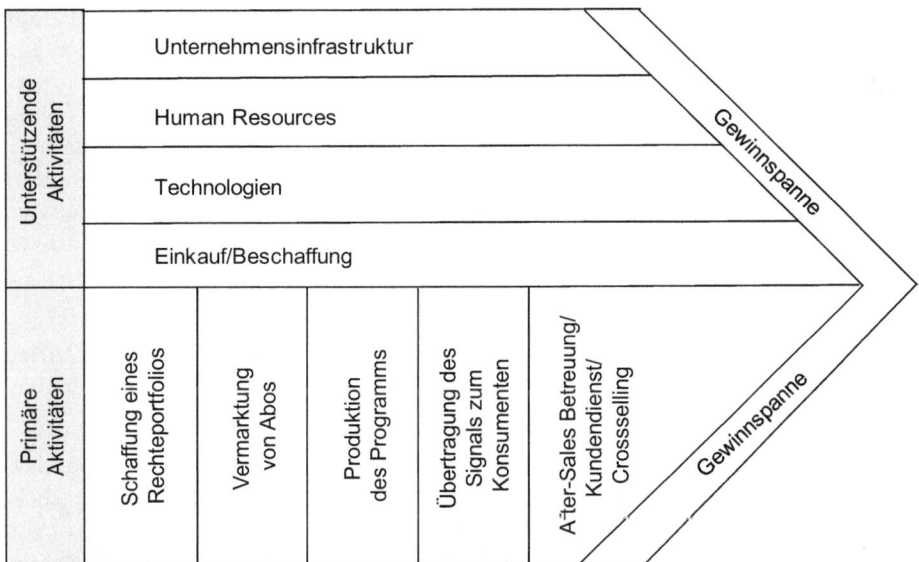

Abbildung 41: Wertschöpfungskette eines Pay-TV Anbieters (eigene Darstellung)

Die Logik der Porterschen Wertekette beschreibt jedoch den Wertschöpfungsprozess nicht optimal, da die Wertschöpfungsaktivitäten nicht linear, nacheinander folgen, sondern parallel und iterativ ablaufen. Dennoch kann die Wertekette als Analyseinstrument einen Erklärungsbeitrag für die Wertschöpfung eines Pay-TV-Anbieters bieten. Als Beispiel hierfür kann der Sirius Fall dienen, bei dem extern durch das Sirius-Modell der TV-Rechtevermarktung von extern in die Wertekette des TV-Anbieters Premiere (heute Sky) eingegriffen werden sollte (Römmelt & Daumann, 2009).

Im Jahr 2007 stand die Neuausschreibung der Bundesliga TV-Rechte durch die DFL an. Die Sirius SportMedia GmbH sollte die Vermarktung übernehmen und garantierte der DFL jährliche Einnahmen von mindestens 500 Millionen Euro (bis dato 405 Millionen entsprechend einer Mindeststeigerung von 23,5 %). Vor dem Hintergrund, dass nach dem Scheitern von Unity Media mit Premiere nur ein relevanter Nachfrager für die Pay-TV-Rechte auf dem Markt zu sein schien, war diese avisierte Erlössteigerung überraschend. Jedoch bestand der Vermarktungsansatz von Sirius darin, die Produktion der Bewegtbilder selbst zu übernehmen und ein fertiges Programm zu verkaufen. Zum einen hätte dies zur Verkürzung der Wertekette beim bisherigen Pay-TV-Anbieter Premiere bezüglich dessen Kernkompetenz der Produktion von Livefußball geführt. Zum zweiten entstünde so für andere Anbieter, die keine Produktionskapazitäten (Redaktionen, Technik etc.) oder Expertise haben, die Möglichkeit, ein Bundesligaprogramm zu verkaufen und auszustrahlen. So hätte der bisherige Quasimonopolist Premiere plötzlich Konkurrenz durch Anbieter bekommen, womit die Nachfrage nach den TV-Rechten und damit die Preise ansteigen würden. Der verwendete Konjunktiv impliziert bereits, dass letztendlich das Sirius-Modell nicht umgesetzt wurde. Das Kartellamt untersagte das Sirius Modell nach Artikel 81 III des EU Vertrages, da die Konsumenten vor dem Hintergrund des bereits bestehenden Monopols der DFL durch die zentrale TV-Rechtevermarktung der Bundesliga nicht ausreichend berücksichtigt werden. Zudem bestanden Verbindungen zwischen dem Verkäufer (Sirius SportMedia GmbH) sowie potentiellen Käufern (DSF, heute Sport1), die allesamt zur Kirch Media Gruppe gehörten.

Als zweites Beispiel für Werteketten im Sport soll ein Spiel zweier Profilclubs dienen. Da für einen Wettkampf in Teamsportarten stets mindestens zwei Mannschaften nötig sind, lässt sich ein Fußball- (Handball-, Basketball-, Eishockey-, Volleyball- etc.) Spiel als Kombination von zwei Werteketten darstellen (Abbildung 42).

Da es sich bei einem sportlichen Wettkampf um ein Leistungsversprechen handelt, erfolgt anders als bei Konsumgütern der Absatz vor der Produktion (Woratschek, 2004, 20 f.). Die Unsicherheit auf Seiten der Käufer lässt sich durch den Aufbau von Reputation abbauen. Mannschaften mit höherer Reputation dürften mehr Zuschauer anlocken und somit die Vermarktung des Wettkampfs als zweite primäre Wertaktivität erleichtern. Nach der Anreise von Teams und Zuschauern (Eingangslogistik) kommt es beim sportlichen Wettkampf selbst (Operations) zu einer Verknüpfung der Werteketten der Teams. Analyse mittels verknüpfter Werteketten funktioniert bei einem singulären Ereignis (z.B. Freundschaftsspiel) sehr gut. Schwierigkeiten entstehen jedoch bei der Involvierung weiterer Mannschaften, wie es bei einer Liga üblich ist. Hier bieten sich andere Wertschöpfungskonfigurationen an.

Eine Liga stellt den Teams eine Plattform zur Austragung der Meisterschaft zur Verfügung (Woratschek, 2004, 22 ff.). Diese ermöglicht den Teams, ihre Teamproduktion mit einem größeren Nutzen für den Konsumenten (Zuschauer) zu

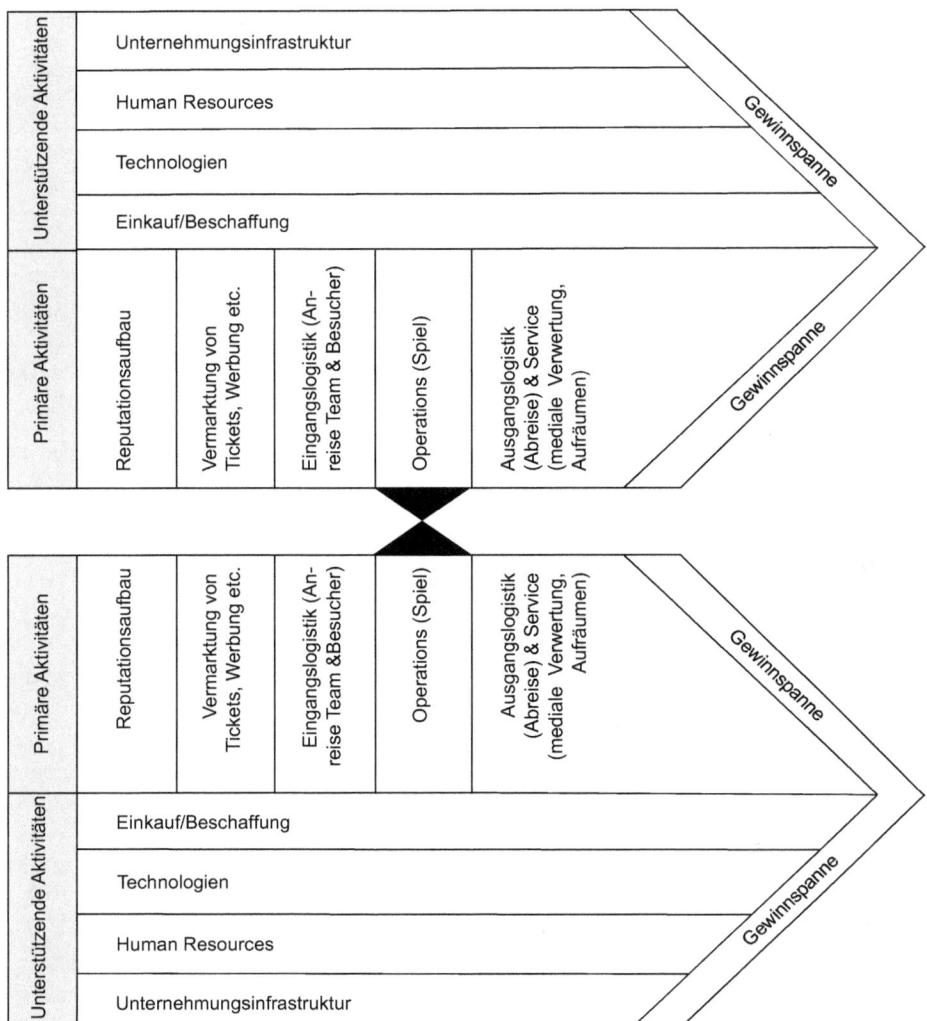

Abbildung 42: Wertekette eines singulären Sportwettbewerbs (Woratschek, 2004, 21)

erbringen. Damit gehen hochwertigere Vermarktungschancen einher. Eine Liga schöpft damit mittels eines **Wertenetzwerks** Werte für die Mitglieder (Teams). Im Rahmen der Netzwerkpromotion wählt die Liga die optimalen Mitglieder aus.

Im Falle von Sportligen erfolgt dies über den gezeigten sportlichen Erfolg. Zudem prüft die Liga durch die Lizenzierung die wirtschaftliche und infrastrukturelle Fähigkeit der Teams, am Wettbewerb teilzunehmen. Weiterhin obliegt es der Liga, die Zahl der Mitglieder auf eine optimale Größe zu bringen. Zu viele Teilnehmer und damit Spiele würden den Wettbewerb durch steigende Intransparenz verwässern und zu Langeweile führen. Aus zu wenigen Teilnehmern resultiert ein wenig spannender Wettbewerb.

Die Liga stellt zudem die Netzwerkinfrastruktur zur Verfügung. Dies beinhaltet die Netzwerkstandards, die im konkreten Fall das Regelwerk des Wettbewerbs (Spielregeln, Auf- und Abstiegsregeln, Sanktionen für Spieler und Verein etc.) umfassen.

Die Netzwerkservices einer Liga sind die Planung des Spielbetriebs (Spielplan) sowie die Umsetzung der Regeln. Zudem dient die Liga als Interessenvertretung ihrer Mitglieder gegenüber externen Interessengruppen wie nationalen und internationalen Sportverbänden, der Öffentlichkeit oder dem Staat. Im Falle der Deutschen Fußball Liga (DFL) übernimmt die Liga zudem die zentrale Vermarktung von Medien und teilweise Werberechten.

Werteshops sind beispielsweise im Kontext von Fitnessdienstleistungen, die in individualisierter Form erbracht werden, relevant. Ein wichtiger Wert ist die Reputation des Anbieters als kompetenter und qualifizierter Fitnessexperte, die die Akquisition der Kunden erleichtert. Zunächst ist es für den Anbieter hilfreich zu signalisieren, dass er über die entsprechenden Qualifikationen verfügt (z. B. Trainerscheine, Diplom, Physiotherapieausbildung). Weiterhin können frühere Erfolge als Quelle der Reputation dienen. Bei personenbezogenen Dienstleistungen sind häufig Empfehlungen durch bestehende Kunden oder der Einsatz von Testimonials nützlich. Letztere können in den Kommunikationsmaßnahmen von den Erfolgen des Fitnessanbieters glaubwürdiger berichten als der Anbieter selbst (typisches Beispiel: „Ich habe mit Hilfe von XY 15 Kilo abgenommen, Muskeln aufgebaut und meine Ernährung umgestellt."). In einem interaktiven Prozess zwischen Anbieter und Kunde werden die Probleme identifiziert und Lösungsalternativen in Form von Trainingsplänen erarbeitet. Der Sportler entscheidet sich für die Durchführung eines Trainingsplans, während dessen Ausführung er vom Personal des Fitnessanbieters betreut wird. Am Ende eines Trainingszyklus wird der Erfolg gemessen und evaluiert. An dieser Stelle beginnt der iterative Prozess im Werteshop von neuem. Sofern eine längerfristige Bindung des Kunden z. B. durch die Laufzeiten einer Fitnessmitgliedschaft besteht, entfällt die Akquisitionsphase und der Werteshop beginnt direkt mit der Analyse der (noch) bestehenden Probleme.

4.4.2 Portfolioanalyse

4.4.2.1 Theorie der Portfolioanalyse

Die Portfolioanalyse ist eine Technik zur Beschreibung der strategischen Situation eines Unternehmens. Sie ist ein Instrument, das grundsätzliche Handlungsorientierungen bietet, in welche Richtung die weitere strategische Entwicklung eines Unternehmens erfolgen sollte. Innerhalb einer solchen Analyse erfolgt keine isolierte Betrachtung strategischer Entscheidungen, sondern diese werden in Verbindung mit anderen Entscheidungen des Unternehmens betrachtet. Die Portfolioanalyse nimmt demnach eine gesamtunternehmerische Perspektive ein. Betrachtet werden unterschiedliche Produkt-Markt-Kombinationen.

Die theoretische Grundlage bildet die von Markowitz (1959) entwickelte Portfolio-Selection-Theorie der Finanzierung. Diese Theorie versucht die optimale Zusammensetzung eines Wertpapier-Portefeuilles zu erklären. Zentrale Größen hierbei sind zum einen Gewinnerwartungswerte (z. B. Rendite, Zinsen) und zum anderen das Risiko.

Dieser Ansatz wurde in vereinfachter Form auf strategische Überlegungen zur Positionierung von strategischen Geschäftseinheiten übertragen. Die Darstellung eines Portfolios erfolgt in einer zweidimensionalen Matrix, die den Zusammenhang zwischen einer vom Unternehmen beeinflussbaren Größe und einer nicht beeinflussbaren Größe wiedergibt. In diese Matrix werden die strategischen Geschäftseinheiten eingeordnet, um auf dieser Grundlage Stärken und Schwächen sowie Chancen und Risiken einer Unternehmung zu erkennen (Corsten, 1998, 166). Häufig werden daraus so genannte „Normstrategien" abgeleitet.

Eine Portfolioanalyse weist folgende Merkmale auf:

- Dekomposition der strategischen Entscheidungsaufgabe (Bildung von strategischen Geschäftseinheiten)
- Integration der einzelnen Entscheidungsobjekte (Gleichgewicht von Gewinn- und Risikoerwartung über alle strategischen Geschäftsfelder)
- Anwendung einer bestimmten Methodik (optische Beschreibung der strategischen Position eines Unternehmens)

Die bekannteste Form der Portfolioanalyse ist die Marktwachstum-Marktanteil-Matrix. Diese wurde von der Unternehmensberatung Boston Consulting Group konzipiert und ist deshalb unter dem Namen „BCG-Matrix" bekannt (vgl. Abbildung 43). Das Marktwachstum (auf der Ordinate) wird als Zunahme des Umsatzes auf einem bestimmten Markt innerhalb eines festgelegten Zeitraums (i. d. R. ein Jahr) quantifiziert (Bea & Haas, 2013, 145). Der relative Marktanteil (auf der Abszisse) stellt die Größe des eigenen Umsatzes im Vergleich zum größten Wettbewerber dar. Bei einem relativen Marktanteil von über 1,0 ist demnach ein Unternehmen der am Umsatz gemessene Marktführer.

Innerhalb dieser Matrix werden die strategischen Geschäftseinheiten dem Marktwachstum und dem relativen Marktanteil entsprechend in vier Quadranten eingeteilt. Pro Quadrant werden entsprechende Normstrategien empfohlen:

- „Poor dogs": Geschäftseinheiten mit niedrigem relativen Marktanteil in Märkten mit negativem, keinem oder geringem Wachstum. Diese sind kaum mehr in der Lage, positive Cashflows zu erzeugen. Strategie: Abbau, Desinvestition, Eliminierung.

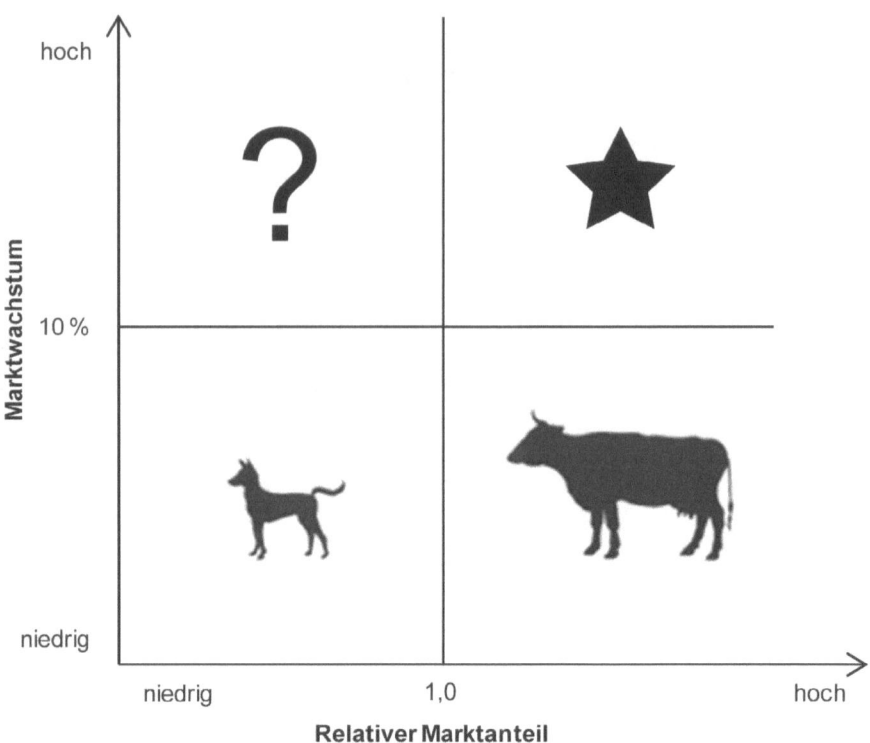

Abbildung 43: Portfolioanalyse mittels BCG-Matrix (eigene Darstellung)

- „Cash Cows": Geschäftseinheiten mit hohem relativen Marktanteil in wachstumsschwachen, stagnierenden oder schrumpfenden Märkten. Auf Basis von Erfahrungskurveneffekten und sinkenden Investitionen für Marketing und FuE erzeugen Cash Cows hohe positive Cashflows. Strategie: Halten und abschöpfen („melken").
- „Stars": Geschäftseinheiten mit hohem relativen Marktanteil in wachsenden Märkten sind die Hoffnungsträger eines Unternehmens. Sie erwirtschaften schon hohe Umsätze, jedoch sind diese Geschäftseinheiten noch kostenintensiv. Vor allem Marketing und FuE sind Kostentreiber. Strategie: Halten bzw. ausbauen und Erfahrungskurveneffekte generieren.
- „Question Marks": Geschäftseinheiten in schnell wachsenden Märkten mit geringem relativen Marktanteil können die Nachwuchsprodukte eines Unternehmens darstellen. Wenn sich diese innovativen Produkte durchsetzen, werden sie zu künftigen Stars. Strategie: Selektiver Auf- oder Abbau, je nach Wahrscheinlichkeit, ob sich das Geschäftsfeld durch Marktanteilswachstum zu einem Star entwickeln kann.

Die Marktattraktivität-Wettbewerbsvorteil-Matrix (vgl. Abbildung 44) wurde aus der BCG-Matrix von McKinsey und General Electric weiterentwickelt. Die Herangehensweise dieser Portfolioanalyse unterscheidet sich in folgenden Punkten von der BCG-Matrix (Bea & Haas, 2013, 155):

- Statt des Cashflows wird als Zielgröße der ROI gewählt.
- Die Determinanten der Umwelt werden durch die Marktattraktivität abgebildet.
- Die vom Unternehmen beeinflussbaren Größen schlagen sich im relativen Wettbewerbsvorteil nieder.
- Statt vier hat diese Matrix neun Felder.

Nach Bea & Haas (2013, 156) sind folgende Schritte wesentlich:

[1] Ermittlung der Marktattraktivität
[2] Ermittlung des relativen Wettbewerbsvorteils
[3] Formulierung einer Normstrategie

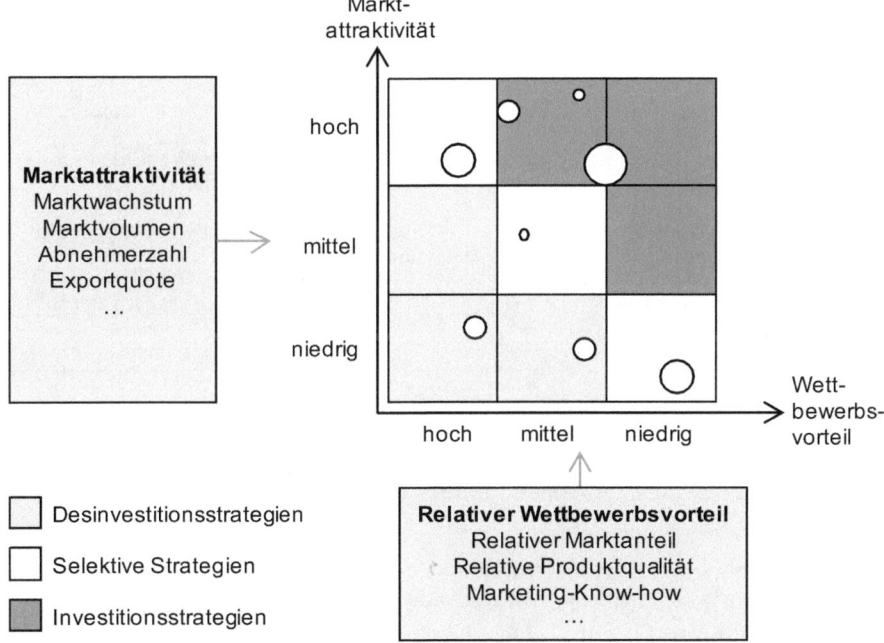

Abbildung 44: Marktattraktivität-Wettbewerbsvorteil-Portfolio (McKinsey-Matrix)
(Böhler & Scigliano, 2005, 113)

Die beiden Größen, anhand derer die strategischen Geschäftseinheiten in die Matrix eingeordnet werden, sind Faktoren, die sich aus einer Vielzahl von Variablen zusammensetzen. Zur Bestimmung der Marktattraktivität und des relativen Wettbewerbs zieht man die in Tabelle 7 aufgeführten Variablen heran.

Tabelle 7: Bestimmungsgrößen der Marktattraktivität und des relativen Wettbewerbsvorteils (Corsten, 1998, 170 ff.)

Marktattraktivität	Wettbewerbsvorteil

[1] Marktwachstum und Marktgröße
[2] Marktqualität
    ■ Rentabilität der Branche
    ■ Stellung im Marktlebenszyklus
    ■ Spielraum für Preispolitik
    ■ Technologisches Niveau und Innovationspotential
    ■ Schutzfähigkeit des Know-hows
    ■ Anzahl und Struktur potentieller Abnehmer
    ■ Verhandlungsstärke und Kaufverhalten der Abnehmer
    ■ Eintrittsbarrieren für neue Anbieter
    ■ Anforderungen an Distribution und Service
    ■ Substitutionskonkurrenz
[3] Energie- und Rohstoffversorgung
    ■ Störungsanfälligkeit bei Energie- und Rohstoffversorgung
    ■ Beeinträchtigung der Wirtschaftlichkeit der Produktion durch Erhöhung der Energie- und Rohstoffkosten
    ■ Existenz von alternativen Rohstoffen und Energieträgern
[4] Umweltsituation
    ■ Konjunkturabhängigkeit
    ■ Inflationsauswirkungen
    ■ Abhängigkeit von der Gesetzgebung
    ■ Risiko staatlicher Eingriffe
	[1] Relative Marktposition
	    ■ Marktanteil und seine Entwicklung
	    ■ Größe und Finanzkraft der Unternehmung
	    ■ Wachstumsrate der Unternehmung
	    ■ Risiko (Grad der Etabliertheit am Markt)
	    ■ Marketingpotential
	    ■ Vertriebsorganisation
	[2] Relatives Produktionspotential
	    ■ Prozesswirtschaftlichkeit (Kostenvorteile, Innovationsfähigkeit, Patente, Flexibilität der Anlagen)
	    ■ Hardware (Kapazitäten, Standortvorteile, Produktivitätssteigerungspotential)
	    ■ Energie- und Rohstoffversorgung (Voraussichtliche Versorgungsbedingungen, Kostensituation, Beschaffungslogistik)
	[3] Relatives Forschungs- und Entwicklungspotential
	    ■ FuE-Stand im Vergleich zur Marktposition der Unternehmung
	    ■ Innovationspotential und -kontinuität
	[4] Relative Qualifikation der Führungskräfte und Mitarbeiter
	    ■ Professionalität und Urteilsfähigkeit, Einsatz und Kultur der Mitarbeiter
	    ■ Innovationsklima
	    ■ Qualität der Führungssystems

Aus der Position der einzelnen strategischen Geschäftseinheiten innerhalb der Matrix ergeben sich Normstrategien. Bei der Formulierung solcher Normstrategien lassen sich folgende drei Klassen unterscheiden (vgl. Abbildung 44 und Bea & Haas, 2013, 156):

■ Wachstums- bzw. Investitionsstrategien

■ Abschöpfungs- bzw. Desinvestitionsstrategien

■ Selektionsstrategien (Offensiv-, Defensiv- und Übergangsstrategie)

Die beiden vorangegangenen Portfolioanalysen sind die zwei verbreitetsten Konzepte. Sie orientieren sich am Absatzmarkt. Weitere Portfoliokonzepte, die sich demgegenüber an den Ressourcen orientieren können, werden in Tabelle 8 vorgestellt.

Portfolioanalysen allein sind jedoch nur bedingt aussagekräftig. Kreikebaum (2011, 269 ff.) führt einige methodische Probleme an:

- Es ergeben sich Probleme bei der Abgrenzung des relevanten Marktes bzw. der strategischen Geschäftseinheiten.
- Die Auswahl und Gewichtung der Bewertungskriterien ist problembehaftet.
- Die Trennlinie zwischen den Ausprägungen der Dimensionen lässt sich nur schwer ziehen.
- Geringfügige Änderungen des Dateninputs können zu vollkommen anderen Normstrategien führen.
- Die Analyse ist statisch und vergangenheitsorientiert, daher ist sie bei Diskontinuitäten nur sehr eingeschränkt geeignet.
- Portfolioanalysen setzen den Fokus auf gegenwärtige Aktivitäten des Unternehmens. Die Suche nach neuen Betätigungsfeldern wird nicht unterstützt.
- Die impliziten Prämissen, die die Basis für Portfolioanalysen bilden, sind umstritten (z.B. der Einfluss des Marktanteils auf die Profitabilität ist laut empirischer Studien kein „Haupterfolgsfaktor", Marktanteil und -wachstum erklären nur einen kleinen Teil der Cashflow-Varianz).

Tabelle 8: Übersicht über Absatzmarkt- und ressourcenorientierte Portfoliokonzepte (Bea & Haas, 2013, 153)

Absatzmarktorientierte Portfolios	Begründer	Unternehmen	Umwelt	SGF
1. Marktwachstum-Marktanteil-Portfolio	BCG	Relativer Marktanteil von Produkten	Marktwachstum	Produkt-Markt-Kombination
2. Marktattraktivität-Wettbewerbsvorteil-Portfolio	McKinsey	Relativer Wettbewerbsvorteil	Marktattraktivität	Produkt-Markt-Kombination
3. Wettbewerbsposition-Marktlebenszyklus-Portfolio	A.D. Little	Wettbewerbsposition	Lebenszyklusphase	Produkt-Markt-Kombination
Ressourcenorientierte Portfolios				
1. Geschäftsfeld-Ressourcen-Portfolio	Albach	Verfügbarkeit von Ressourcen; Kostenentwicklung	Marktattraktivität von Produkten; Produktlebenszyklus	Produkt-Ressourcen-Kombination
2. Technologie-Portfolio	Pfeiffer	Technologiestärke	Technologieattraktivität	Produkttechnologie, Verfahrenstechnologie

Weiterhin sind Normstrategien an sich problematisch, da letztendlich viele Konkurrenten, die ebenfalls Portfolioanalysen durchführen, auch die gleichen Normstrategien verfolgen bzw. diese kennen. Weiterhin sollten die Normstrategien nicht unreflektiert übernommen werden, sondern der vorherrschenden Situation entsprechend modifiziert werden.

Dennoch sind Portfolioanalysen auch aufgrund ihrer kommunikationsfreundlichen ansprechenden Darstellung als flankierendes strategisches Instrument sinnvoll. Sie sollten jedoch immer um weitere Instrumente wie Früherkennungssysteme ergänzt werden.

4.4.2.2 Portfolioanalyse am Beispiel eines Sportvereins

In mehrspartigen Sportvereinen lassen sich zur Dekomposition in strategische Geschäftseinheiten beispielsweise die einzelnen Abteilungen heranziehen. Als zwei wesentliche Dimensionen können Entwicklungspotential und relative Leistung dienen. Es sei darauf hingewiesen, dass die konkreten Dimensionen und die unter diesen subsumierten Kriterien stets vor dem Hintergrund des Anwendungsgebiets (hier: Strategie und Ausrichtung des Sportvereins) auszuwählen sind.

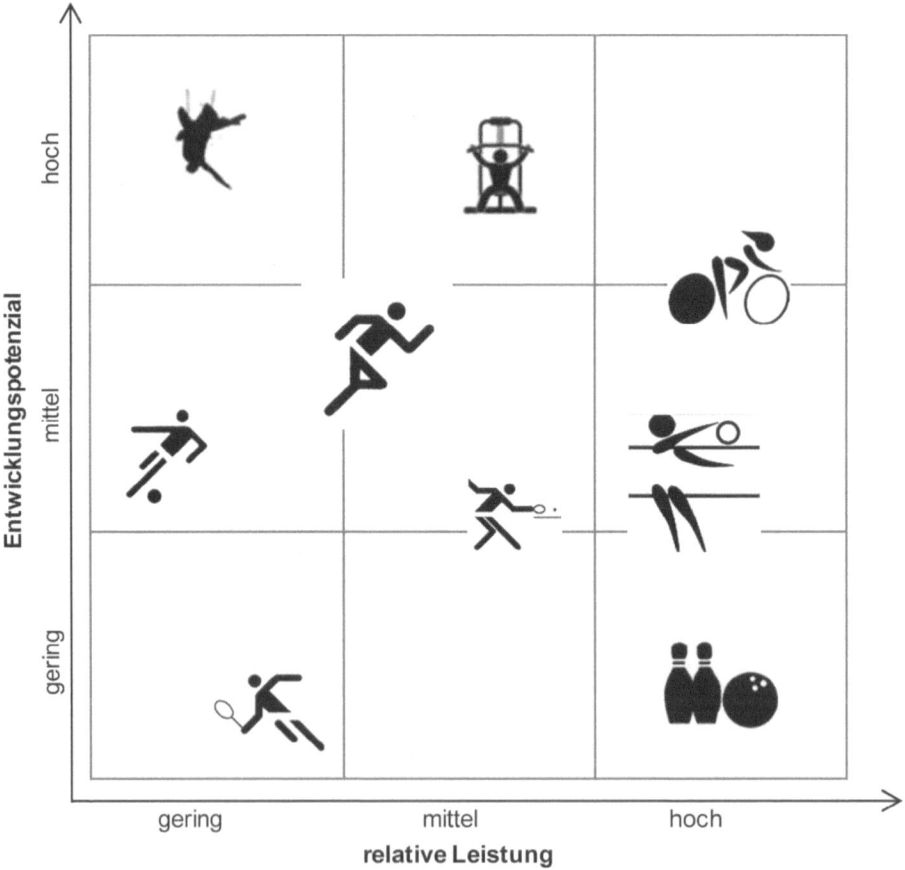

Abbildung 45: Portfolioanalyse im Mehrspartensportverein (eigene Darstellung)

Unter der Dimension „Entwicklungspotential" lassen sich beispielsweise Kriterien und Variablen wie das künftige Wachstum der Sportart, die Nachfrage nach Sportangeboten dieser Sportart in der Region, die Aktivitäten von Wettbewerbern oder Möglichkeiten zur Weiterentwicklung der jeweiligen Abteilung subsumieren.

Mögliche Kriterien und Variablen zur Bestimmung der Dimension „Relative Leistung" auf Abteilungsebene können der aktuelle sportliche Erfolg, die Anzahl der Mannschaften und Mitglieder in den einzelnen Altersklassen, die Finanzlage, die außersportlichen Aktivitäten (Vereinsleben, Veranstaltungen), die zur Verfügung stehende Infrastruktur oder das Trainer- und Übungsleiterteam sein.

Die Analyse des Portfolios eines Mehrspartenvereins ist in Abbildung 45 dargestellt. Der Mehrspartenverein verfügt über drei besonders leistungsstarke Abteilungen (Radsport, Volleyball und Kegeln). Zwei Sportarten verfügen über ein sehr hohes Entwicklungspotential (Kitesurfen, Fitness). Zwei Abteilungen (Leichtathletik, Tischtennis) sind gut aufgestellt und verfügen über ein mittleres Potential. Die aktuelle relative Leistung zweier Abteilungen (Tennis, Fußball) ist als gering bewertet.

Auf Basis dieser Portfolioanalyse können Strategien für die künftige Ausrichtung und Strategie des Mehrspartenvereins erarbeitet werden. Gemäß der typischen Normstrategien bietet es sich an, die erfolgreichen Sportarten weiterhin zu fördern (Kegeln, Volleyball). Da die Radsportabteilung über besonders hohe Entwicklungspotentiale verfügt, liegen zusätzliche Investitionen in dieser Abteilung nahe. Investitionen sind in diesem Kontext nicht ausschließlich in weiterer finanzieller Unterstützung zu sehen. Insbesondere die Priorisierung bei der Sportstättenvergabe, den Übungsleiterkapazitäten oder der Nachwuchsförderung können hierunter verstanden werden. Weiterhin ist über eine Erweiterung der Fitnessabteilung oder die Förderung der Kitesurfabteilung nachzudenken. Die Sorgenabteilungen müssen entscheiden, ob sie auf bisherigem Niveau weiterarbeiten möchten oder eine andere Strategie wählen sollten. Dabei ist neben einer Auflösung auch über eine Fusion der Abteilung mit einem anderen Sportverein, der über bessere (Infra-)Strukturen für diese Sportarten verfügt, nachzudenken.

4.4.3 Lebenszyklusanalysen

4.4.3.1 Grundlagen der Lebenszyklusanalyse

Lebenszyklusanalysen werden schon lange in der Marketingliteratur diskutiert. Neben Produktlebenszyklen werden auch Technologie- und Marktlebenszyklen analysiert.

Das Konzept des Produktlebenszyklus (PLZ) beschreibt im Grunde die Entwicklung eines Produktes im Zeitverlauf. Hierbei wird die Entwicklung durch die

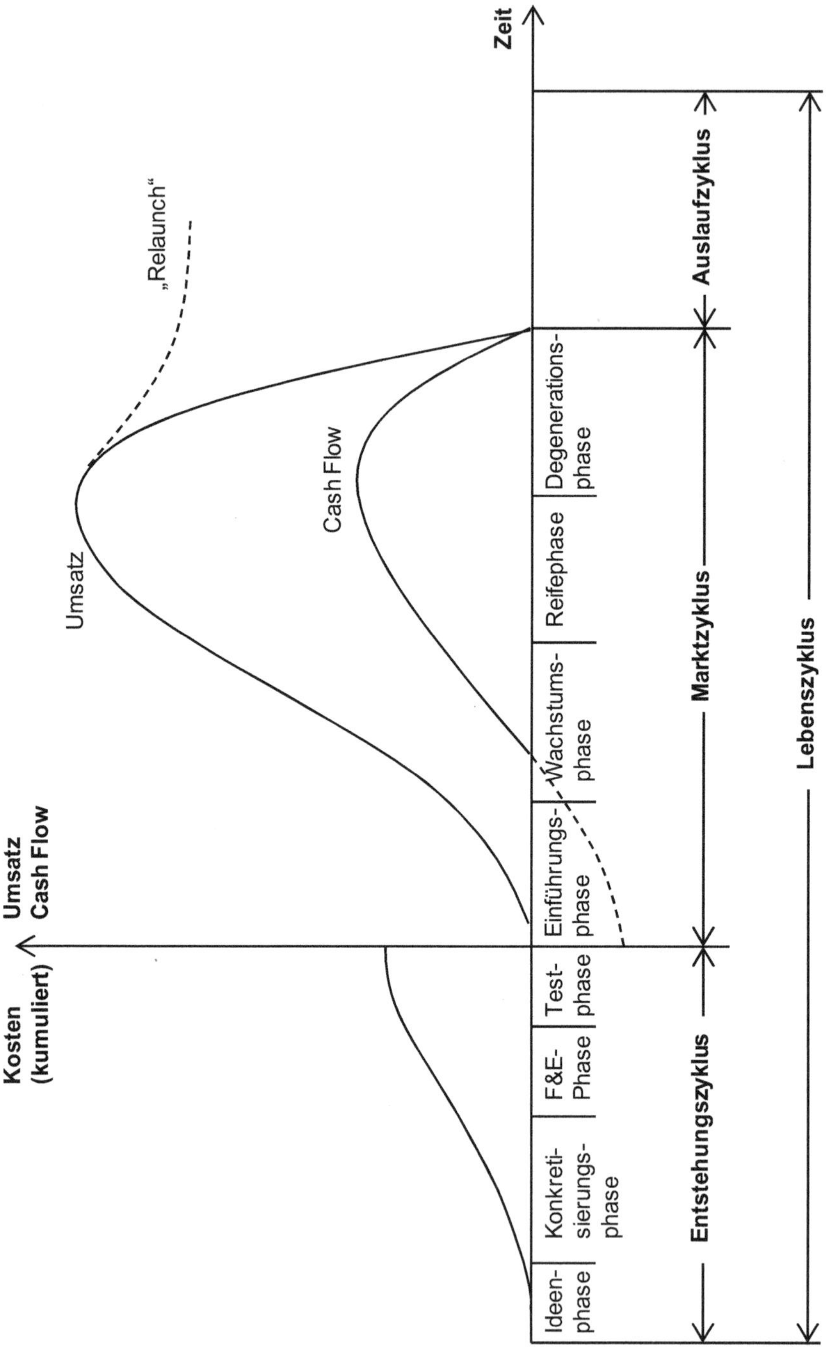

Abbildung 46: Produktlebenszykluskonzept (Bea & Haas, 2013, 135)

Verkaufs- oder Umsatzzahlen gemessen. Das PLZ-Konzept geht davon aus, dass ein Produkt im Laufe der Zeit mehrere Phasen durchläuft (Cox, 1967, 375). Die Anzahl der Phasen schwankt von Autor zu Autor. Meist werden vier Phasen differenziert: Einführung, Wachstum, Reife, Rückgang (Bea & Haas, 2013, 134; Cox, 1967, 375; Kotler & Bliemel, 2001, 574; Scheuss, 2008, 66). Andere Autoren (Behnam et al., 2011, 219 f.; Meffert et al., 2012, 343) differenzieren die Reifephase und sprechen von Einführung, Wachstum, Reife, Sättigung, Degeneration.

Vor dem eigentlichen Marktzyklus steht noch der Entstehungszyklus, in dem ein Produkt konzipiert, entwickelt und marktreif gemacht wird (vgl. Abbildung 46).

In der Einführungsphase kaufen insbesondere Innovatoren und Neugierige das Produkt. In dieser Marktphase sind die Marketingaktivitäten besonders wichtig. Nach der alten Weisheit „Was der Bauer nicht kennt, isst er nicht!", gilt es zunächst, Marken- und Produktbekanntheit aufzubauen und dem Kunden den Produktnutzen zu erklären. In dieser Phase steigt der Absatz, jedoch werden aufgrund der hohen Marketingausgaben noch negative Cashflows erwirtschaftet.

Tabelle 9: Zusammenfassung der PLZ-Phasen (Benkenstein & Uhrich, 2009, 53 ff.; Kotler & Bliemel, 2001, 574 f.; Meffert et al., 2012, 849 ff.) (Anmerkung: KKV = komparativer Kostenvorteil)

	Einführung	Wachstum	Reife	Degeneration
Absatzvolumen	Gering	Schnell ansteigend	Spitzenabsatz	Rücklauf
Kunden	Innovatoren	Frühadopter	Massenmarkt	Nachzügler
Konkurrenten	Wenige	Zunehmend	Stabil	Abnehmend
Gewinne	Negativ	Steigend	Hoch	Fallend
Strategischer Fokus	Markteintritt; Neuaufbau	Marktdurchdringung; Aufbau von KKV	Sicherung des KKV; Rationalisierung	Aufbau neuer KKV; evtl. Innovation
Produkt	Standard	Profilierung; Varianten	Nebenleistungen; Systemkonzept	Produkteliminierung
Preisbestimmung	Skimming; Penetration	Wettbewerbsorientiert	Defensiv	Eher defensiv
Distribution	Handel aufbauen	Sicherung des Lieferservice	Verdichtung des Händlernetzes	Selektive Ausdünnung
Kommunikation	Aufbau der Bekanntheit	Markenwerbung	Erhaltung der Markentreue	Erhaltung der Markentreue

In der Wachstumsphase steigt der Absatz schnell an. Frühadaptoren gesellen sich zu den Innovatoren. Ist die Konkurrenz in der Einführungsphase noch niedrig, steigt der Konkurrenzdruck in der Wachstumsphase und neue Anbieter drängen auf den Markt. Erste Produktvarianten kommen auf den Markt und bieten eine

Möglichkeit, um sich von den Konkurrenten zu differenzieren. Auch markenpolitische Maßnahmen nehmen zu. In dieser Phase werden meist erstmals positive Cashflows erwirtschaftet und je nach Höhe der Entwicklungskosten können der Break-Even-Point erreicht und erste Gewinne geschrieben werden.

Die Reifephase wird durch verlangsamtes Absatzwachstum eingeläutet (Maximum in der ersten Ableitung der Erlösfunktion). Das Produkt wird massentauglich. Durch Zusatzleistungen differenziert man sich von den sonstigen Anbietern. Konkurrenzinvestitionen sowie der Markteintritt von Nachzüglern führen zu steigendem Konkurrenzdruck zu Beginn dieser Phase. Bei der fünfstufigen Phaseneinteilung beginnt im Absatzmaximum die Sättigungsphase. Häufig versuchen die Anbieter durch Preisnachlässe ihren Marktanteil zu halten. In dieser Phase kann eine renommierte Marke besonders von ihrer Reputation profitieren. Weiterhin sind Rationalisierungsmaßnahmen hilfreich, um durch Kostensenkungen den Gewinn zu halten.

In der Phase der Degeneration kaufen Nachzügler das Produkt. Die Bedürfnisse der Nachfrager sind nun tendenziell befriedigt. Die Produktpalette wird bereinigt und nur noch markenstarke Varianten bleiben auf dem Markt. Grundsätzlich bleiben zwei Handlungsoptionen: Elimination von ertragsschwachen Produkten oder Relaunch von Produkten, die noch Ertragspotential vorweisen.

Ursache der Degeneration sind insbesondere der technische Fortschritt, wirtschaftliche Überholung oder gesetzliche und wirtschaftspolitische Maßnahmen (z. B. Förderung alternativer Antriebe bei PKWs).

Jedoch durchläuft nicht unbedingt jedes Produkt alle Phasen. Beispielsweise wird ein Flopprodukt die Einführungsphase nicht überstehen.

Problematisch am PLZ-Konzept ist, dass es keine Allgemeingültigkeit besitzt. Der typisierte Verlauf eines PLZ, wie in Abbildung 46 dargestellt, sowie die Eigenschaften in den jeweiligen Phasen (vgl. Tabelle 9), sind in der Praxis häufig nicht anzutreffen. Dieser typische Verlauf lässt sich weder empirisch belegen, noch theoretisch ableiten. Schon 1967 beweist Cox, dass 71,7 % der PLZ-Verläufe nicht dem typischen Bild entsprechen. Weiterhin ist der Verlauf eines PLZ keine Gesetzmäßigkeit, die automatisch eintritt. Vielmehr ist der PLZ-Verlauf stark von den absatzpolitischen Aktivitäten der Unternehmen im Markt abhängig. Das PLZ-Modell selbst berücksichtigt keine Veränderungen in der Unternehmensumwelt sowie der Geschäftsfeld- und Marktdefinition.

4.4.3.2 Lebenszyklusanalysen von Sportarten

Die Marktlebenszyklen klassischer Sportprodukte und sportbezogener Dienstleistungen lässt sich auf Basis der Umsatz- oder Absatzahlen im Zeitverlauf analysieren. Liegen dagegen Sportarten im Fokus der Betrachtung bietet sich als Bezugsgröße die Anzahl der Sporttreibenden an. Für in Fachverbänden organisierte Sportarten sind die Verbandsstatistiken eine gute Informationsquelle. Als Analysegröße kann beispielsweise die Zahl der Mitglieder, der Vereine, der am organisierten Wettkampfbetrieb teilnehmenden Mannschaften oder der Sportanlagen einer Sportart dienen.

Analysiert man die Lebenszyklen der Sportarten Fußball, Tennis, Turnen und Fitness auf Basis der im sportartspezifischen Verband organisierten bzw. gezählten Mitglieder, kommt man zum in Abbildung 47 dargestellten Ergebnis.

Die meisten klassischen Sportarten (wie hier Fußball, Tennis und Turnen) entstanden im Zeitraum Mitte bis Ende des 19. Jahrhunderts. Die Einführungsphase lässt sich im Sport recht gut mit der zunehmenden Organisation in Vereinen und Verbänden abgrenzen. Während der Deutsche Turner-Bund (DTB) bereits 1848 gegründet wurde, lag die Gründung der nationalen Fachverbände in den meisten Sportarten um die Wende vom 19. zum 20. Jahrhundert. Der Deutsche Fußball-Bund (DFB) wurde 1900 gegründet und der Deutsche Tennis Bund (DTB) 1902. Der Übergang von der Einführungsphase in die Wachstumsphase wurde stark von den beiden Weltkriegen beeinflusst.

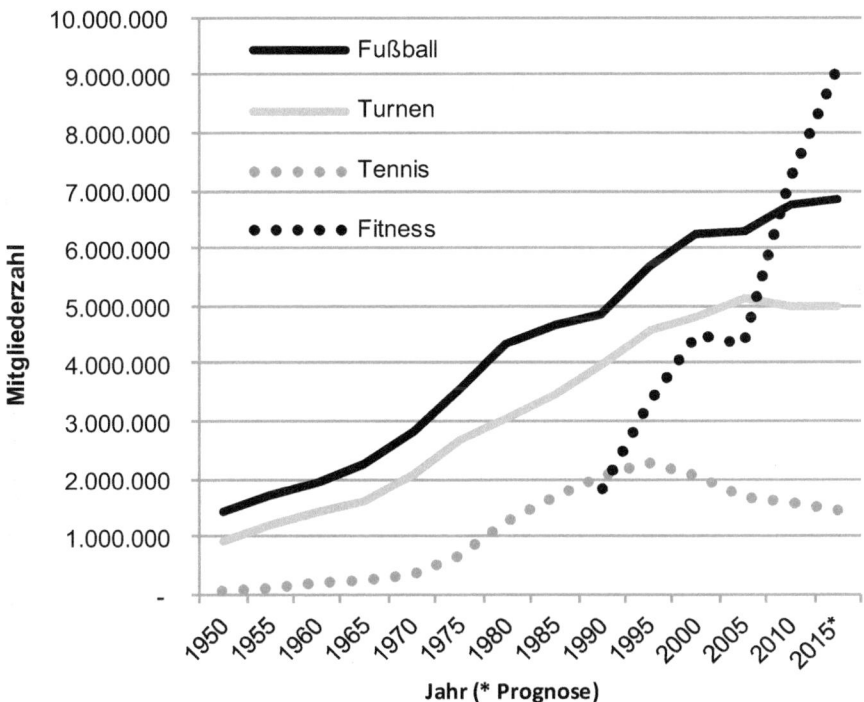

Abbildung 47: Lebenszyklen von Sportarten (eigene Darstellung; Datenquellen: DFB, DTB (Tennis), DTB (Turnen), DSSV)

Die Sportarten Fußball und Turnen weisen ihre Wachstumsphase in den 1960ern bis Ende der 1990er Jahre auf. Ab Anfang des neuen Jahrtausends scheint die Reifephase begonnen zu haben, die bis heute anhält. Während sich die Mitgliederzahl des Deutschen Turner-Bundes etwa konstant bei fünf Millionen eingepegelt hat, wachsen die Zahlen im Deutschen Fußball-Bund noch leicht.

Gänzlich anders als bei diesen beiden Sportarten verläuft der Lebenszyklus des Tennissports. Dort lässt sich die Wachstumsphase im Zeitraum von Ende der 1970er bis Anfang der 1990er Jahre identifizieren. Mit dem Höhepunkt der Erfolge von Steffi Graf und Boris Becker begann die Reifephase. Diese endete zum neuen Millennium. Nach der Ära Graf und Becker setze eine Phase der konstanten Degeneration ein. Der Mitgliederverlust des Deutschen Tennis Bundes hält bis heute an.

Anders stellt sich die Situation im Fitnesssport dar. Diese Sportart ist anders als die bisher analysierten zum Großteil nicht in gemeinnützigen Sportvereinen und im Verbandssystem organisiert. Der Fitnesssport wird vor allem durch kommerzielle Anbieter geprägt, die durch den Deutschen Sportstudio Verband (DSSV), dem Arbeitgeberverband deutscher Fitness- und Gesundheitsanlagen, vertreten werden. Verlässliche Mitgliedszahlen sind erst ab Anfang der 1990er Jahre erhältlich. So lassen sich keine Daten über die Einführungsphase, die vor allem durch die aus den USA kommenden „Muckibuden" in den 1980er Jahren und durch den Erfolg von Arnold Schwarzenegger geprägt wurde, finden. Seit Anfang der 1990er Jahre jedoch befindet sich die Sportart bis heute in der Wachstumsphase. Der kleine Knick um 2005 lässt sich auf eine Umstellung in der Erhebungsmethodik des DSSV zurückführen. Seit 2009 trainieren mehr Menschen in einem Fitnessstudio, als im Deutschen Fußball-Bund organisiert sind.

Die Analyse der Lebenszyklen von Sportarten zeigt, dass die Nachfrage nach den Sportarten von unterschiedlichen Faktoren abhängt. Neben dem Erfolg nationaler Aushängesportler spielen zudem Sportevents im eigenen Land (z.B. Fußball-WM 2006) eine Rolle. Auch Veränderungen in Lebensstilen und der Wertewandel führen zu Veränderungen in der Nachfrage, die von den Akteuren in der Sportart (im positiven Fall) genutzt bzw. (im negativen Fall) in der Ausrichtung und Strategie des eigenen Handelns berücksichtigt werden müssen. Durch die Veränderung des Gesundheitsbewusstseins beispielsweise lässt sich der Erfolg von Fitnessanbietern erklären. Von diesem Trend profitieren nicht nur die kommerziellen Fitnessanbieter. Auch der Deutsche Turner-Bund konnte durch die Förderung und Entwicklung neuer Sportarten zusätzlich zum rückläufigen Kerngeschäft des wettkampforientierten Turnens seine Größe halten und neue Zielgruppen erschließen. So sind unter dem Deutschen Turner-Bund neben klassischen Turnersportarten (Gerätturnen, rhythmische Sportgymnastik, Röhnradturnen, Trampolin) auch Sportarten wie Aerobic, Gymnastik/Tanz, Indica, Orientierungslauf, Rope Skipping oder Wandern organisiert.

4.4.4 Analyse der Erfahrungskurve

Originäre Aufgabe des Controllings sind üblicherweise Kosten- und Erlösanalysen, die jedoch auch wichtige Informationen für strategische Managemententscheidungen liefern. In der entsprechenden Fachliteratur finden sich detaillierte Beschreibungen der grundlegenden Konzepte wie GuV-Analyse, Cashflow-Analyse, Direct Costing oder Kennzahlensysteme (z. B. nach Du Pont, ZVEI-System). Besondere strategische Bedeutung bei Kostenanalysen hat jedoch insbesondere das Erfahrungskurvenkonzept.

Die Erfahrungskurvenanalyse basiert auf empirisch abgeleiteten Erkenntnissen. Es wurde ein Zusammenhang zwischen der im Zeitverlauf gesammelten Erfahrung bei der Produktion von Gütern (kumulierte Produktionsmenge) und den realen Stückkosten gefunden (Benkenstein & Uhrich, 2009, 64 f.). Das Erfahrungskurvenkonzept besagt, dass eine Verdopplung der kumulierten Ausbringungsmenge eines Produktes über alle Perioden die inflationsbereinigten Stückkosten um 20–30 % senkt (Bea & Haas, 2013, 138). Nach dieser Erkenntnis kann die kumulierte Ausbringungsmenge als Indikator für im Rahmen des Produktionsprozesses gewonnene Erfahrungen herangezogen werden (vgl. Abbildung 48).

Theoretisch lassen sich vier Ursachen für dieses Phänomen finden (Behnam et al., 2011, 224 ff.):

[1] Lernkurven
[2] Größendegression (economies of scale)
[3] Technischer Fortschritt
[4] Rationalisierungsmaßnahmen

Eine Lernkurve entsteht dadurch, dass die Arbeitskräfte während ihrer Tätigkeit Fähigkeiten vervollkommnen und ihre Arbeitsprozesse optimieren. Das heißt, durch Lernen während der Arbeit steigt die Produktivität und in der gleichen Zeiteinheit (z. B. eine Fertigungsstunde) können mehr Produkte hergestellt werden. Die Zeit, die beispielsweise ein Personaltrainer für die Erstellung einer individuellen Trainingseinheit bzw. eines Trainingsplans benötigt, nimmt mit zunehmender Erfahrung ab. Gleiches gilt für einen Fitnessinstruktor bei der Vorbereitung einer Groupfitnesseinheit, für einen Sportvereinsmitarbeiter beim Aufnahmeprozess eines neuen Mitglieds oder für einen Sponsoringberater bei der Erstellung einer Erfolgsevaluation eines Sponsorships. Allen diesen Beispielen ist gemein, dass der jeweilige Mitarbeiter bei erstmaliger Durchführung des entsprechenden Prozesses noch lange für diesen benötigt. Mit zunehmender Erfahrung, Übung und Expertise kann eine nennenswerte Zeitersparnis gewonnen werden.

Unter Größendegressionseffekten versteht man, dass die gesamten Stückkosten ceteris paribus (= bei ansonsten unveränderten Rahmenbedingungen) sinken, wenn die Kapazitäten erhöht werden. Aus produktionstechnischer Sicht liegen hier steigende Skalenerträge (economies of scale) vor. Dies bedeutet, dass die

Erhöhung des Inputs zu einer überproportionalen Erhöhung des Outputs führt. Dies ist nicht gleichzusetzen mit dem Effekt der Fixkostendegression. Hierbei werden die Fixkosten auf eine größere Stückzahl umgelegt, womit die kalkulatorischen Durchschnittskosten pro Stück sinken. Typische Beispiele im Sport sind die Produktion von Werbemitteln oder Sportausrüstung. Während für die ersten (hundert) Flyer für ein Sportevent noch hohe Stückkosten anfallen, lassen sich für einen geringen Mehrbetrag die Stückzahlen exponentiell vervielfachen. Ähnliche Effekte sind bei der Produktion von Merchandisingprodukten wie Trikots, Fanshirts oder Schals zu beobachten.

Unter technischem Fortschritt werden in diesem Zusammenhang vor allem Produkt- und Verfahrensinnovationen verstanden. Insbesondere Verfahrensinnovationen können dazu führen, dass im Produktionsprozess Inputs (Rohmaterial, Verbrauchsmaterial etc.), Zeit sowie durch Abnutzung der Maschinen entstehende Kosten verringert werden können. Automatisierte Presseclippings für Internetpublikationen (z.B. Goolge alert) benötigen im Gegensatz zur manuellen Suche nach Berichten über das eigene Sportevent deutlich geringere Inputs und Arbeitszeit.

Rationalisierungseffekte sind mit den diskutierten Einflussgrößen eng verknüpft. Ziel von Rationalisierungsmaßnahmen ist es immer, die Wirtschaftlichkeit innerbetrieblicher Prozesse und Strukturen zu optimieren. Somit werden Kostensenkungspotentiale ausgeschöpft.

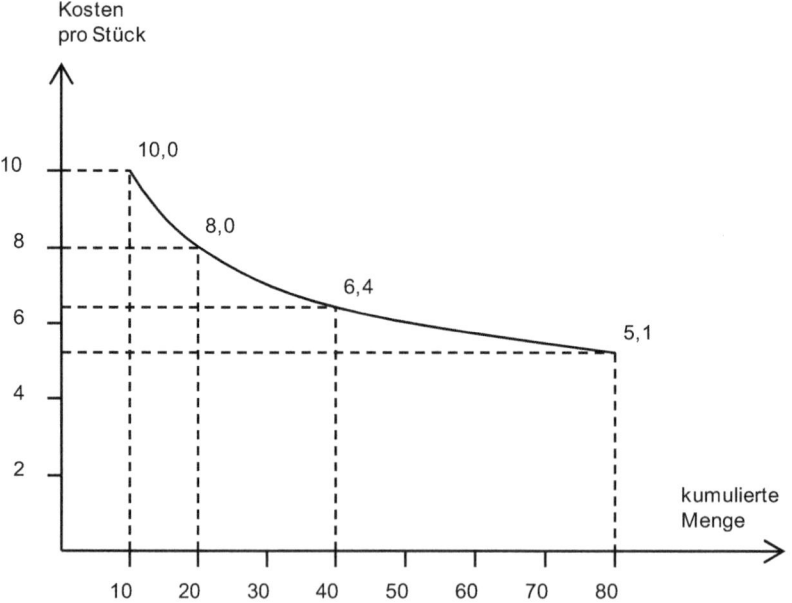

Abbildung 48: Erfahrungskurvenkonzept (eigene Darstellung)

Das Erfahrungskurvenkonzept wird häufig kritisiert. So ist die Erfahrungskurve kein empirisch überprüfbares Gesetz über die Auswirkungen von Managementscheidungen auf die Kosten, sondern bestenfalls eine Regelmäßigkeit. Der Effekt stellt sich nicht automatisch ein, sondern hängt von der Fähigkeit des Managements ab, Potenziale zu erkennen und auszuschöpfen. Ein absoluter Gültigkeitsanspruch des Konzepts ist somit zu verneinen.

Wichtig am Erfahrungskruvenkonzept und an der Analyse der Erfahrungskurve ist, dass das Potential das hinter diesem Konzept steckt, genutzt werden muss. Gerade für die Wahl der Strategie spielt die Kenntnis möglicher Erfahrungkurveneffekte, seien es nun Lerneffekte, Größeneffekte, technischer Fortschritt oder Rationalisierungseffekte, eine große Rolle. Die Analyse der Möglichkeiten, inwieweit Erfahrungskurveneffekte beim eigenen Produkt realisiert werden können, stellt eine Kernfrage bei jeglicher strategischen Entscheidung über neue Produkte dar.

4.4.5 Ressourcenanalyse

4.4.5.1 Grundlagen der Ressourcenanalyse

Bei den bereits angesprochenen internen Analyseverfahren wurden bereits einzelne Aspekte eines Unternehmens betrachtet. Diese können Fähigkeiten des Unternehmens zum Vorschein bringen, die es von den Wettbewerbern differenziert. Um weitere wertschaffende Vorteile des Unternehmens im Vergleich zur Konkurrenz zu identifizieren, sollten die Ressourcen des Unternehmens analysiert werden. Dem Ressource-Based-View (RBV) folgend sind gerade die Ressourcen entscheidend für den Erfolg eines Unternehmens. Der RBV wurde bereits unter 4.2.3 diskutiert. Ziel der Ressourcenanalyse ist die Identifizierung sowie der Auf- und Ausbau von komparativen Konkurrenzvorteilen (KKV). Damit Ressourcen die Basis für einen KKV bilden können, müssen sie mehrere Eigenschaften aufweisen (Böhler & Scigliano, 2005, 18 & 69 f.; Rasche, 1994, 55 f.):

- Nichtimitierbarkeit: Strategisch relevante Ressourcen wie Image, Know-how, Qualitäts- und Innovationsbereitschaft der Mitarbeiter lassen sich nicht auf dem Beschaffungsmarkt beziehen, sondern sind das Ergebnis vergangener Aktivitäten sowie das Zusammenwirken verschiedener Ressourcen. Konkurrenten können unternehmensinterne Lerneffekte nicht direkt kopieren.
- Nichtsubstituierbarkeit: Ist eine Ressource des eigenen Unternehmens nicht oder nur schwierig von einem Konkurrenten zu ersetzen, ist sie besonders wertvoll. Erreicht werden kann eine solche Nichtsubstituierbarkeit z. B. durch einen Patentschutz (vgl. Medikamente, deren Wirkstoffe nicht imitiert und als Generika verkauft werden dürfen).
- Unternehmensspezifität: Ist der Transfer der Ressource nicht auf ein anderes (Konkurrenz-)Unternehmen möglich, ist diese Ressource unternehmensspezi-

fisch. Dies ist der Fall, wenn durch unternehmensinterne Wechselwirkungen die Fähigkeiten nicht auf andere Unternehmen übertragbar sind.

- Dauerhafter Nutzen und Mehrwert für Kunden: Interne Ressourcen sind nur dann wertvoll, wenn sie zu einem dauerhaften KKV führen. Nicht immer ist es hierbei sinnvoll, nur High-End-Produkte anzubieten („overengineering"), die der Kunde in diesem Umfang nicht braucht. Häufig ist der funktionelle „Zusatznutzen" nicht nötig und daher kein Mehrwert für den Kunden, zumal er diesen auch noch bezahlen muss.
- Wahrnehmbarkeit: Der KKV der Ressource muss vom Abnehmer wahrgenommen werden. Es ist deshalb für das Unternehmen wichtig, nicht nur den eigenen KKV zu kennen, sondern ihn auch entsprechend zu kommunizieren.

Die Einbindung der aus den Ressourcen hervorgehenden KKVs in die Marketingstrategie ist für den Erfolg eines Unternehmens mitentscheidend.

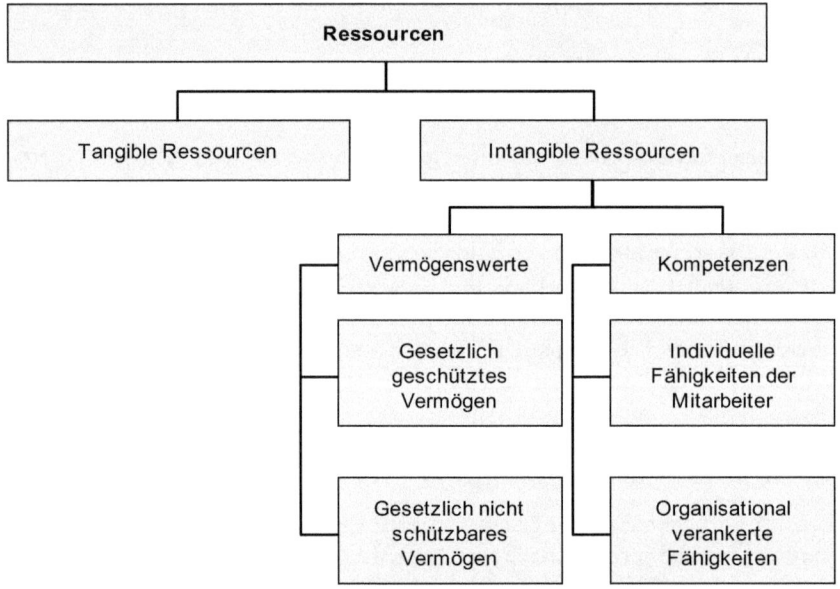

Abbildung 49: Analyse von Ressourcen (Böhler & Scigliano, 2005, 68)

Bei der Analyse der Ressourcen müssen zwei Arten von Ressourcen betrachtet werden (vgl. Abbildung 49). Zu den tangiblen Ressourcen zählen die finanziellen Ressourcen (Anlagevermögen, Geldmittel, Kasse etc.) und die physischen Ressourcen. Letztere sind beispielsweise Grundstücke, Maschinen, Produktionsanlagen, Standorte. Intangible Ressourcen sind zum einen Vermögenswerte. Im Falle von Patenten oder Lizenzen sind diese gesetzlich geschützt. Zu dem nicht schützbaren Vermögen sind Image, Reputation, Technologien oder Geheimrezepte zu zählen. Zum anderen sind Kompetenzen intangibel. Hierunter fallen sowohl die individuellen Fähigkeiten der Mitarbeiter (= Humanressourcen; Leistungsbereitschaft, Erfahrungen, Motivation, Know-how, Kreativität) als auch organisational verankerte Fähigkeiten (interne Strukturen, Unternehmenskultur, Entrepreneurship).

4.4.5.2 Ressourcenanalyse im Sportverein

Die Differenzierung in tangible und intangible Vermögenswerte bietet sich bei der Analyse der Ressourcen eines Sportvereins an.

4.4.5.2.1 Tangible Ressourcen

Die physischen Ressourcen in Sportvereinen sind relativ einfach zu bestimmen. Zu diesen zählen neben vereinseigenen Grundstücken und Gebäuden insbesondere die vorhandenen Sportstätten und Sportanlagen. Diese lassen sich in eigene Sportstätten und -anlagen im Besitz des Sportvereins und in solche mit einer Quasi-Verfügbarkeit einteilen. Unter letzteren sollen solche Einrichtungen verstanden werden, die zwar nicht im Eigentum des Vereins stehen, der Verein jedoch durch Verträge (Pacht- oder Mietverträge) sowie durch traditionelle, langjährige Nutzungsüberlassung durch öffentliche Institutionen auf sie zugreifen kann. Neben der Sportinfrastruktur sind auch die Sportgeräte zu den physischen Ressourcen zu zählen.

Bei der Analyse der finanziellen Ressourcen sind nicht nur die vorhandenen Vermögen auf Konten oder in Kassen interessant, sondern auch die Quellen dieser Ressourcen. So sind absolute und relative Beträge der finanziellen Ressourcen aus Mitgliedsbeiträgen, Spenden, Zuschüssen, Vermögensverwaltung (z. B. Verpachtung der Vereinsgaststätte), Zweckbetrieb (z. B. Einnahmen aus sportlichen Veranstaltungen bis 45.000 Euro) oder wirtschaftlichem Geschäftsbetrieb (z. B. Sponsoring, Catering) zu differieren.

4.4.5.2.2 Intangible Ressourcen

Bei der Analyse der Kompetenzen des Personals lassen sich vier Gruppen unterscheiden: Neben vorhandenen Kompetenzen der ehrenamtlichen und hauptamtlichen Mitarbeiter (z. B. Ausbildung, sportliche Fähigkeiten, Managementfähigkeiten) sind die der Übungsleiter (z. B. beherrschte Sportarten, übergreifende Fähigkeiten) zu identifizieren. Zudem verfügen einzelne Mitglieder über Fähigkeiten und Kompetenzen, die in ausgewählten Problemfällen nützlich sein könnten (z. B. Steuerberater, Anwälte, Zugang zu potentiellen Sponsoren oder Lieferanten).

Als Besonderheiten in Sportvereinen lassen sich weiterhin immaterielle Ressourcen identifizieren, die entweder nach innen oder außen gerichtet sind. Als nach innen gerichtete Ressourcen kann die Stimmung im Gesamtverein, in den Abteilungen oder einzelnen Mannschaften bzw. Sportangeboten verstanden werden.

Zudem sind Erfahrungen und darauf aufbauende Prozesse in Organisation und Verwaltung zu nennen. Nach außen gerichtete Ressourcen können Tradition, Bekanntheit, Reputation, sportlicher Erfolg oder soziale Verankerung in der lokalen Gesellschaft sein.

Repetitorium

Zusammenfassung

In diesem Kapitel wurde die SWOT-Analyse als Rahmen der unternehmensinternen und -externen Analysen vorgestellt. Nach einem Überblick über die Phasen des Marktforschungsprozesses und die Forschungsdesigns der Marktforschung, wurden die Früherkennung und deren Arbeitsschritte vorgestellt. Anschließend wurden grundsätzliche Betrachtungswinkel auf Unternehmen aufgezeigt („market-based-view", „ressource-based-view" und integrativer Ansatz).

Im Folgenden wurden externe Analyseansätze vorgestellt. Hierbei wurden die Schwerpunkte auf Analysen der globalen Umwelt (Makro-Umwelt), der Stakeholder, der Branchenstruktur, der Konkurrenten, der Wettbewerbspositionierung sowie auf die Kundensegmentierung gelegt. Nach diesen Möglichkeiten, die externen Chancen und Risiken zu analysieren, wurden interne Analysemethoden zur Identifikation von Stärken und Schwächen behandelt. Zunächst wurden anhand Porters Wertekette sowie alternativer Ansätze Instrumente zur Bestimmung der Wertschöpfung vorgestellt. Im Anschluss wurden verschiedene Arten der Portfolioanalyse präsentiert (u. a. BCG-Matrix und McKinsey-Matrix). Weitere Analyseverfahren waren Lebenszyklus-, Erfahrungskurven- und Ressourcenanalyse. Externe und interne Analysen zusammen bilden die Basis für die SWOT-Analyse.

Wiederholungs- und Transferfragen

- Nennen und beschreiben Sie die Bestandteile einer SWOT-Analyse! Gehen Sie hierbei insbesondere auf den Fokus einer SWOT-Analyse sowie die Strategieableitung aus dieser ein (Strategiegrid).
- Definieren Sie die Begriffe strategische Geschäfteinheit (SGE) und strategisches Geschäftsfeld (SGF) und erläutern Sie den Unterschied! Identifizieren Sie SGEs und SGFs eines global agierenden Sportartikelherstellers!
- Welche Phasen durchläuft ein Marktforschungsprojekt? Skizzieren Sie kurz die einzelnen Phasen.
- Welche Forschungsdesigns bieten sich für Marktforschungsprojekte an?

- Was sind Früherkennungssysteme? Was können diese leisten, was nicht? Welche Konzepte kennen Sie?
- Geben Sie einen Überblick über die Arbeitsschritte im Rahmen der Früherkennung und beschreiben Sie die einzelnen Phasen!
- Was besagt das Structure-Conduct-Performance-Paradigma?
- Was ist der „market-based-view" und worin besteht dessen Problematik?
- Was ist der „ressource-based-view" und worin besteht dessen Problematik? Wie lässt sich diese lösen?
- Welche Untersuchungsfelder werden bei einer globalen Umweltanalyse (Makro-Analyse) betrachtet? Welche Indikatoren helfen bei der Analyse der einzelnen Felder?
- Führen Sie eine Makro-Analyse für eine Fitnesskette durch, die sich auf den Discountbereich spezialisiert hat!
- Was ist das Ziel einer Stakeholderanalyse?
- Wie lässt sich der Stakeholderansatz charakterisieren?
- Identifizieren Sie die Stakeholder eines Start-up-Unternehmens in der Gründungsphase, dessen Markteintritt kurz bevor steht! Das Start-up hat sich auf die Sportmarketingberatung für Sponsoren spezialisiert.
- Finden Sie aktuelle Beispiele, in denen Unternehmen den Einfluss gewisser Stakeholdergruppen unterschätzt haben!
- Welche Perspektiven nimmt man bei einer Branchenstrukturanalyse nach Porters Five Forces ein? Anhand welcher Kriterien findet diese Analyse statt?
- Analysieren Sie die Branchenstruktur aus der Sicht eines Herstellers für Erythropoetin (EPO)!
- Welche Elemente müssen bei einer Konkurrenzanalyse berücksichtig werden?
- Versetzen Sie sich in die Lage eines Herstellers von Golfzubehör (Golfschläger, Golfbälle, Tees, Bags). Analysieren Sie die aktuelle Konkurrenzsituation!
- Inwiefern kann der S-T-P-Ansatz als Grundlage zur Planung einer Marketingstrategie dienen? Beschreiben Sie detailliert die einzelnen Vorgehensschritte!
- Beschreiben Sie ein mögliches Vorgehen bei der Analyse der Wettbewerbspositionierung!
- Erstellen Sie auf Basis einer qualitativen Analyse ein Model (Joint Space) für die Wettbewerbssituation auf dem Markt für die Betreiber von Stadien und Arenen! (Qualitativ bedeutet hierbei, dass das Modell nicht auf Basis einer quantitativen Messung, sondern auf Basis einer qualitativen Sekundärrecherche erstellt werden soll.)
- Welche Aktivitäten werden bei der Analyse der Wertschöpfung untersucht? Gehen Sie hierbei auf verschiedene Wertschöpfungskonfigurationen ein!
- Stellen Sie ein Modell der Wertschöpfung a) eines Herstellers von Fitnessgeräten, b) eines Anbieters von online-Fitnesskursen und c) eines Bundessportfachverbandes auf!

- Welche Anwendungsfelder bieten Portfolioanalysen? Beschreiben Sie zwei verschiedene Ansätze und gehen Sie auf die jeweiligen Stärken und Schwächen von Portfolioanalysen ein!
- Welche Phasen lassen sich im Leben eines Produktes identifizieren und wie sind diese Phasen gekennzeichnet? Finden Sie Produkte aus der Sportartikelindustrie für jede dieser Phasen!
- Beschreiben Sie das Konzept der Erfahrungskurve! Welche Phänomene und Effekte stecken hinter der Erfahrungskurve?
- Welche Voraussetzungen seitens unternehmensinterner Ressourcen müssen gegeben sein, um einen komparativen Konkurrenzvorteil aufzubauen?
- Welche Arten von Ressourcen werden bei der Ressourcenanalyse berücksichtigt? Welche sind für Sportvereine im Allgemeinen besonders wichtig?

5 Strategische Marketing-Planung im Sport

Im folgenden Kapitel werden nach der Darstellung von Grundlagen der Planung sowie von strategischen Rahmenplanungen Ansätze zur Bewertung und Auswahl von Strategien diskutiert. Weiterhin werden gängige Planungsinstrumente wie Deckungsbeitragsrechnung, Break-Even-Analyse, Bestimmung der Amortisationsdauer, Szenario-Technik, Balanced Scorecard sowie Budgeting behandelt.

5.1 Grundlagen der Planung

Jede Planung setzt Informationen voraus, die in der Analysephase systematisch und auf die Planungsbedürfnisse abgestimmt erhoben werden. Deshalb sind Planungs- und Analysephase nicht voneinander unabhängig, sondern müssen den iterativen, interdependenten Charakter des strategischen Marketingprozesses berücksichtigen (vgl. 3.4). Der enge Zusammenhang zwischen Analyse und Planung wird in der Definition von Bea und Haas (2013, 54) deutlich: „Strategische Planung ist ein informationsverarbeitender Prozess zur Abstimmung von Anforderungen der Umwelt mit den Potenzialen des Unternehmens in der Absicht, mit Hilfe von Strategien den langfristigen Erfolg eines Unternehmens zu sichern." Diese ganzheitliche Planungsperspektive von unternehmensinternen und unternehmensexternen Faktoren folgt dem SWOT-Rahmen (vgl. Abbildung 16). Diesem Ansatz entspricht auch die Einschätzung von Kotler und Bliemel (2001, 107), nach denen die marktorientierte strategische Planung ein managementgetriebener Prozess ist, „bei dem Ziele und Ressourcen des Unternehmens an die sich ändernden Marktchancen angepasst werden. Die strategische Planung bezweckt, die verschiedenen Geschäftseinheiten und Produktgruppen des Unternehmens so zu gestalten, dass sie in ihrer Gesamtheit angemessene Gewinne und ein zufriedenstellendes Wachstum hervorbringen."

Die strategische Planung muss sich daher an folgenden zentralen Prämissen orientieren:

- strategische Ausrichtung
- Berücksichtigung der Anforderungen der Umwelt
- Berücksichtigung der Potentiale und Ressourcen des Unternehmens
- langfristiger Erfolg als Zielsetzung
- Planung als informationsverarbeitender Prozess
- Abstimmung von Unternehmen und Umwelt

Diesen Anforderungen genügt nicht ein einzelnes Planungskonzept oder -instrument. Vielmehr müssen die Planungsinstrumente unternehmens- und situationsspezifisch ausgewählt und entsprechend adaptiert werden.

5.2   Strategische Rahmenplanung

Zwar ist Planung im Wesentlichen prozessorientiert, dennoch muss man sich des organisatorischen Rahmens bewusst sein. Hierbei ist zu beachten, dass auf mehreren Ebenen geplant wird (vgl. Abbildung 50).

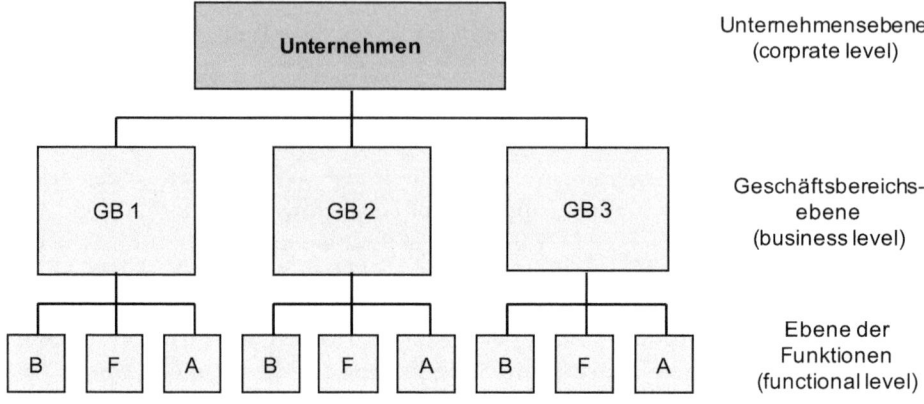

Abbildung 50: Planungsträger auf drei Ebenen (Bea & Haas, 2013, 64)

Die Pläne auf dem „functional level" sind in der Regel konkreter, operativer und auf einzelne Problembereiche fokussierter als auf den anderen Ebenen. Es lassen sich in diesem Zusammenhang Beschaffungs-, Fertigungs-, Absatz-, Finanz-, Investitions-, Technologie- oder Personalplanung unterscheiden (vgl. Tabelle 10), die die jeweilige Funktionsbereichsstrategie bestimmen.

Auf Ebene der Geschäftsbereiche wird der Horizont der Pläne erweitert. Die Pläne auf dem „business level" („business strategy") enthalten eine weniger konkrete und eine tendenziell strategischere Ausrichtung für die Geschäftsbereiche als bei der Planung auf dem „functional level". Häufig folgen solche Pläne Porters generischen Strategien Kostenführerschaft, Differenzierung oder Konzentration auf Schwerpunkte (Nischenstrategie; Porter, 1980).

Der „corporate level" Plan („corporate strategy") versucht die einzelnen „business stategies" in einen Gesamtplan zu integrieren und somit einen Plan für das ganze Unternehmen zu erstellen. Zentrales Thema der Unternehmensstrategie ist meist das Wachstum. Klassiker bei der Betrachtung von Wachstumsstrategien ist Ansoffs Produkt-Markt-Kombinations-Matrix (Ansoff, 1965). Er sieht vier Möglichkeiten für Wachstum (vgl. Tabelle 11).

Ein Unternehmer kann eine höhere Zahl vorhandener Produkte in dem Markt, in dem das Unternehmen bereits präsent ist, verkaufen. Dies wird durch Verdrängung von Wettbewerbern und/oder durch eine Erhöhung der Abnehmerzahl im Markt erreicht (Marktdurchdringung). Beispielsweise kann der Besitzer

Tabelle 10: Strategiearten in den unterschiedlichen Leveln der Planung
(Bea & Haas, 2013, 173)

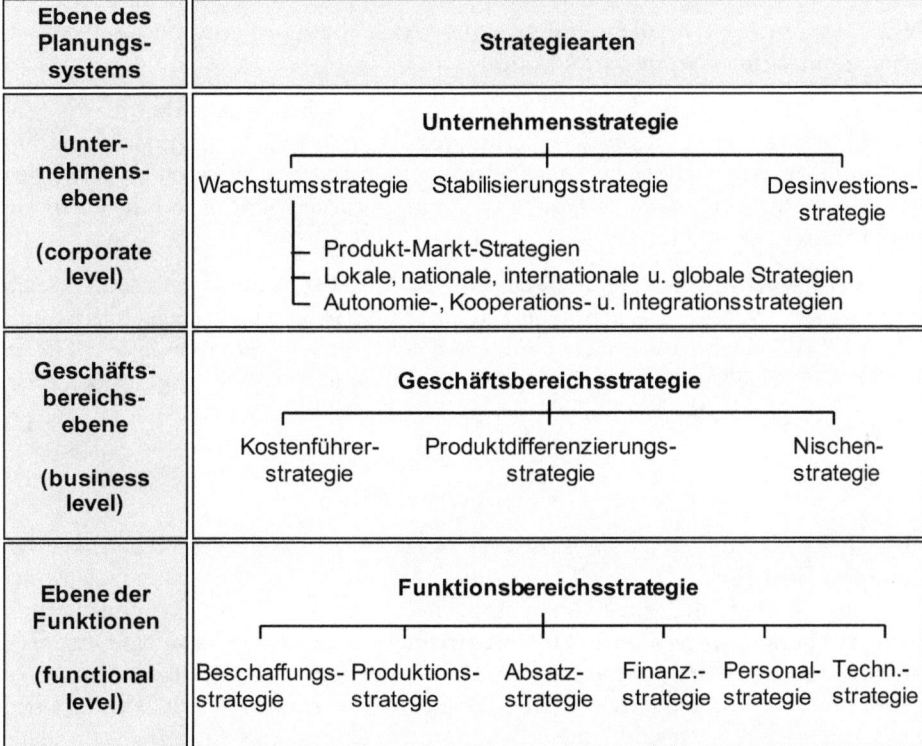

eines gut laufenden Fitnessstudios in einer Stadt durch intensives Marketing die Fitnessreaktionsquote der Bevölkerung vergrößern. Zudem kann er versuchen, Mitglieder von Wettbewerbern abzuwerben, oder in anderen Stadtteilen weitere Filialen eröffnen, um Kunden der dortigen Fitnessanbieter für sich zu gewinnen.

Tabelle 11: Produkt-Markt-Kombinationen (Ansoff, 1965)

Markt \ Produkt	Gegenwärtig	Neu
Gegenwärtig	1) Marktdurchdringung	2) Produktentwicklung
Neu	3) Marktentwicklung	4) Diversifikation

Da diese Art von Wachstum in wettbewerbsintensiven Märkten sehr häufig wenig profitabel ist, bietet es sich an, die bestehende Produktpalette durch neue Produkte zu erweitern (Produktentwicklung). Neue Produkte wären im Beispiel das Angebot weiterer Fitnessdienstleistungen (z. B. EMS-Training, Personaltraining), Wellnessangebote (z. B. Massage, Sauna) oder das Angebot von supplementären Gütern oder Dienstleistungen (z. B. Sportkleidung, Sportgeräte, Pulsuhren, Sportreisen). So kann der Unternehmer nicht nur die Bedürfnisse des bisherigen und potentiellen Klientels abdecken, sondern vergrößert seine Zielgruppe um weitere Segmente.

Weiterhin könnte unser Fitness-Unternehmer versuchen, die vorhandenen Produkte und Dienstleistungen (Kernkompetenz Betrieb und Vermarktung von Fitnessstudios und zugehörigen Dienstleistungen) auf neuen Märkten zu verkaufen (Marktentwicklung). Der Fitness-Unternehmer würde somit neue Filialen in anderen Städten eröffnen.

Als vierte Wachstumsstrategie beschreibt Ansoff (1965) die Diversifikation. Im Zuge dieser Strategie werden neue Produkte und neue Märkte gleichzeitig entwickelt bzw. erschlossen. Unser Fitness-Unternehmer würde seine komplexen Fitness-Wellness-Services mit angeschlossenem Handel (z. B. Sportgetränke, Kleidung, Sportgeräte, Sportreisen) in der ganzen Republik anbieten.

5.3 Bewertung und Auswahl von Strategien

Grundsätzlich existieren zwei Lösungsmöglichkeiten des Bewertungs- und Auswahlproblems für Strategien: Erstens die Anwendung von Normstrategien oder zweitens die Nutzung von Planungsmodellen. Die Verfolgung von Normstrategien wie Kostenführerschaft, Differenzierungs- oder Nischenstrategie ersparen eine aufwendige Planung. Jedoch sind diese Strategien in ihrer Allgemeinform zu grob, um eine konkrete (Marketing-)Strategie und entsprechende Maßnahmen daraus abzuleiten. Deshalb spielen weitere Planungs- und Bewertungsmodelle in den verschiedensten Formen bei der Entwicklung von Strategien eine große Rolle für den Unternehmer.

Im Folgenden wird ein idealtypischer Bewertungsprozess skizziert. Kernaufgabe der Strategiebewertung ist die Abbildung des Planungsgegenstandes in einem Entscheidungsfeld (vgl. Abbildung 51). Dabei werden die alternativen Strategien unterschiedlichen Umweltzuständen gegenübergestellt. Aus diesem Abgleich werden die Strategiefolgen (meist auf qualitativer Basis) bestimmt. Im nächsten Schritt werden die Strategiealternativen anhand der zuvor festgelegten (quantitativen) strategischen Ziele (z. B. EK-Rendite, Kapitalumschlag, Umsatz, Absatz, Marktanteil, Kundenzufriedenheit, Wiederkaufsrate) bewertet. Vor dem Hintergrund dieser mehrdimensionalen, quantitativen Bewertung wird ein eindimensionales Entscheidungskriterium entwickelt und somit die optimale Strategiealternative ausgewählt (Meffert et al., 2012, 331 f.).

Im Allgemeinen lassen sich drei Methodengruppen zur Systematisierung von Strategiebewertungsansätzen differenzieren (vgl. Abbildung 52). Bei diesen gilt es zu beachten, dass nicht eine Gruppe oder gar ein Verfahren alleine genügt, um

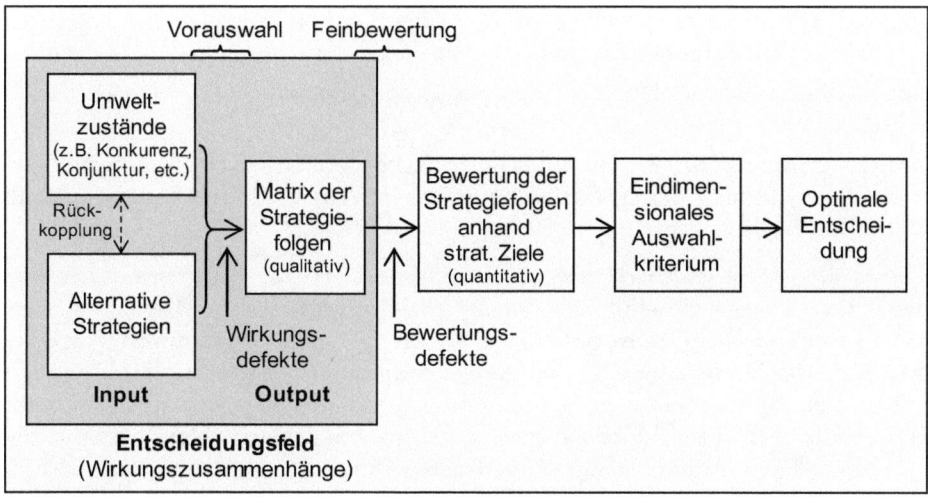

Abbildung 51: Idealtypische Struktur des Strategieauswahlprozesses
(Meffert et al., 2012, 333)

Zwei grundsätzliche Lösungsverfahren des Bewertungs- und Auswahlproblems:
A) Normstrategien (typologische Vorgehensweisen) B) Planungsmodelle
1. Methodengruppe: Überprüfung von Strategiealternativen hinsichtlich der zur Implementierung notwendigen Ressourcen
■ Checklisten ■ Strategieprofilmethode
2. Methodengruppe: Überprüfung des Wirkungszusammenhanges zwischen Strategien und Strategiefolgen
■ Nutzwertanalyse/Scoringmodelle ■ Analytic Hierarchy Process (AHP) ■ Lebenszyklusanalyse/Life Cycle Costing ■ Portfolio-Analyse ■ Erfahrungskurvenanalyse ■ Heuristische Regeln (Bsp. Par-Report/PIMS)
3. Methodengruppe: Quantitative Bewertung der Strategien hinsichtlich ihres ökonomischen Zielerreichungsgrades
■ Kapitalwertmethode ■ Interne Zinsfußmethode ■ Strategiebewertung mit dem Captial Asses Pricing Modell (CAPM) ■ Dialog- und Simulationsmodelle, Planspiele

Abbildung 52: Systematisierung von Methoden zur Strategiebewertung
(in Anlehnung an Meffert et al., 2012, 336)

die optimale Strategie auszuwählen. Eine Kombination verschiedener Verfahren aus den folgend aufgezählten drei Gruppen ist zu empfehlen.

Die erste Methodengruppe setzt die benötigten Ressourcen in den Fokus der Betrachtung. Checklisten, bei denen ein Anforderungskatalog an die Strategiealternativen formuliert wird, sind ein sehr einfaches Verfahren zur Strategiebewertung. Die Erfüllung der Anforderung an die einzelnen Alternativen wird dann Punkt für Punkt geprüft.

Die Strategieprofilmethode basiert ebenfalls auf einem Anforderungskatalog. Jedoch wird hier der Erfüllungsgrad der einzelnen Strategien differenzierter erfasst als beim Checklistenverfahren mit seinen „ja-nein"-Bewertungen. Für diese Methode ist eine für alle Kriterien gültige ordinale Bewertungsskala zu entwerfen und zu Grunde zu legen (vgl. Abbildung 53). Die Aussagekraft der Ergebnisse beider Verfahren ist jedoch stark abhängig von den gewählten Kriterien, da häufig die Frage vernachlässigt wird, wie ein Unternehmen die nötigen Erfolgsfaktoren ermitteln kann.

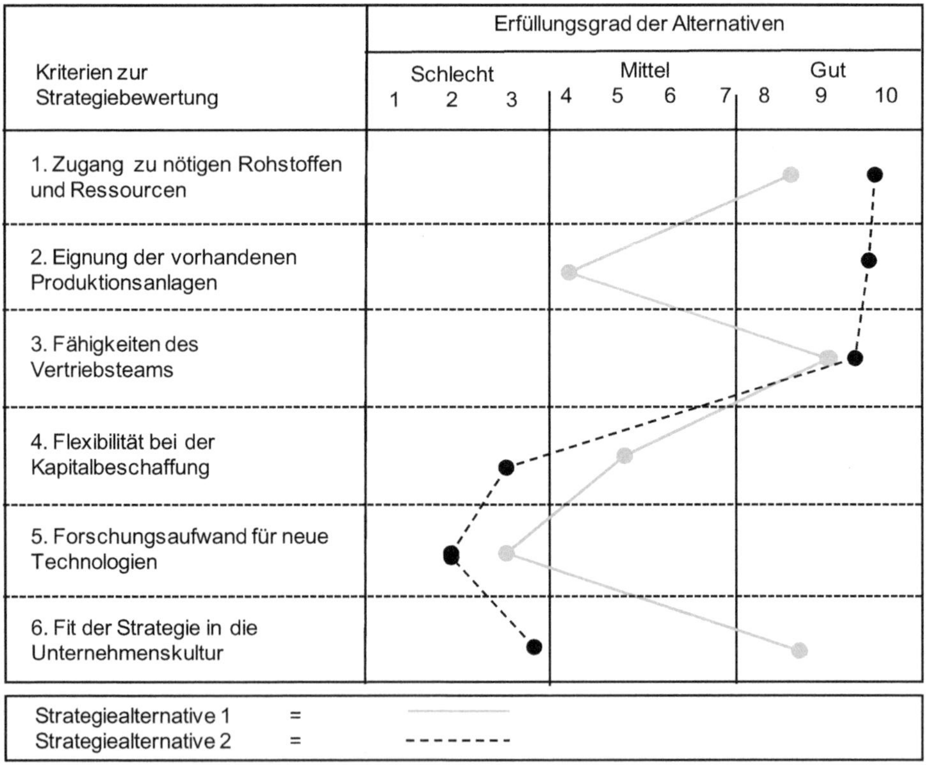

Abbildung 53: Strategiebewertung nach der Strategieprofilmethode (eigene Darstellung)

Die zweite Methodengruppe betrachtet zusätzlich den Wirkungszusammenhang von Strategie und den Folgen dieser. Beispielsweise ergänzen Scoringmodelle die Profilmethode, indem die Merkmale gewichtet werden. Solche Merkmale, die einen größeren Einfluss auf den Erfolg einer Strategie haben, werden hierbei durch eine Gewichtung stärker berücksichtigt als andere. Der Erfüllungsgrad der jeweiligen Strategiealternative wird mit dem Gewichtungsfaktor des Kriteriums multipliziert. Daraufhin werden für jede Alternative die Werte aller Kriterien addiert. Die Strategiealternative mit dem größten Score ist nach dieser Logik vorziehenswürdig. Andere Verfahren aus dieser Gruppe wurden bereits in vorangegangenen Kapiteln diskutiert (vgl. zur Portfolioanalyse 4.4.1.3, zur Lebenszyklusanalyse 4.4.3 und zur Erfahrungskurvenanalyse 4.4.4).

Verfahren aus der dritten Methodengruppe setzen ihren Fokus auf die quantitative, monetär orientierte Bewertung der Alternativen. Kapitalwertmethode und interne Zinsfußmethode sind Verfahren der Investitionsrechnung, die die Vorteilhaftigkeit sowie den Erfolg einer Investition bestimmen. Das Capital Asset Pricing Modell (CAPM) dient zur Bestimmung der Rendite von Marktportfolios. Analog zur Entscheidung zwischen mehreren Investitionsalternativen können diese auch zur Auswahl von Strategiealternativen verwendet werden (Meffert et al., 2012, 340). Solche Dialogmodelle stellen entscheidungsunterstützende Verfahren dar. Sie kombinieren modellierte Rechengänge und geistige Komponenten des Entscheidungsträgers. Sie finden in Executive Information Systems (EIS) Anwendung. EIS sind interaktive, IT-gestützte Informationssysteme zur Unterstützung von Managementaufgaben, die Führungskräften schnell und benutzerfreundlich interne und externe Informationen zur Verfügung stellen. Ein EIS kombiniert Datenbanken mit empirischen Daten und Methodendatenbanken, die Berechnungsmethoden zur Verfügung stellen (Kumar, 2000). Eine Weiterentwicklung eines EIS sind Simulationsmodelle, die die Wirkungen unterschiedlicher Strategien auf ein Ziel hin analysieren. So können Anhaltspunkte für die Strategiewahl gewonnen werden (Bea & Haas, 2013, 201).

5.4 Planungsinstrumente

5.4.1 Deckungsbeitragsrechnung

5.4.1.1 Einstufige DB-Rechnung und Break-Even-Analyse

Ein einfaches Planungsinstrument ist die Deckungsbeitragsrechnung. Sie soll eine verursachungsgerechte Zurechnung von Kosten ermöglichen. Damit werden eine (kurzfristige) Steuerung der Programm- und Preispolitik sowie eine Analyse des Betriebsergebnisses ermöglicht.

Die Deckungsbeitragsrechnung ist ein Instrument der Teilkostenrechnung auf Basis variabler Kosten. Dabei werden die Kosten in variable (mengenabhängige) und fixe (mengenunabhängige) Kosten getrennt. Nur die variablen Kosten, die mit der Anzahl der produzierten Güter oder Dienstleistungen schwanken (z. B. Material, Verbrauchsmittel, Akkordlohn), werden auf die Kostenträger zugerechnet. Die Fixkosten dagegen entstehen immer und ändern sich mit der Beschäftigungs- bzw. Ausbringungsmenge nicht (z. B. Miete, Pacht, Maschinen, Gehalt). Die Erlöse werden als mengenproportional angesehen. Das bedeutet, die Gesamterlöse errechnen sich somit aus der abgesetzten Menge x multipliziert mit dem Preis p (vgl. Graumann & Thieme, 2010, 126 ff.; Manz & Dahmen, 2001, 56 ff.; Walter & Wünsche, 2013, 264 ff.).

Der Deckungsbeitrag ist definiert als der Betrag des Erlöses (Umsatzes), der nach Abzug der variablen Kosten zur Deckung der Fixkosten verbleibt. Der Deckungsbeitrag ist demnach die Differenz der Erlöse und der variablen Kosten. Hierbei wird zwischen Stückdeckungsbeitrag (db) und Gesamtdeckungsbeitrag (DB) unterschieden.

- Stückdeckungsbeitrag $\quad db = p - k_{var}$
- Gesamtdeckungsbeitrag $\quad DB = db * x = (p - k_{var}) * x$
- Erfolg (Gewinn oder Verlust) $= U - K = p * x - k_{var} * x - K_{fix} = DB - K_{fix}$

mit

x	= abgesetzte Menge
p	= Stückpreis
k_{var}	= variable Kosten (pro Stück)
K_{fix}	= Fixkosten
db	= Stückdeckungsbeitrag
DB	= Gesamtdeckungsbeitrag
U	= Umsatzerlöse = x * p
K	= Gesamtkosten (Fixkosten und variable Kosten)

Solange der Deckungsbeitrag eines Produktes positiv ist, ist es ökonomisch sinnvoll, an diesem Produkt festzuhalten. Dann nämlich hilft das Produkt die Fixkosten des Unternehmens zu decken. Werden die Fixkosten en bloc verrechnet, spricht man von einstufiger Deckungsbeitragsrechnung (direct costing).

Die einstufige Deckungsbeitragsrechnung eines Sportartikelherstellers mit fünf Produkten zeigt Abbildung 54. Das Unternehmen stellt Laufschuhe (Produkt A), Fußballschuhe (Produkt B), Freizeitschuhe (Produkt C), Trikots (Produkt D) und Sporthosen (Produkt E) her. Auf Basis der Stückdeckungsbeiträge und der verkauften Stückzahl lassen sich die produktbezogenen Deckungsbeiträge errechnen. Das Betriebsergebnis entsteht als Differenz von Gesamtdeckungsbeitrag und Fixkosten.

Bei der Planung der Absatzmenge ist ebenfalls die oben aufgeführte Formel zur Gewinnberechnung mit der differenzierten Berücksichtigung von fixen und variablen Kosten hilfreich. Für Ein-Produkt-Unternehmen lässt sich der Break-Even-

Direct Costing - Einstufige DB-Rechnung

Produkt	A	B	C	D	E
Erlös je Produkt	10 €	15 €	15 €	20 €	25 €
./. variable Kosten je Produkt	5 €	10 €	10 €	10 €	15 €
= Stückdeckungsbeitrag (db)	5 €	5 €	5 €	10 €	10 €
Stückzahl in der Periode	1.000	800	1.000	1.000	500
Periodenerlös je Produktart	10.000 €	12.000 €	15.000 €	20.000 €	12.500 €
./. variable Kosten je Produktart	5.000 €	8.000 €	10.000 €	10.000 €	7.500 €
= DB je Produktart	5.000 €	4.000 €	5.000 €	10.000 €	5.000 €
Gesamtdeckungsbeitrag	29.000 €				
./. Fixkosten	20.000 €				
Periodenerfolg	**9.000 €**				

Abbildung 54: Einstufige DB-Rechnung für einen Sportartikelhersteller mit fünf
Produkten (eigene Darstellung)

Point errechnen. In der Break-Even-Analyse (vgl. Abbildung 55) wird bestimmt,
bei welcher Stückzahl x_{BE} (bei gegebenem Preis) kein Verlust mehr erwirtschaftet
wird (Gewinn = 0). In diesem Fall sind die Erlöse gleich der Kosten.

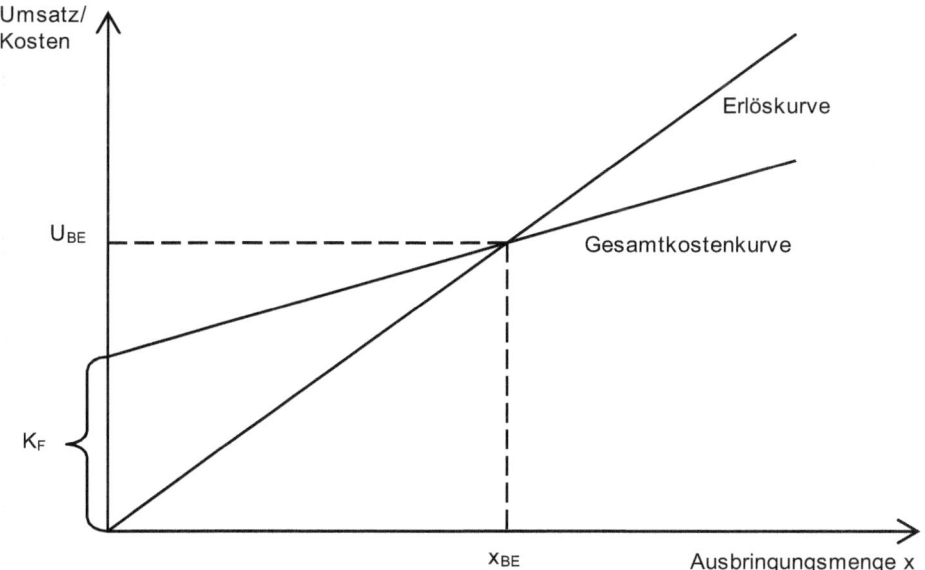

Abbildung 55: Break-Even-Analyse (eigene Darstellung)

Mathematisch gilt:

Gewinn = 0 → U – K = 0 → $(x_{BE} * p) - [K_{fix} + (k_{var} * x_{BE})] = 0$

→ U = K → $p * x_{BE} = K_{fix} + (k_{var} * x_{BE})$

$p * x_{BE} - k_{var} * x_{BE} = K_{fix}$

$x_{BE} * (p - k_{var}) = K_{fix}$

$x_{BE} = K_{fix}/(p - k_{var}) = K_{fix}/db$

Kennt der Unternehmer die Preis-Absatzfunktion (z. B. aus der Marktforschung), kann er für jeden Preis die Break-Even-Menge bestimmen.

5.4.1.2 Mehrstufige DB-Rechung

Die einstufige DB-Rechnung ist nur eingeschränkt hilfreich. Sie dient lediglich der Ermittlung der kurzfristigen Preisuntergrenze. Durch die undifferenzierte Behandlung der Fixkosten lassen sich nur wenige Handlungsimplikationen für das Management ableiten. Zudem ist die Beschäftigung nur kurzfristig fix. Deshalb bietet sich die mehrstufige Deckungsbeitragsrechnung an. Mittels dieser lässt sich der Fixkostenblock verursachungsgerecht aufgliedern. Somit wird eine stufenweise Verrechnung der Fixkostenanteile vom (Rest-)Deckungsbeitrag möglich (Manz & Dahmen, 2001, 57 f.; Walter & Wünsche, 2013, 266 ff.).

Bereiche		1		2	
Produktgruppen		I	II	III	
Produkt	A	B	C	D	E
Periodenerlöse je Produktart	10.000 €	12.000 €	15.000 €	20.000 €	12.500 €
./. variable Kosten je Produktart	5.000 €	8.000 €	10.000 €	10.000 €	7.500 €
= DB 1 je Produktart	5.000 €	4.000 €	5.000 €	10.000 €	5.000 €
./. Produktfixkosten	1.000 €	500 €	500 €	500 €	5.500 €
= DB 2	4.000 €	3.500 €	4.500 €	9.500 €	-500 €
DB 2 je Produktgruppe	7.500 €		4.500 €	9.000 €	
./. Produktgruppenfixkosten	2.000 €		1.000 €	1.000 €	
= DB 3	5.500 €		3.500 €	8.000 €	
DB 3 je Bereich	9.000 €			8.000 €	
./. Bereichsfixkosten	2.000 €			1.000 €	
= DB 4	7.000 €			7.000 €	
DB 4 des Unternehmens			14.000 €		
./. Unternehmensfixe Kosten			5.000 €		
= Periodenerfolg			**9.000 €**		

Abbildung 56: Mehrstufige DB-Rechnung eines Sportartikelherstellers (eigene Darstellung)

Am Beispiel des bereits oben analysierten Sportartikelherstellers mit fünf Produkten wird im Folgenden eine mehrstufige DB-Rechnung durchgeführt (Abbildung 56). Zunächst werden die Produkte in Produktgruppen und Unternehmensbereiche aufgeteilt. Der Unternehmensbereich 1 produziert Schuhe. Dieser Bereich hat zwei Produktgruppen: Produktgruppe I umfasst Sportschuhe (A = Laufschuhe, B = Fußballschuhe), Produktgruppe II Freizeitschuhe (nur Produkt C). Unternehmensbereich 2 produziert Textilien, hat jedoch nur eine Produktgruppe (Sportkleidung) mit zwei Produkten (D = Trikots, E = Hosen).

Die Fixkosten können nun auf die Teilbereiche verteilt werden. Durch diese Aufgliederung lassen sich Deckungsbeiträge auf mehreren Ebenen berechnen. Im Beispiel wird deutlich, dass sich die Produktion von Hosen nicht lohnt. Die Produktfixkosten sind höher als der DB 1. Sofern keine (strategischen) Gründe dagegen sprechen (z. B. Notwendigkeit des Angebots von Hosen zur Vermarktung von Trikots, Imagegründe), müsste die Produktion von Hosen eingestellt werden. Die Eliminierung von Produkt E würde insgesamt somit zu einem um 500 Euro höheren Periodenerfolg führen.

5.4.1.3 Besonderheiten der mehrstufigen DB-Rechnung in Sportvereinen

Da sich Sportvereine strukturell und organisational von typischen Unternehmen unterscheiden, bedarf es zur Anwendung der DB-Rechnung in Sportvereinen kleiner Anpassungen (Abbildung 57). Da ein Sportverein keine typischen

Unternehmen	**Sportverein**
Produkt	Angebot
Erlös je Produkt	Mitgliedsbeitrag
./. variable Kosten je Produkt	./. variable Kosten je Mitglied
= Stückdeckungsbeitrag (db)	= Mitgliedsdeckungsbeitrag (db)
Bereiche	Abteilung
Produkt	Angebot
Periodenerlöse je Produktart	Erlöse je Angebot
./. variable Kosten je Produktart	./. variable Kosten je Angebot
= DB 1 je Produktart	= DB 1 auf Angebotsebene
./. Produktfixkosten	+ sonstige Erlöse je Angebot
= DB 2	./. Fixkosten je Angebot
./. Produktgruppenfixkosten	
= DB 3	= DB 2
	+ Erlöse auf Abteilungsebene
./. Bereichsfixkosten	./. Fixkosten je Abteilung
= DB 4	= DB 3
	+ Erlöse auf Vereinsebene
./. Unternehmensfixe Kosten	./. Fixkosten auf Vereinsebene

Abbildung 57: DB-Rechnung im Sportverein (eigene Darstellung)

„Produkte" anbietet, liegt es nahe von „Angeboten" zu sprechen. Als Angebot ist dabei die Mitgliedschaft in einer bestimmten Sportgruppe wie z. B. der A-Jugend-Fußballmannschaft, der Damenvolleyballmannschaft oder dem Aerobic Kurs zu verstehen. Statt von Bereichen wird von Abteilungen gesprochen, die sich typischerweise durch die jeweilig ausgeübte Sportart formieren. Während in Unternehmen weitere Stufen möglich sind, genügt in typischen Mehrsparten-sportvereinen diese Gliederung bereits meist.

Der Mitgliedsdeckungsbeitrag wird aus der Differenz von Mitgliedsbeitrag und variablen Kosten je Mitglied, die meist relativ gering sind, berechnet. Bei variablen Kosten handelt es sich beispielsweise um individuelles Verbrauchsmaterial, Beiträge zu Fachverbänden oder zu Versicherungen. Auf dieser Basis lässt sich der DB 1 berechnen. Angebotsspezifische Fixkosten, die im nächsten Schritt berücksichtigt werden, sind beispielsweise Kosten für Übungsleiter, Sportgeräte oder Miete für die Sportinfrastruktur. An dieser Stelle tritt eine Besonderheit von Sportvereinen auf: So treten nicht nur auf Ebene des Produkts bzw. des Angebots Erlöse (im Sportverein in Form von Mitgliedsbeiträgen) auf, sondern es sind auch abteilungs- oder vereinsspezifische Erlöse möglich. Zu solchen sind Erlöse aus Spenden, Sponsoring, Fördermitteln oder wirtschaftlichem Geschäftsbetrieb zu zählen.

Auf der nächsten Ebene lassen sich die abteilungsbezogenen Deckungsbeiträge berechnen. Auch hier werden abteilungsspezifische Fixkosten (z. B. Sportgeräte, Mieten, Verwaltung und Personal auf Abteilungsebene) sowie abteilungsspezifische Erlöse verrechnet. Auf der letzten Stufe sind vereinsbezogene Fixkosten (z. B. allgemeine Verwaltung, abteilungsübergreifendes Personal, Mieten und Pachten) und vereinsbezogene Erlöse berücksichtigt, um den Periodenerfolg des Gesamtvereins zu bestimmen.

Die mehrstufige Deckungsbeitragsrechnung soll im Folgenden am Beispiel eines Amateursportvereins mit drei Abteilungen (Fußball, Volleyball, Gesundheitssport) durchgeführt werden. Jede Abteilung verfügt über drei Angebote (Abbildung 58).

Die Analyse macht deutlich, dass drei Angebote negative Deckungsbeiträge aufweisen (Altherren-Fußball, Herren-Volleyball und Pilates). Auf Abteilungsebene schreibt nur die Fußballabteilung rote Zahlen.

Diese Ergebnisse lassen mehrere Implikationen zu. Neben einer Steigerung der Mitgliedsbeiträge und/oder der Mitgliederzahl ist die Eliminierung der nicht kostendeckenden Angebote naheliegend. Jedoch ist häufig gerade die Aufgabe von Angeboten nicht gewünscht. Eine Quersubventionierung auf Abteilungsebene oder auf Ebene des Gesamtvereins ist eine typische alternative Vorgehensweise.

Mehrstufige DB-Rechnung

Abteilung	Fußball			Volleyball			Gesundheitssport		
Angebot	Alt-Herren	Jugend A	Jugend B	Damen	Herren	Jugend	Rücken-schule	Pilates	Fitness-studio
Mitgliederzahl	10	25	30	25	20	25	30	15	100
Mitgliedsbeitrag	75 €	50 €	50 €	75 €	75 €	50 €	100 €	75 €	200 €
./. variable Kosten je Mitglied	5 €	2 €	2 €	5 €	5 €	2 €	5 €	5 €	5 €
= Mitgliedsdeckungsbeitrag (db)	70 €	48 €	48 €	70 €	70 €	48 €	95 €	70 €	195 €
Mitgliedererlöse je Angebot	750 €	1.250 €	1.500 €	1.875 €	1.500 €	1.250 €	3.000 €	1.125 €	20.000 €
./. variable Kosten je Angebot	50 €	50 €	60 €	125 €	100 €	50 €	150 €	75 €	500 €
= DB 1 auf Angebotsebene	700 €	1.200 €	1.440 €	1.750 €	1.400 €	1.200 €	2.850 €	1.050 €	19.500 €
+ sonstige Erlöse je Angebot	0 €	300 €	300 €	0 €	0 €	300 €	0 €	0 €	0 €
./. Fixkosten je Angebot	1.700 €	1.400 €	1.400 €	1.650 €	1.650 €	1.400 €	1.700 €	1.600 €	10.000 €
= DB 2 je Angebot	-1.000 €	100 €	340 €	100 €	-250 €	100 €	1.150 €	-550 €	9.500 €
DB 2 auf Abteilungsebene		-560 €			-50 €			10.100 €	
+ Erlöse auf Abteilungsebene		400 €			300 €			0 €	
./. Fixkosten je Abteilung		200 €			200 €			5.000 €	
= DB 3		-360 €			50 €			5.100 €	
DB 3 auf Vereinsebene			5.400 €						
+ Erlöse auf Vereinsebene			500 €						
./. Fixkosten auf Vereinsebene			6.000 €						
= **Periodenerfolg des Vereins**			-600 €						

Abbildung 58: Exemplarische mehrstufige DB-Rechnung in einem Amateursportverein (eigene Darstellung)

5.4.2 Bestimmung der Amortisationsdauer

Die Amortisationsrechnung ist ein einfaches statisches Investitionsrechenverfahren. Sie wird auch Kapitalrückfluss-, pay-back-, pay-off- oder pay-out-Rechnung genannt. Die Amortisationsdauer bezeichnet den Zeitraum, der nötig ist, um den Kapitaleinsatz einer Investition aus den Rückflüssen wiederzugewinnen, sprich den Zeitraum bis zum Erreichen der Gewinnschwelle. Die Break-Even-Analyse hat die Variable Zeit (t) nicht berücksichtigt und geht deshalb vereinfacht von einer Rechnungsperiode aus. Ziel der Amortisationsrechnung ist es nicht, die Gewinnschwelle aus einer absatzpolitischen Sicht (= x_{BE}) zu ermitteln, sondern den Zeitpunkt t zu bestimmen, in dem die Gewinnschwelle erreicht wird.

Dieses Verfahren setzt eine Schätzung der jährlichen Rückflüsse, die von der Absatzmenge und den Kosten abhängen, voraus. Die Bestimmung der Amortisationsdauer trifft keine Aussage über die Vorziehenswürdigkeit einer Investition. Dafür muss zusätzlich der Kapitalwert mit einbezogen werden (vgl. hierzu die spezifische Literatur aus dem Bereich Investition).

Zwei grundlegende Verfahren lassen sich hierbei unterschieden: die kumulative Amortisationsrechnung und die Durchschnittsmethode. Das erstere Verfahren, das auch dynamische Amortisationsrechnung genannt wird, findet dann Anwendung, wenn sich die jährlichen Rückflüsse in den einzelnen Jahren voneinander unterschieden. Mathematisch wird der Amortisationszeitpunkt dann erreicht, wenn die Anfangsinvestition (hier bezeichnet als K_{fix}) gleich der Summe der Deckungsbeiträge der einzelnen Jahre ist.

$$K_{fix} = \sum_{t=1}^{n} (p - k_{var}) * x_t \Leftrightarrow \frac{K_{fix}}{\sum_{t=1}^{n} (p - k_{var}) * x_t} = 1$$

Dagegen geht die Durchschnittsmethode (statische Amortisationsrechnung) vereinfacht von gleich bleibenden Rückflüssen in den Perioden aus. Man dividiert die Anschaffungsinvestition durch den jährlichen Rückfluss und erhält dann die Amortisationszeit in Perioden.

Daraus ergibt sich folgende statische Berechnung der Amortisationsdauer (t) für einen Sportfachhändler, der als Dienstleistung für seine Kunden die Beflockung von Trikots übernimmt. Der Kauf der Beflockungsmaschine stellt eine Anfangsinvestition (K_{fix}) von 100.000 € dar. Pro beflocktem Trikot entstehen variable Stückkosten (k_{var}) für Strom, Material und Personal von 5 €. Jährlich kann der Beflocker eine Menge x von 5.000 Trikots zu einem Preis p von 10 € veredeln:

$$t = \frac{\text{Anfangsinvestition}}{\text{jährliche Rückflüsse}} = \frac{K_{fix}}{(p - k_{var}) * x} = \frac{100.000}{(10 - 5) * 5.000} = \frac{100.000}{25.000} = 4$$

Im Beispiel wird der Break-Even-Point nach vier Jahren erreicht. Es ist jedoch zu beachten, dass in dieser Rechnung keine kalkulatorischen Zinsen bzw. Kapitalkosten berücksichtig werden. Dies schränkt demnach die Aussage dieser Berechnungsmethode ein.

5.4.3 Szenario-Technik

Viele Veränderungen in der Umwelt des Unternehmens können häufig nicht genau prognostiziert werden. Die meisten quantitativen Prognose- und Planungsverfahren basieren auf der Prämisse „Zeitstabilität". Diese besagt, dass Zusammenhänge, die auf Basis von Vergangenheitsdaten festgestellt wurden, auch für die Zukunft gelten (Behnam et al., 2011, 253). Die Szenario-Analyse ist demgegenüber eine Planungstechnik, die ausgehend von der Gegenwart versucht, zukünftige Entwicklungen eines Gegenstandes bei alternativen Rahmenbedingungen zu beschreiben (Bea & Haas, 2013, 296). Dies bedeutet, dass keine Projektion und Extrapolation der Vergangenheitsdaten in die Zukunft stattfindet, sondern gerade potentielle Diskontinuitäten in die Betrachtung einbezogen werden (vgl. Abbildung 59). Die Ziele und Wertevorstellungen der marktspezifischen Akteure werden explizit berücksichtigt.

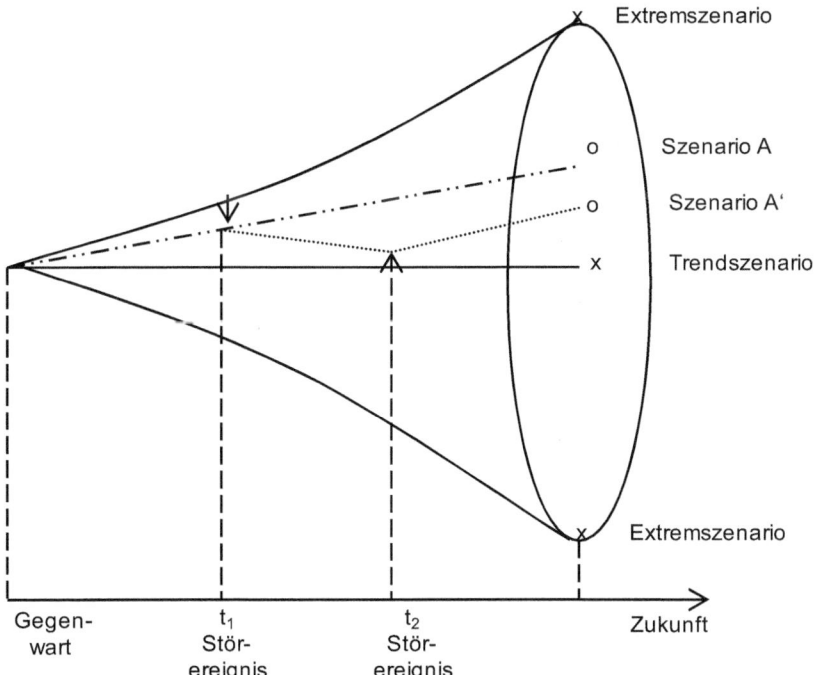

Abbildung 59: Szenario-Analyse (Bea & Haas, 2013, 297)

Hinter einer Szenario-Analyse steht ein langfristiger Planungshorizont. Es werden immer parallel mehrere Szenarien entwickelt, um die Bandbreite möglicher Zukunftsentwicklungen aufzuzeigen. Dabei werden nicht nur Zukunftsbilder aufgezeigt, sondern die jeweiligen Entwicklungspfade zu einem Szenario. Bei der Erstellung der Szenarien werden explizit quantitative und qualitative Größen sowie Sachverhalte unter der Berücksichtigung von möglichen Interdependenzen in die Überlegungen mit einbezogen.

Wenn das Management in einem professionellen Fußballclub zur Saisonmitte für die künftigen Jahre plant, ist eine Szenario-Analyse sowohl für die grundsätzliche strategische Planung als auch konkreter für das Lizenzierungsverfahren der Liga notwendig. Steht der Fußballclub beispielsweise aktuell auf einem Aufstiegsplatz und ist selbst bei einer sportlich sehr schlecht verlaufenden Rückrunde kein Abstieg mehr möglich, ließen sich folgende Szenarien bilden:

Im negativen Extremszenario (**worst-case-Szenario**) würde der Aufstieg in dieser Saison nicht gelingen. Durch eine besonders schlechte Rückrunde bleiben in der kommenden Saison viele Zuschauer aus und Sponsoren verlängern ihre Verträge nicht. Eine schlechte Tabellenplatzierung geht mit geringeren TV-Einnahmen in der nächsten Saison einher. Zudem wird es schwierig eine leistungsfähige Mannschaft für die nächste Saison zu bilden. Aktuelle Leistungsträger bzw. Potentialträger könnten gute Angebote anderer Vereine bekommen, während gute Spieler nur ungern (und wenn nur zu besonders lukrativen Konditionen) zu einem zuletzt sehr wenig erfolgreichen Club mit erwartungsgemäß schlechter Stimmung in Mannschaft und Verein wechseln. Der Ausfall von Finanzmitteln sowie zusätzliche Ausgaben (z. B. durch Trainerentlassungen, neue Spieler) gefährden die Liquidität des Clubs. Zudem besteht die Gefahr von sportlichen Problemen (z. B. Abstieg) in der Folgesaison.

Im positiven Extremszenario (**best-case-Szenario**) gelingt der Aufstieg, und der Club kann sich direkt und langfristig in der höheren Liga etablieren. Damit ist der Club für Fans, Medien und Sponsoren deutlich interessanter. Dies wirkt sich positiv auf die Einnahmeseite aus. Zudem können aufgrund der Erfolge und der guten Stimmung im Verein zu relativ guten Konditionen Leistungsträger gehalten bzw. neue Spieler gewonnen werden. Im best-case-Szenario treten zudem keine Störereignisse auf, die den künftigen Erfolg gefährden können.

Störereignisse, die negativen Einfluss auf die positive Entwicklung haben, können beispielsweise die Verletzung und der Ausfall von Spielern, Fanausschreitungen, Zahlungsausfälle (z. B. Insolvenz großer Sponsoren), unerwartete Reparaturkosten (z. B. plötzliche Renovierungen im Stadion, neuer Rasen), die Häufung unglücklich verlorener Spiele (Negativserie) sowie zahlreiche weitere Ereignisse darstellen.

Zwischen den beiden Extremszenarien ist eine Vielzahl von realistischen Szenarien modellierbar. Typischerweise bietet es sich an, zwei bis drei dieser Szenarien durchzuplanen. Mit Hilfe solcher Szenarien lässt sich zwar nicht die künftige Entwicklung exakt vorhersagen, jedoch zeigen durchdachte Szenarien einen Rahmen auf, in dem die künftige Situation des Fußballclubs mit einer hohen Wahrscheinlichkeit liegt.

5.4.4 Balanced Scorecard

5.4.4.1 Grundlagen der Balanced Scorecard

Als Kaplan und Norton (Kaplan & Norton, 1992) in der Harvard Business Review ihren Artikel „The Balanced Scorecard – Measures that Drive Performance" veröffentlichten, ahnte noch keiner, dass sie ein kometenhaft aufsteigendes Instrument des strategischen Managements geschaffen hatten. Heute ist die Balanced Scorecard (BSC) in Theorie und Praxis weit verbreitet. Der Grundgedanke der BSC ist es, ein mehrdimensionales Führungssystem zu entwickeln, das sich nicht lediglich auf finanzielle Kennzahlen stützt. Die Fokussierung auf Finanzkennzahlen in anderen Kennzahlensystemen führt häufig zu suboptimalen Managemententscheidungen. Gerade die Einbeziehung weiterer Perspektiven neben der finanziellen Perspektive ist das entscheidende Novum der BSC.

Zunächst muss vom Management die Vision und Strategie des Unternehmens formuliert werden (vgl. Abbildung 60). Darauf aufbauend werden aus vier Perspektiven Teilstrategien, Ziele, Kennzahlen, Vorgaben und Maßnahmen zur Überprüfung der Zielerreichung festgelegt. Je nach Ausrichtung, Branche und Situation des Unternehmens ist die Aufnahme weiterer Perspektiven sinnvoll. Dies kann beispielsweise die Lieferantenperspektive sein, wenn Lieferanten einen hohen Einfluss auf das Unternehmen haben (z. B. bei einem Lieferantenmonopol; vgl. Gas- oder Ölmarkt). Bei hoher Abhängigkeit von externen Finanziers (z. B. Investmentbanking) wäre eine Anleger- oder Kreditgeberperspektive überlegenswert. Bei vom sportlichen Erfolg abhängigen Sportorganisationen scheint eine Sportperspektive geboten. Die vier Kernperspektiven werden im Anschluss kurz vorgestellt.

In der finanziellen Perspektive werden insbesondere die Ziele bezüglich monetärer Größen und entsprechende Kennzahlen festgelegt. Es spielen neben absoluten Größen wie Umsatz (gesamt, pro Vertriebsmitarbeiter, pro Produkt, pro m² Verkaufsfläche), Deckungsbeitrag, EBIT (Earnings before Interests and Taxes), Cashflow etc. auch relative Größen eine Rolle. Zu diesen zählen Rentabilitätskennzahlen wie der ROI (Return on Investment), ROE (Return on Equity = Eigenkapitalrendite), Umsatzrendite oder Kennzahlen wie Kapitalumschlag, Berry-Index (Diversifikationsgrad eines Konzerns), Eigenkapital- und Fremdkapitalquote oder Anlageintensität.

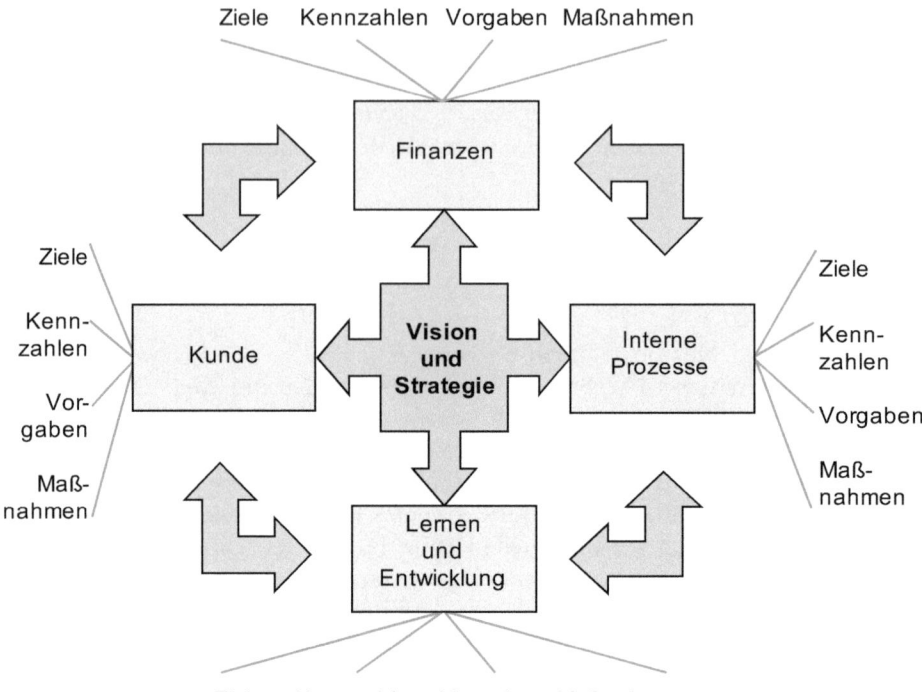

Abbildung 60: Balanced Scorecard (eigene Darstellung)

Die Kundenperspektive betrachtet die Strategien und Ziele des Unternehmens im Hinblick auf den Kunden, dessen Wünsche und die Erfordernisse des Marktes. Ziele sind beispielsweise eine Steigerung der Kundenzufriedenheit und der Kundenbindung, die Verbesserung von Bekanntheit und Image, die Verstärkung der Servicequalität, eine Verkürzung der Bearbeitungszeiten von Kundenanfragen, die Vergrößerung des Marktanteils, die Erhöhung der Kundenzahl durch Bearbeitung neuer Segmente, eine Vergrößerung des Stammkundenanteils, die Senkung der Reklamationen oder die Erweiterung des Cross-Sellings.

Die vierte Perspektive richtet das Augenmerk auf die internen Strukturen und Prozesse eines Unternehmens. Ziel ist es zu bestimmen, in welchen Prozessen das Unternehmen Wettbewerbsvorteile erzielen kann, um beim Kunden erfolgreich zu sein. Kernziele sind hierbei Effizienzsteigerung und Verkürzung der Bearbeitungszeiten. Diese können u. a. durch Verringerung der Fehlerquoten, Erhöhung der Lagerumschlagshäufigkeit, Beschleunigung der Innovations- und Arbeitsprozesse, Vereinfachung des Logistiksystems, Verdichtung des Vertriebsnetzes oder Optimierung der Kommunikationswege erreicht werden.

Schließlich erfasst die Lern- und Entwicklungsperspektive die Ressourcen sowie den Innovationsprozess. Wesentlicher Bestandteil sind Fähigkeiten und Kompetenzen der Mitarbeiter. Deshalb setzt man in diesem Modul Ziele wie eine Senkung der Produktentwicklungszeit, die Steigerung der Innovationsrate, die Weiterentwicklung der Mitarbeiter, eine Erhöhung der Mitarbeiterzufriedenheit und -bindung, die Einführung eines Qualitätsdenkens und Förderung von kontinuierlichen Verbesserungen oder die Implementierung eines Weiterbildungs- und Talentmanagementsystems.

Diese vier grundlegenden Perspektiven der BSC sind nicht unabhängig voneinander, sondern miteinander verknüpft. Die Theorie der BSC geht von einer hinter den vier Perspektiven liegenden Ursache-Wirkungs-Beziehung aus. Diese impliziert, dass fähige Mitarbeiter (Perspektive Lernen und Entwicklung) qualitativ bessere Arbeit leisten. Somit laufen die internen Prozesse störungsfreier und optimaler ab (z. B. Senkung des Ausschusses, Verkürzung der Bearbeitungszeiten). Dies führt zu einer pünktlicheren Lieferung fehlerfreier Produkte. Kunden sind somit zufriedener sowie Vertrauen und Bindung ans Unternehmen wachsen (Kundenperspektive). Infolgedessen können größere Umsätze durch eine wachsende Kundenbasis, höhere Deckungsbeiträge bestehender Kunden sowie Einsparungen bei der Neuakquise zu Gewinnsteigerungen führen.

Zum Thema BSC gibt es mittlerweile unzählige Praxisleitfäden sowie modifizierte Ansätze und Beratungsdienstleitungen. Wichtig ist jedoch das Verständnis der grundlegenden Schritte zur Einführung einer BSC:

[1] Formulierung der Vision und Mission des Unternehmens sowie der Unternehmensstrategie

[2] Festlegung der Perspektiven und der jeweiligen strategischen Ziele

[3] Identifizierung von Ursache-Wirkungs-Beziehungen bezüglich der strategischen Ziele

[4] Bestimmung von Indikatoren zur Messung der Zielerreichung (Kennzahlen)

[5] Festlegung von Maßnahmen

[6] Kontinuierliche Überprüfung der Zielerreichung und Anpassung der Strategien, Ziele, Kennzahlen und Maßnahmen, je nach Entwicklung des Unternehmens und der Umwelt

Die Einführung von BSCs kann unternehmensweit (Top-down) oder nur in einzelnen Bereichen vollzogen werden. Bei einer unternehmensweiten Implementierung bekommt jedes Geschäftsfeld, jede Abteilung oder gar jeder Mitarbeiter eine BSC mit individuellen Zielen, Maßnahmen und Kennzahlen.

Die BSC nimmt für sich in Anspruch, ein ganzheitliches Managementinstrument bzw. Führungsinstrument zu sein. Es vereint Planung und Kontrolle in sich.

5.4.4.2 Die Balanced Sorecard im Sportverein

Sportorganisationen unterscheiden sich von Unternehmen unter anderem durch die Sachzieldominanz (Ellert & Klaußner, 2012, 481 f.). Dies bedeutet, dass die Erfüllung idealistischer Anliegen wie die Schaffung eines Sportangebots für alle oder der Gewinn einer Meisterschaft Vorrang vor dem finanziellen Erfolg hat. Deshalb ist für die Anwendung der BSC im Sportkontext die explizite Berücksichtigung einer Sportperspektive typisch. Dies kann als fünfte Perspektive geschehen (vgl. z.B. Ellert & Klaußner, 2012) oder durch Umbenennung der vier typischen Perspektiven (vgl. z.B. Haas & Rieder, 2008). Haas und Rieder (2008) unterteilen in Sportperspektive, Finanzperspektive, Mitarbeiter-/Lernperspektive sowie Perspektive der Stakeholder und Prozesse. Als Kennzahlen zur Performancemessung in der Sportperspektive führen sie exemplarisch den Tabellenplatz in der Bundesliga, die Platzierung im internationalen Wettbewerb, die Anzahl der Jugendspieler im Team sowie Leistungswerte des Kaders an. Als Kennzahlen der Finanzperspektive führen sie z.B. das GuV-Ergebnis, den Cashflow, die Liquidität und die Gemeinnützigkeit an. Aus Perspektive der externen Stakeholder und Prozesse stellen sie die Zufriedenheit von Ticketingkunden und Sponsoren, die Fluktuation bei Sponsoren und Dauerkarteninhabern, die Anzahl der (positiven/negativen) Pressemeldungen, die Mitgliederzahl oder die durchschnittliche Versandzeit im Merchandising vor. Als Kennzahlen im Rahmen der Mitarbeiter- und Lernperspektive nennen sie die Mitarbeiterzufriedenheit bezogen auf Trainer, Spieler und Verwaltung sowie die Fluktuationsrate von Mitarbeitern.

Wie eine BSC in einem ehrenamtlich geführten Sportverein umgesetzt werden kann, zeigt das Beispiel der Sektion Ringsee e.V. des Deutschen Alpenvereins aus Ingolstadt (vgl. zu den folgenden Ausführungen Moser, o.J.). Die BSC der Sektion Ringsee basiert auf fünf Perspektiven. Neben den klassischen vier Perspektiven (Lernen und Entwicklung, interne Prozesse, Kunden-/Mitglieder, Finanzen) wird als fünfte die Sportperspektive eingeführt.

Die Vision der Sektion Ringsee ist es, mitgliederstärkster Sportverein Ingolstadts zu werden. Dazu formuliert der Verein folgende Mission: „Sektion Ringsee – der Bergsportverein für die ganze Familie! DAV – Kletterzentrum Ingolstadt – Leidenschaft bis in die Fingerspitzen!"

Für jede der fünf Perspektiven werden die vier wichtigsten Ziele identifiziert und mit Kennzahlen unterlegt, die den Zielerreichungsgrad messen sollen. Zudem werden Zielwerte festgelegt. Die Benennung konkreter Maßnahmen und der dafür verantwortlichen Personen soll die operative Umsetzung der Ziele gewährleisten. Die Fokussierung auf insgesamt 20 Ziele soll die Übersichtlichkeit und Umsetzbarkeit der BSC gewährleisten. Die Ziele und die zugehörigen Kennzahlen, Zielwerte und Maßnahmen von drei ausgewählten Perspektiven sind in Tabelle 12 aufgeführt.

Nachdem sich ein Verein über eine Vision und Mission sowie seine Ziele klar geworden ist, steht er bei der Implementierung einer BSC vor zahlreichen weiteren Herausforderungen. So müssen zunächst passende Ziele formuliert werden, die den SMART-Kriterien (spezifisch, messbar, anerkannt, realistisch, terminiert) genügen. Zudem ist es nicht einfach, passende Operationalisierungen (Kennzahlen) zu finden, die wirklich die Zielerreichung objektiv, reliabel und valide messen. So müsste z.B. geprüft werden, inwieweit im konkreten Kontext die Zahl der Familienmitgliedschaften wirklich passend für das Ziel „Schaffung eines umfangreichen Angebots für Kinder, Jugendliche und Familien" ist oder ob die Quote der von anderen DAV-Sektionen abgeworbenen Mitglieder als Indikator für Bekanntheitsgradsteigerung dienen kann.

Tabelle 12: Auszug aus der BSC der DAV Sektion Ringsee e.V. (Moser, o.J.)

Perspektive	Ziel	Kennzahl	Zielwert	Maßnahmen
Kunden-/Mitglieder	Sektion entwickelt sich zum modernen Dienstleistungsverein	Öffnungszeiten Sektionsgeschäftsstelle	Mind. 10 Stunden und ein Abend pro Woche	Regelmäßige Anwesenheit mind. eines Vorstandsmitglieds
	Nutzer des Kletterzentrum identifizieren sich mit DAV-Image	Zufriedenheit mit Kletterzentrum	Mind. 85 % sind „sehr zufrieden" oder „zufrieden"	Jährliche, standardisierte Kundenbefragung
	Sektion bietet umfangreiches Angebot für Kinder, Jugendliche und Familien	Zahl der Familienmitgliedschaften im Verein	Mind. 30 % Familienmitgliedschaften bei Neumitgliedern je Jahr	Regelmäßiger Veranstaltungskalender für Kinder, Jugend und Familie
	Ringseer-Hütte bleibt einfaches, familienfreundliches Selbstversorgerhaus	Anteil der Belegung durch Familien	Mind. 30 %/Jahr bzw. mind. 1.500 Familienübernachtungen	Auf/Ausbau weiterer Familienangebote
Sportperspektive	Erfolgreiche Teilnahme an Kletterwettkämpfen des KVB Bayern	Zahl der TOP TEN-Platzierungen bei Wettkämpfen in Bayern	mind. 5 TOP TEN-Platzierungen	2-3 x jährlich Einladung von externen Trainer/-innen zur Wettkampfgruppe
	Ausbau zum aktiven Bergsportverein	Anzahl und Qualität der erfolgreich durchgeführten Unternehmungen	Mind. zwei außereuropäische Expeditionen/Jahr; mind. 0,2 % der Mitglieder als Aktive in der Hochtouren- und Expeditionsgruppe	Durchführung eines Exped-Trainings

Perspek-tive	Ziel	Kennzahl	Zielwert	Maßnahmen
Sportperspektive	Ausbau der Berg-sportangebote	Durchschnittliche Teilnahme von Sektionsmitgliedern an den Vereins-angeboten	Belegquote bei mind. 80 %; mind. 10 % der Mitglieder nutzen Angebote	Regelmäßige Tref-fen der jeweiligen Tourengruppen
	Steigerung des Kletterniveaus im DAV-Kletter-zentrum	Kletterkönnen und Schwierigkeiten nach UIAA	Mind. 30 % der Nutzer/-innen klettern UIAA 7 oder schwerer	Jährliche Durchfüh-rung eines lokalen Kletterwettkampfes
Lernen und Entwicklung	Langfristige Bindung von Funk-tionsträgern an den Verein	Quote der ehren-amtlichen Funk-tionsträger, die sich zur Wiederwahl stellen	Mind. 80 % einma-lige Wiederwahl; mind. 60 % zwei-malige Wiederwahl	Regelmäßige Tref-fen und Informatio-nen für Ehrenamt-liche
	Kompetente Fach-übungsleiter in Sektion und Kletter-zentrum	Anzahl der Fortbil-dungstage je Fach-übungsleiter	Mind. 2 Tage/Jahr	Regelmäßige interne Aus- und Fortbildung
	Theken- und Bistromitarbeiter verstehen sich als „Gastronome"	Monatlicher Getränke-Umsatz nach 21 Uhr	Anteil liegt bei mind. 30 % des Gesamtumsatzes	Teamausrüstung und Schulungen für Bistrokräfte; Erfolgsprämien
	Steigerung des Bekanntheitsgrades der Sektion durch regelmäßige Berichterstattung in lokalen und regio-nalen Medien	Anzahl der Neu-mitglieder die von anderen DAV-Sek-tionen zur Sektion Ringsee wechseln	Mind. 20 % der Neumitglieder	Regelmäßige Pressearbeit und Kontakt zu den Medien

5.4.5 Budgeting als Machbarkeitsprüfung für Strategien

Eine Strategie soll den langfristigen Erfolg eines Unternehmens sichern. Häufig sind Strategien vage gehalten und bedürfen der Konkretisierung. Verfolgt man beispielsweise eine Kostenführerstrategie, ist festzulegen, in welchen Bereich Kostensenkungspotentiale bestehen und in welcher Form diese Potentiale rea-lisiert werden können. Aus der Strategie werden Aktionsprogramme abgeleitet, die auf alle Unternehmensbereiche ausgerichtet sein müssen. Zur Umsetzung der Aktionsprogramme werden Umsatz-, Personal-, Produktions-, Finanzpläne usw. formuliert. Aus diesen Teilplänen wird dann das Budget bestimmt, das die Stra-tegie in ausschließlich monetären Kategorien ausdrückt. Bea und Haas (2013, 208) sprechen deshalb von Budgetierung als „Umsetzung von Plänen in Geld-einheiten für die nächste Planperiode". Hierdurch zeigt sich, ob eine Strategie überhaupt implementierungsfähig ist.

Die Spezifikation eines strategischen Plans durch die Aufstellung eines Budgets macht deutlich, dass die eigentlichen Probleme der Planung mit der Strategieimplementierung beginnen. Insofern ist Budgetierung ein hilfreiches Instrument, um Strategiealternativen auf deren Umsetzungsfähigkeit zu überprüfen.

Problematisch an der Budgetierung ist die Frage, nach der sinnvollsten Aufteilung der Budgets auf die Teilbereiche. Möchte man beispielsweise das Marketingbudget bestimmen, bieten sich unterschiedliche Orientierungspunkte an (Kotler & Bliemel, 2001, 907 ff.). Orientierung

- an der Finanzkraft: „Wie viel ist denn dieses Jahr für Marketing drin?"
- am Umsatz: „Wir wenden immer x % des Vorjahresumsatzes für Marketing auf!"
- am Wettbewerb: „Wir orientieren uns an den Werbeausgaben der Wettbewerber!"
- an Zielen und Aufgaben: „Wir erarbeiten systematisch die Anforderungen, die für die Zielerreichung nötig sind!"

An diesen Beispielen wird schnell Sinn und Unsinn mancher „Budgetierungsmethoden" deutlich. Bei den ersten drei Varianten scheint die Strategie bei der Budgetierung keine Rolle zu spielen. Die letzte Variante, die Budgetierung nach Zielen und Aufgaben, folgt einem strategischen Verständnis (vgl. Ausführungen zur BSC). Dies soll am Beispiel der Schritte zur Bestimmung des Kommunikationsbudgets für eine Werbekampagne für einen neuen Fußballschuh gezeigt werden:

[1] Zieldefinition: Ziel = Das neue Fußballschuhmodell soll einen Marktanteil von 5 % nach einem Jahr erreichen

[2] Schätzung des Anteils potentieller Käufer, die mit Werbung erreicht werden soll

[3] Festlegung der erwünschten Erstkäuferrate in der Zielgruppe

[4] Schätzung der nötigen Werbekontakte, um eine bestimmte Erstkäuferrate zu erreichen

[5] Ermittlung der Gesamtmenge der erforderlichen Werbekontakte

[6] Bestimmung des nötigen Werbebudgets: Kontakte in tausend multipliziert mit dem durchschnittlichen Tausenderkontaktpreis (TKP)

Erst durch systematisches Vorgehen ist Budgetierung sinnvoll.

Repetitorium

Zusammenfassung

Dieses Kapitel beschäftigte sich mit Grundfragen der strategischen Planung sowie einer Auswahl entsprechender Planungsinstrumente. Nach einer Einführung in die Grundlagen und Prämissen der strategischen Planung folgte die strategische Rahmenplanung mit besonderer Berücksichtigung der unterschiedlichen Planungsträger und -ebenen, der Strategiearten auf den jeweiligen Planungslevelin sowie der grundlegenden strategischen Produkt-Markt-Kombinationen. Anschließend wurden die idealtypische Struktur des Strategieauswahlprozesses und unterschiedliche Methoden zur Strategiebewertung vorgestellt. Danach erfolgte die Erarbeitung einiger grundlegender Planungsinstrumente. Hierzu zählten die Deckungsbeitragsrechnung und die Break-Even-Analyse, ein Verfahren zur Bestimmung der Amortisationsdauer, die Szenario-Technik, die Balanced Scorecard sowie die Budgetierung.

Zur Implementierung von Marketingstrategien bedient man sich der Instrumente des Marketing-Mix, die im 6. Kapitel vorgestellt werden.

Wiederholungs- und Transferfragen

- An welchen Prämissen orientiert sich die strategische Planung?
- Nennen Sie mögliche Strategiearten und identifizieren Sie passende Beispiele für den Inhaber einer Fitnessstudiokette mit aktuell zehn Filialen! Planen Sie dazu auf den unterschiedlichen Ebenen die Inhalte der Strategie für die Fitnessstudiokette!
- Beschreiben Sie die idealtypische Struktur des Strategieauswahlprozesses! Konstruieren Sie anhand eines freigewählten Unternehmens aus dem Sport einen Strategieauswahlprozess für drei ausgewählte Strategiealternativen.
- Geben Sie einen Überblick über Methodengruppen zur Strategiebewertung auf Basis von Planungsmodellen und beschreiben Sie jeweils zwei Verfahren!
- Erstellen Sie zwei Strategieprofile für ein freigewähltes Unternehmen aus der Sportartikelbranche. Definieren Sie dazu fünf geeignete Kriterien und beschreiben Sie die jeweiligen Ausprägungen beider Strategien hinsichtlich der Kriterien.
- Ein Unternehmen hat sich auf die Produktion von Pulsuhren spezialisiert. Bei der Produktion jeder Uhr fallen 5,– € variable Kosten an. Der Kapitaldienst, die Instandhaltung und das Personal der Produktionsanlage betragen im Jahr 1,5 Millionen Euro. Das Unternehmen konnte eine weltweit tätige Sporteinzelhandelskette als Großabnehmer gewinnen, der ihnen pro Uhr 7,50 € bezahlt.

Wie viele Pulsuhren muss der Unternehmer verkaufen, um den Break-Even-Point zu erreichen?
Stellen Sie die Ermittlung der Break-Even-Menge auch graphisch dar!
Berechnen Sie außerdem den Stückdeckungsbeitrag.
Welchen Gesamtdeckungsbeitrag können Sie beim Verkauf von a) 550.000 Einheiten und b) 750.000 Einheiten erwirtschaften.
Wie hoch ist jeweils Ihr Gewinn für die Absatzmenge a) und b)?

- Mit welchen Verfahren können Sie die Amortisationsdauer bestimmen? Was ist zur Amortisationsdauer als Entscheidungskriterium kritisch anzumerken?
- Beschreiben Sie die Grundidee der Szenario-Technik!
- Stellen Sie die Grundlagen der Balanced Scorecard (BSC) nach Kaplan & Norton kurz dar und erläutern Sie die Theorie, die hinter der BSC steckt! Geben Sie für ein freigewähltes (gewinnorientiertes) Unternehmen aus der Sportbranche für die vier grundlegenden Perspektiven jeweils drei Ziele sowie die dazugehörigen Kennzahlen und Maßnahmen an.
- Erstellen Sie eine BSC für einen Breitensportverein! Welche Perspektiven sollten dabei beachtet werden? Geben Sie für jede Perspektive drei wichtige Ziele und passende Kennzahlen an.

6 Marketing-Implementierung im Sport

Nach der Analyse von Umwelt und Unternehmen sowie der strategischen Planung gilt es, die Strategie in die Tat umzusetzen. Zur Implementierung einer Marketingstrategie bedient man sich der Marketinginstrumente. Im Folgenden werden die wichtigsten Marketinginstrumente anhand der 4P-Logik von McCarthy (1960) erarbeitet (vgl. Abbildung 61).

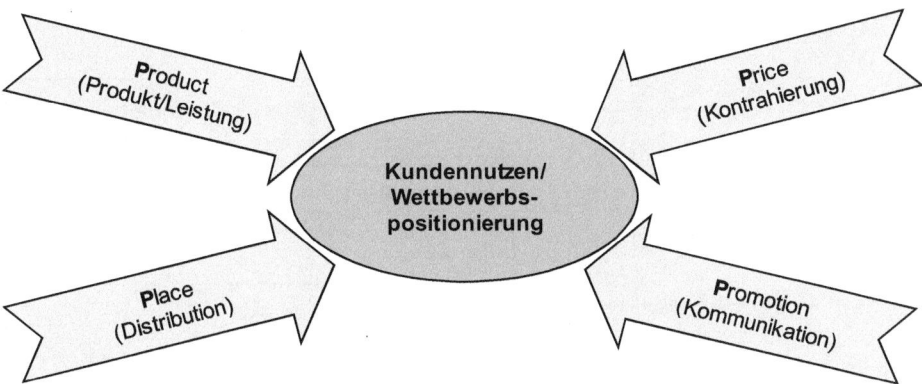

Abbildung 61: Die 4 Ps des Marketing-Mix nach McCarthy (eigene Darstellung)

Die „four Ps" (Product, Price, Promotion, Place), die MacCarthy (1960) in seinem Werk „Basic Marketing: A managerial approach" vorstellte, beeinflussen auch heute noch das Marketing. In diesem Kapitel werden die Grundlagen der „four Ps", die jeweiligen marketingpolitischen Instrumente und mögliche Umsetzungsstrategien für die Produkt-, Preis-, Kommunikations- und Distributionspolitik erläutert. Die vier Ps wurden um drei weitere Perspektiven (Personal, Prozesse und physische Ausstattung) zu den sieben Ps erweitert. Diese drei Ps bleiben jedoch in der weiteren Betrachtung außen vor, da sich dieses Buch auf die wichtigsten Grundlagen beschränkt.

6.1 Produktpolitik (Product)

Produktpolitische Maßnahmen umfassen alle Aktivitäten zur Ausgestaltung der am Markt angebotenen Leistungen. Im Folgenden werden nach einem Überblick über grundlegende produktpolitische Entscheidungen die Vorgehensweisen bei der Produktentwicklung und Gestaltung sowie produktpolitische Strategien erläutert.

6.1.1 Grundlegende produktpolitische Entscheidungen

Grundsätzlich unterscheiden Böhler und Scigliano (2005, 76 ff.) zwei Arten von produktpolitischen Entscheidungen. Zum einen sind dies Entscheidungen bezüglich der Produktentwicklung, zum anderen strategische Entscheidungen bezüglich der produktpolitischen Maßnahmen (vgl. Abbildung 62).

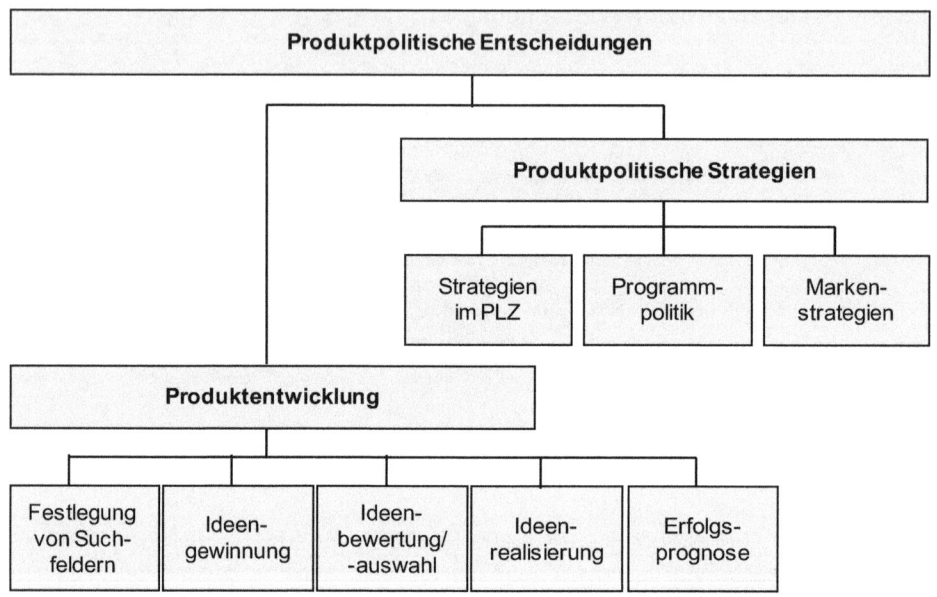

Abbildung 62: Produktpolitische Entscheidungen (Böhler & Scigliano, 2005, 77)

Der Entschluss, ein bestimmtes Produkt wie ein neues Laufschuhmodell oder ein innovatives Group-Fitness-Programm zu entwickeln und damit auf den Markt zu treten, muss systematisch getroffen sein. Wie alle Marketingentscheidungen so müssen auch die Entscheidungen der Produktpolitik eine Vielzahl externer und interner Faktoren und Rahmenbedingungen berücksichtigen (vgl. SWOT-Analyse). Hierzu zählen beispielsweise Aktivitäten der Konkurrenz, der Wandel von Kundenpräferenzen, Produkthaftungsregeln, Patentgesetze oder die Phase des Produktlebenszyklus.

6.1.2 Produktentwicklung

Die Produktentwicklung dient der Hervorbringung von neuen Produkten und Innovationen. Als Erfolgsfaktoren bei der Produktentwicklung werden u. a. innovationsförderliche Rahmenbedingungen und eine zielgerichtete Steuerung des Entwicklungsprozesses genannt (vgl. zu den folgenden Ausführungen Böhler & Scigliano, 2005, 80 ff.).

Bei den Rahmenbedingungen sind drei Aspekte besonders wichtig: Die Organisationsstruktur, die Unternehmenskultur und die innerbetriebliche Kommunikation.

Die Organisationsstruktur beeinflusst maßgeblich den Innovationsprozess. Kreative Freiräume und lockere Strukturen sind zu Beginn des Innovationsprozesses förderlich. Bei der Realisierung und Markteinführung dagegen sind eine schnelle und effiziente Abwicklung von „Routineprozessen" (z. B. Controlling, Durchführung von Produkttests, Marktanalysen) wichtig. Hierbei hilft Standardisierung und eine straffe Führung. Die Kombination von lockeren Strukturen und straffer Führung stellt natürlich einen Widerspruch dar, das „organisational dilemma". Ein Ansatz zu dessen Lösung ist es, die Aufgaben zwischen unterschiedlich geführten Abteilungen (z. B. FuE vs. Marketing) aufzuteilen.

Der zweite Aspekt betrifft die Unternehmenskultur. Diese sollte informelle Kommunikation und Wissensaustausch zwischen den am Innovationsprozess Beteiligten ermöglichen sowie unternehmerisches und divergentes Denken fördern. Als charakteristisch für innovationsförderliche Kulturen gilt Toleranz gegenüber Fehlschlägen, ein hoher Stellenwert der Innovation im gelebten Wertesystem, eine mitarbeiterorientierte Personalpolitik, Teamgeist sowie ergebnisorientierte Kontrollsysteme.

Der dritte Aspekt ist die innerbetriebliche Kommunikation. Essentiell für ein innovationsfreundliches Klima ist eine funktionierende Kommunikation zwischen den einzelnen Abteilungen (FuE, Marketing, Controlling etc.) sowie zwischen den Hierarchien. Zentrale Erfolgsvoraussetzungen für eine erfolgreiche Kommunikation sind permanenter, persönlicher Informationsaustausch, wechselseitige Information zwischen den Phasen des Entwicklungsprozesses (vgl. Abbildung 63), Einbeziehung der später im Entwicklungsprozess Beteiligten in die Anfangsüberlegungen (z. B. durch funktionsübergreifende Teams) sowie die Einbindung des Kunden in die Entwicklung (Lead-User-Ansatz). Lead-User verfügen über ein hohes Produktinteresse und Potenzial für kreative Neuprodukt- oder Produktverbesserungsideen (Meffert et al., 2012, 409). Zudem sollten Lead-User eine gewisse Referenzwirkung bei der Zielgruppe erreichen. Eine optimale Umsetzung dieses Ansatzes schaffte Nike in Zusammenarbeit mit dem Basketballer Michael Jordan. Dieser wirkte als Co-Entwickler des Nike Basketballschuhs „Air Jordan" mit. Nike schuf ein innovatives Produkt, das bis heute Markterfolge feiern kann.

Nach Betrachtung der Rahmenbedingungen wird nun der Entwicklungsprozess untersucht (vgl. Abbildung 63). Auch bei der Produktentwicklung wird der strategische Prozess aus Analyse, Planung, Implementierung und Kontrolle deutlich.

Zunächst werden die Suchfelder festgelegt. Dabei kann marktorientiert („market pull") oder technologieorientiert („techonology push") vorgegangen werden (vgl. Tabelle 13). Beim marktorientierten Ansatz stehen die Bedürfnisse des Kunden im Mittelpunkt. Hierbei werden die Bedürfnisse des Kunden untersucht und das Produkt dementsprechend gestaltet. In diesem Kontext ist zu empfehlen, mit besonders innovativen Kunden (Lead-Usern) zu kooperieren, die bestimmte Bedürfnisse und Trends früher erkennen als das Gros der Verbraucher. Eine weitere Möglichkeit ist der Einsatz von Trendscouts, die aktuelle Entwicklungen v. a. im Lifestyle-, Mode- oder Musikmarkt abschätzen. Das marktorientierte Vorgehen reduziert das Floprisiko und den Forschungsaufwand, jedoch können auf diese Weise keine radikalen, sondern nur inkrementelle Innovationen entstehen.

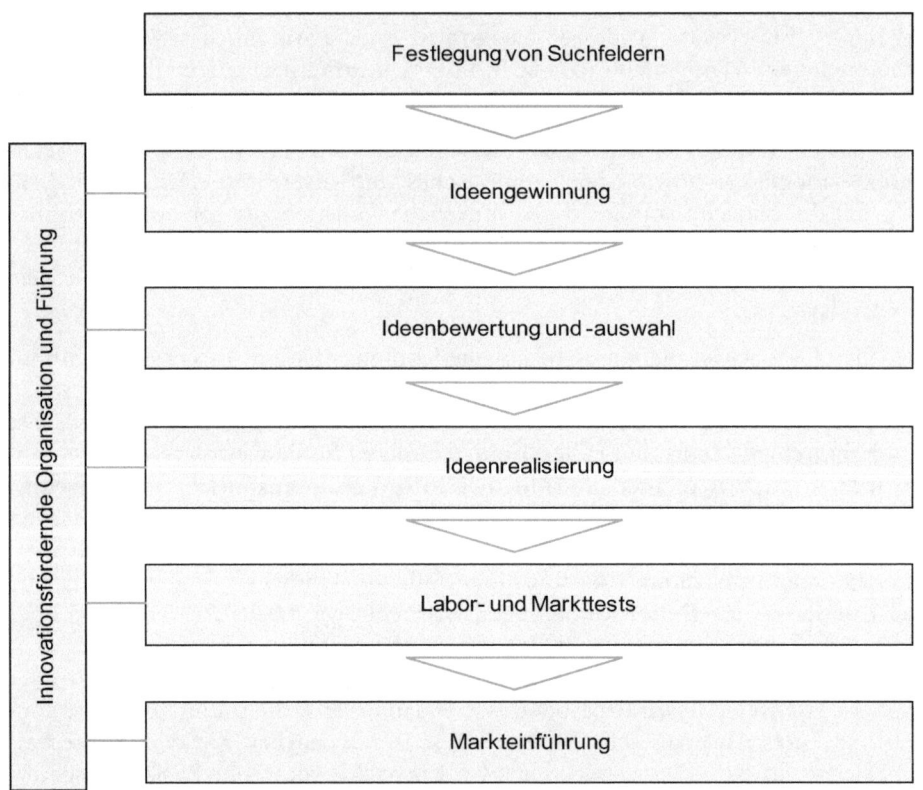

Abbildung 63: Schritte bei der Entwicklung neuer Produkte
(Böhler & Scigliano, 2005, 83)

Beim technologieorientierten Vorgehen orientiert sich die Produktentwicklung an den internen Ressourcen als Ausgangspunkt von Innovationspotentialen. Insbesondere neue Technologien bzw. deren Anwendung werden im Hinblick auf ihr Potential für die Gestaltung innovativer Leistungen analysiert. Es wird versucht, Produkte und Anwendungen für latent vorhandene Bedürfnisse zu suchen bzw. entsprechende Märkte zu kreieren („supply-side-marketing"). Auf diese Weise können radikale Innovationen entstehen, und eine Differenzierung von den Wettbewerbern ist leichter möglich. Jedoch ergeben sich beim technologieorientierten Vorgehen höhere FuE-Kosten. Weiterhin ist die Planungssicherheit geringer, da sich die Abschätzung der Kundenreaktion auf latente Bedürfnisse schwierig darstellt.

Tabelle 13: Optionen der strategischen Stoßrichtung (Böhler & Scigliano, 2005, 84)

	Absatzseite (market pull)	Technologieseite (technology push)
Ziel	Bedürfnisbefriedigung im Vordergrund; Identifikation des kundenseitigen Bedarfs und Entwicklung entsprechender Produkte	„Neue" Leistungen durch FuE; Analyse der Markteignung technologischer Neuerungen und produktorientierte Weiterentwicklung
Vorteil	Geringeres Floprisiko, da reduzierte FuE- Aufwendungen und Ausrichtung an Verbraucherpräferenzen; Informationsgrundlagen durch Innovationsmarktforschung zu Beginn der Entwicklung verfügbar	Hohes wettbewerbliches Differenzierungspotenzial, da fundamentale Marktinnovationen möglich
Nachteile	Geringes wettbewerbliches Differenzierungspotenzial, da i. d. R. nur marginale Produktverbesserungen	Hohes Floprisiko, da hohe FuE-Aufwendungen und geringe Planungssicherheit

In Anbetracht der Schwierigkeiten und Fehlerquellen eines einseitigen Vorgehens (technologie- vs. marktorientiert) ist eine Integration beider Perspektiven zu empfehlen. Eine sogenannte Balanced-Strategie, die Erfolg verspricht, weist folgende Merkmale auf (Cooper 1984 zitiert nach Böhler & Scigliano, 2005, 85 f.):

- Erfolgreich sind innovative Produkte, die auf einer hohen technologischen Kompetenz basieren und die sowohl Weiterentwicklungen bestehender Technologien als auch neue technologische Lösungen beinhalten.
- Diese Produkte weisen eine enge Verwandtschaft zum bisherigen Leistungsprogramm auf und zielen auf die Befriedigung bestehender Kundenbedürfnisse.
- Mit den innovativen Produkten ist eine vorteilsgenerierende Abhebung von Konkurrenzprodukten möglich, d. h., es werden einzigartige Funktionalitäten geboten, die mit entsprechenden Kundenbedürfnissen korrespondieren.
- Die ausgewählten Märkte für diese Neuprodukte weisen ein hohes Wachstum und eine geringe Wettbewerbsintensität auf.
- Der Entwicklungsprozess ist marktorientiert, da frühzeitig die Kundenbedürfnisse ermittelt und in die konkrete Produktentwicklung mit einbezogen werden.

Nach der Festlegung der Suchfelder steht die Phase der Ideengewinnung an. Hierbei bieten sich mehrere Möglichkeiten an (Helm, 2009, 281):

- Kaufen von Ideen: Z. B. können ganze Unternehmen gekauft, Kontakte mit selbständigen Dritten aufgenommen oder Kooperationen mit erfolgreichen Erfindern eingegangen werden.
- Beobachtung technischer Entwicklungen: Relevante technische Entwicklungen lassen sich auf Messen, in Fachzeitschriften oder in Mitarbeitergesprächen identifizieren.
- Nachahmung von Ideen: Eine einfache Umsetzung dieses Vorgehens ist der (verbesserte) Nachbau von erfolgreichen Produkten der Konkurrenz (Me-too-Produkte). Alternativ finden sich Ideen auf fremden Märkten. Auch auslaufende Patente bieten Ansätze für neue Produkte (z. B. Generika in der Pharmaindustrie).
- Ideen aus der Marktforschung: Durch die Marktforschung werden häufig unbefriedigte Bedürfnisse der Nachfrager und entsprechende Lösungsansätze identifiziert. Auch aus einer Analyse der Kundenbeschwerden, einer Beobachtung des Kundenverhaltens oder aus Positionierungsstudien lassen sich Ideen für neue Produkte erarbeiten.
- Eigene Entwicklung von Ideen: Hierbei kommt der eigenen FuE-Abteilung, dem betrieblichen Vorschlagswesen sowie einer internen, systematischen Ideengewinnung eine besondere Rolle zu.

Zur systematischen Ideengewinnung bieten sich drei Verfahren besonders an (Böhler & Scigliano, 2005, 86 ff.): Brainstorming, Synektik und morphologischer Kasten. Beim Brainstorming greift eine fachlich heterogene, hierarchisch homogene Gruppe von vier bis sieben Teilnehmern ein Problem auf und sucht nach spontanen Lösungsideen. Synektik ist die unkonventionelle Suche nach analogen Problemen zu einem Produkt (z. B. zeitsparendes und zeitgleich effektives Fitnesstraining) in Natur, Gesellschaft oder Kultur (hier: Muskelkontraktionen werden durch elektrische Aktionspotentiale ausgelöst; Einsatz von Reizstrom in medizinischem Kontext). Anschließend wird diese Erkenntnis auf das Problem zurückübertragen, und es werden Lösungen erarbeitet (hier: Ganzkörpermuskeltraining durch Elektromyostimulation – EMS-Training). Beim morphologischen Kasten wird das Produkt in seine Funktionen (beim Fahrrad z. B. Rahmenform, Schaltung, Bremsen) zerlegt. Daraufhin werden alternative Ausgestaltungsformen dieser Funktionen aufgezeigt. Bei der Rahmenform in unserem Beispiel lassen sich Trekkingrad, Citybike, Rennrad, Moutainbike, BMX, Hollandrad oder Kinderrad unterscheiden. Als Schaltung kommen Naben-, Ketten- oder Tretlagerschaltung, Kombinationen aus diesen oder Single-Speed (keine Schaltung) in Frage. Als Alternativen für die Bremse bieten sich Rücktrittsbremse, diverse Felgenbremsentypen (V- oder U-Brake sowie Cantilever- oder Rollercam-Bremse), Scheibenbremse oder Stempelbremse an. So entsteht eine Vielzahl möglicher Produktkombinationen (hier $7 * 5 * 7 = 245$). Es sei jedoch erwähnt, dass diese in der jeweiligen Kombination nicht unbedingt sinnvoll sein müssen.

Sind genügend Ideen für Neuprodukte gefunden, müssen die Alternativen bewertet und die besten ausgewählt werden. Viele der Ideen sind nicht praktikabel oder passen nicht zu den Potenzialen des Unternehmens (vgl. Ressourcenanalyse unter 4.4.5). Zunächst werden die funktionierenden Alternativen, die vor dem Hintergrund der unternehmensspezifischen Stärken und Schwächen sowie der externen Chancen und Risiken sinnvoll erscheinen, in einer Vorauswahl selektiert. Im Rahmen eines solchen Screenings werden die Ideen anhand von Beurteilungskriterien bewertet. Hilfsmittel für die Vorauswahl können Checklisten oder Scoring-Modelle sein. Nach dem Screening folgen Konzepttests. Dabei werden die Produktideen von Kunden bewertet. Die Ausgestaltung solcher Tests kann unterschiedlich sein. Z. B. können konkret ausgearbeitete Produktalternativen präsentiert werden, man kann mit Produktkarten arbeiten oder einzelne Merkmale abfragen.

Auf die Konzepttests folgen Wirtschaftlichkeitsanalysen (u. a. Investitionsrechnungen, Break-Even-Analysen, Bestimmung der Amortisationsdauer, Schätzung der Rentabilität).

Nachdem die Entscheidung für eine oder mehrere Produktideen getroffen wurde, erfolgt die technische Realisierung. In diesem Zusammenhang müssen kosten-, zeit- und qualitätsspezifische Anforderungen des Produkts berücksichtigt werden. Eine gleichzeitige optimale Umsetzung aller dieser drei Anforderungsbereiche ist nicht möglich. Ein schneller Markteintritt reduziert die Entwicklungszeit, eine höhere Qualität führt i. d. R. auch zu steigenden Kosten.

Bei der Bestimmung der Produktqualität sollte nicht das Produkt, sondern der erlösbare Zielpreis im Fokus stehen (vgl. Abbildung 64), denn ein Kunde kauft nur dann ein Produkt, wenn er bereit ist, den geforderten Preis zu zahlen. Das Target Costing ist ein marktorientierter Ansatz der Kostensteuerung. Das auch Zielkostenmanagement genannte Vorgehen bestimmt neben den Anforderungen an das Produkt auch den möglichen Zielpreis aus Kundensicht. Alle Kostentreiber, von der Produktentwicklung über Zulieferpreise bis zum gesamten Markteinführungsprozess, müssen auf den erzielbaren Preis hin ausgerichtet und entsprechend gesteuert werden.

Vor Einführung des Produkts lässt sich mit Hilfe von Testmarktsimulationen (= Laborexperimente) und Markttests der Produkterfolg prognostizieren. Testmarktsimulationen eignen sich für Güter des täglichen Gebrauchs. Testkunden sehen meist Werbespots und kaufen in fiktiven Supermärkten ein. Aus dem Erstkäuferanteil sowie der Wiederkaufsabsicht lässt sich der künftige Marktanteil schätzen. Markttests stellen meist die letzte Überprüfung des Produkterfolgs vor Markteinführung dar. Dabei wird das Produkt in abgegrenzten Regionen eingeführt und dort unter „Realbedingungen" getestet. Der BehaviorScan ist ein solches Testmarktverfahren der Gesellschaft für Konsumforschung (GfK) in Haßloch, dessen Bevölkerung sozio-demographisch der von Gesamtdeutschland

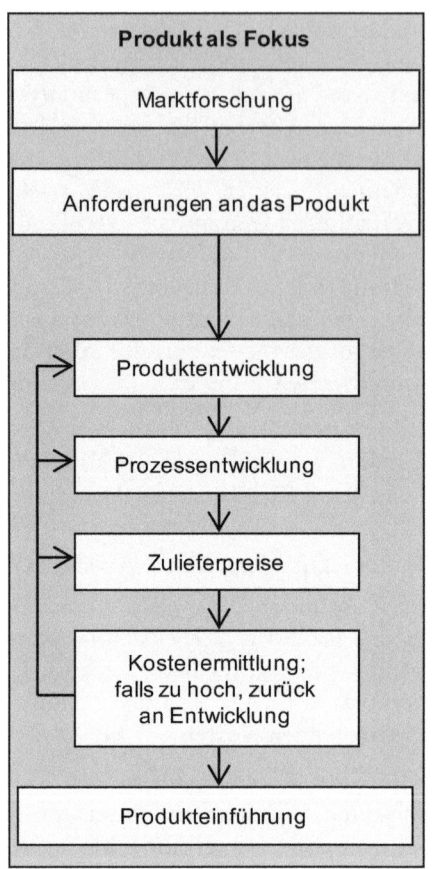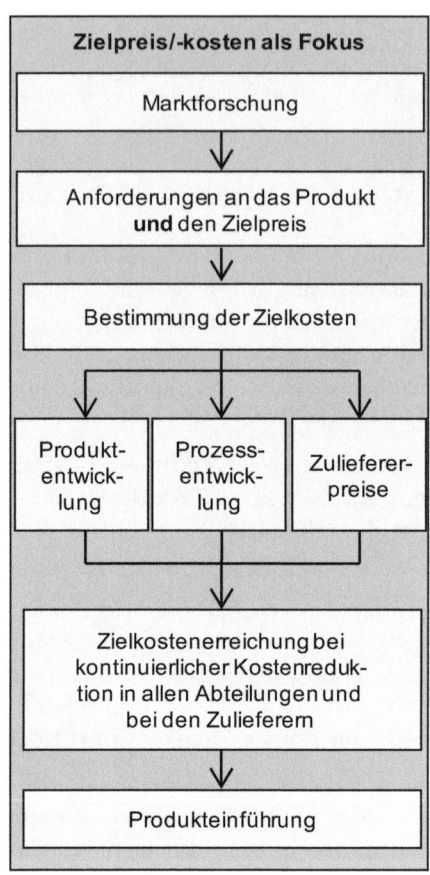

Abbildung 64: Target Costing in der Produktentwicklung (Böhler & Scigliano, 2005, 97)

ähnelt. Am BehaviorScan nehmen 3.500 Haushalte teil, die mit einer GfK-Identifikationskarte ausgestattet sind und deren Einkaufverhalten getrackt wird. Weiterhin kann die Wirkung von Werbespots und Kampagnen mittels „Targetable TV", an das 2.500 Haushalte angeschlossen sind und deren Fernsehprogramm zielgruppenspezifisch angesteuert werden kann, getestet werden.

6.1.3 Produkt- und programmpolitische Entscheidungen

Ist ein Produkt erst (erfolgreich) auf den Markt gebracht, verändern sich die produktpolitischen Strategien im Laufe des Produktlebenszyklus (vgl. Abschnitt 4.4.3). Während in der Einführungsphase meist Standardvarianten von Produkten angeboten werden, werden die Produkte weiterentwickelt und profilieren sich in der Wachstumsphase durch neue Varianten. In der Reifephase werden häufig Zusatzleistungen und Systemkonzepte angeboten. In der Phase der Degeneration erfolgt entweder eine Eliminierung oder ein Relaunch des Produkts.

Der Handlungsspielraum bei programmpolitischen Entscheidungen lässt sich auf drei grundlegende Optionen reduzieren (Helm, 2009, 304 f.):

- Schaffen neuer Produkte (Produktinnovationen; Pionier)
- Veränderung bestehender Produkte (Produktmodifikation; Differenzierung)
- Entfernung bestehender Produkte aus dem Markt (Produktelimination)

Diese Entscheidungen können auf mehreren Ebenen getroffen werden. Auf Produktebene geht es primär um Variationen und die laufende Pflege des Produkts (z. B. Design eines Trikots oder Laufschuhs, Trainingsplanvariation). Die nächsthöhere Ebene ist die der Produktlinie. Eine solche bilden mehrere Produkte, die aufgrund bestimmter Kriterien wie Bedarfs- oder Produktzusammenhang in enger Beziehung zueinander stehen und in ein gemeinsames Konzept vereint sind (z. B. Sportbekleidungslinie bei adidas: performance für Sport, heritage für Retro-Lifestyle, style für Mode). Entschlüsse bezüglich Innovationen, Variationen, Differenzierungen und Elimination der gesamten Produktlinie werden auf Produktlinienebene getroffen. Auf Produktprogrammebene gilt es über die Veränderung oder Beibehaltung eines Produktionsprogramms zu entscheiden (z. B. adidas performance (Fußball): Schuhe, Bälle, Trikots, Zubehör).

Letztlich müssen markenstrategische Entscheidungen gefällt werden. Eine dieser ist die Entscheidung über die Anzahl der Marken. Die Literatur unterscheidet meist Einzel-, Familien- und Dachmarken (Böhler & Scigliano, 2005, 105 ff.). Bei einer Einzelmarkenstrategie wird für jedes Produkt eine eigenständige Marke aufgebaut. Eine solche Strategie verfolgt Unilever. Zu diesem Unternehmen gehören u. a. das Geschäftsfeld „Langnese Iglo" mit den Marken Solero, Magnum, Käpt'n Iglo und Bistro. Mit dieser Strategie kann eine unverwechselbare Markenidentität aufgebaut werden, und es besteht kaum die Gefahr einer negativen Imageausstrahlung einer Marke auf eine andere. Eine Dachmarke dagegen wird für alle Produkte eines Unternehmens verwendet. Die Deutsche Telekom nutzt die Dachmarke (Magenta „T") für alle Geschäftsbereiche (T-Home, T-Mobile, T-Systems). Ebenso geht Siemens oder LessMills vor. LessMills entwickelt Fitnessprogramme (z. B. LessMills Bodyattack®, LessMills Bodybalance®, LessMills Bodypump®, LessMills Bodycombat®), bildet Übungsleiter aus und vermarktet Lizenzen. Bei einer Dachmarke tragen alle Produkte gemeinsam den Marketingaufwand und alle Marketingaktionen tragen zur Profilierung der Dachmarke bei.

Bei der Markenfamilienstrategie werden mehrere verwandte Produkte unter einer Marke geführt, ohne sich auf den Unternehmensnamen direkt zu beziehen. Procter & Gamble folgt beispielsweise einer solchen Strategie. Zu diesem Konzern gehören u. a. Marken wie Gillette, Duracell, Pringels, Wella, Oral-B, Ariel. Die Marke Wella steht für Haarpflegeprodukte. Unter der Markenfamilie „Wella" finden sich Submarken wie „Wella Balsam" für Shampoo, „Wella Wellaton" oder „Wella Viva" für Haarfärbemittel, „Wella Flex" für Haarstylingprodukte und „Wella Shockwaves" für eine Haargelserie. Eine eingeführte Markenfamilie verringert das Floprisiko eines Neuproduktes und führt zu einer schnelleren Akzeptanz beim Handel und Kunden. Die Submarken können sich dennoch ein spezifisches Profil aneignen.

6.2 Preispolitik (Price)

Eng mit der Produktpolitik verbunden ist die Preispolitik. Dies ist darin begründet, dass die Produktionskosten und die kundenseitigen Nutzenbestandteile in der Produktpolitik determiniert werden. Im Folgenden werden grundlegende preispolitische Entscheidungen, Instrumente der Preispolitik und entsprechende preispolitische Strategien erörtert.

6.2.1 Grundlegende preispolitische Entscheidungen

Die Preispolitik ist darauf ausgerichtet, den für das spezifische Unternehmen optimalen Preis zu finden. Nach Helm (2009, 311) versteht man unter Preis- und Konditionenpolitik „diejenigen marketingpolitischen Maßnahmen, welche alle Gegenleistungen für die vom Unternehmen angebotenen Sach- und Dienstleistungen – betrachtet als Nutzenbündel – treffen."

Preispolitische Entscheidungen stehen insbesondere zu folgenden Anlässen an (Meffert et al., 2012, 472 f.):

- Produktinnovationen, -variationen, -differenzierungen: Erstmalige Festlegung des Preises bei Neuprodukten sowie Preisänderungen bei Produktvarianten und -modifikationen.
- Markterschließung: Eintritt eines Unternehmens mit bestehenden Produkten in neue Märkte.
- Kostenveränderung: Rationalisierungsmaßnahmen, Skaleneffekte oder Erfahrungskurveneffekte verbessern die innerbetrieblichen Kostenstrukturen und ermöglichen Preisreduktionen. Im Gegensatz dazu erfordern erhöhte Beschaffungspreise von Rohstoffen wie Öl oder steigende Energiepreise u. U. eine Preisanpassung nach oben.
- Programmänderung: Ermittlung des optimalen Preisverhältnisses von Produkten innerhalb einer Produktlinie (Audi A3 vs. A3 Sportsback vs. A3 Cabrio), von Produktlinien (A3 vs. A5 vs. Audi TT) zueinander sowie von unterschiedlichen Marken im Produktprogramm (VW vs. Audi vs. Skoda vs. Porsche).
- Konkurrenzreaktionen: Preisanpassung aufgrund neuer Konkurrenzprodukte oder Preisänderungen der Wettbewerber.

- Veränderungen des Absatzvolumens: Preisadaption aufgrund steigender oder zurückgehender Nachfrage nach den eigenen Produkten. Z. B. Preisreduktionen gegen Ende des Produktlebenszyklus oder Preiserhöhungen bei voller Kapazitätsauslastung.
- Veränderung des Marktvolumens: Preisänderungen aufgrund veränderter Gesamtnachfrage in einem Markt. Z. B. Benzinpreiserhöhungen zu Ferienbeginn, Preissenkung für Notebooks bei Markteinführung der Nachfolgegeneration.

Eine Grundvoraussetzung für alle preispolitischen Maßnahmen ist die Kenntnis der Preis-Absatz-Funktion (PAF). Die PAF stellt die Reaktion der Nachfrager bei verschiedenen Preisen dar. Auf der x-Achse wird die Absatzmenge x dargestellt, die beim Preis p, der auf der y-Achse abgetragen wird, realisiert werden kann. Die Kenntnis der PAF und der eigenen Kostenstrukturen ist nötig, um die Auswirkungen des gesetzten Preises abzuschätzen. Hierbei gilt es jedoch, die Besonderheiten der jeweiligen Marktform (Monopol, Oligopol, Polypol) zu beachten. Hinweise hierzu finden sich in der mikroökonomischen Literatur (z. B. Cezanne, 2005, 154–200; Gutenberg, 1984, 181–354; Ott, 1979).

6.2.2 Instrumente der Preispolitik

Die preispolitischen Instrumente lassen sich in die Überkategorien Rabatte, Absatzkredite sowie Lieferungs- und Zahlungsbedingungen einteilen.

Rabatte sind die augenscheinlichste Form preispolitischer Instrumente. Diese Vergütungen räumt ein Lieferant seinen Abnehmern zumeist bei Erfüllung bestimmter, mit dem Produkt zusammenhängender Leistungsanforderungen ein. Rabattpolitik wird im Handel häufig auch Konditionenpolitik genannt. Meffert (2000, 585 ff.) teilt die Rabatte in vier Klassen ein: Funktions-, Mengen-, Zeit- und Treuerabatte.

Die Übernahme von Leistungen, die ein Hersteller an den Handel delegiert hat (z. B. Lagerhaltung, Warenpräsentation, Kundenberatung), honoriert der Hersteller durch Funktionsrabatte. Zum einen erhalten Händler pauschale Rabatte (Großhandels- oder Einzelhandelsrabatt), zum anderen werden Marktbearbeitungsrabatte (Messe-, Zweitplatzierungs- und Sonderaktionsrabatt) gewährt. Eine weitere Form innerhalb dieser Gruppe sind Finanzierungsfunktionsrabatte (Skonto, Delkredere-, Inkassorabatt). Skonto ist ein Barzahlungsrabatt, der Abnehmern bei unverzüglicher Zahlung gewährt wird. Ein typischer Finanzierungsfunktionsrabatt im Sport wird bei sofortiger Zahlung einer längerfristigen Mitgliedschaft gewährt. Mit Delkredere- und Inkassorabatten werden die Übernahme des Ausfallrisikos und die Übernahme der Zentralregulierung bei filialisierten Einzelhandelsunternehmen abgegolten.

Ein Mengenrabatt ist eine Preisreduzierung, die Käufern bei Abnahme großer Mengen eingeräumt wird. Durch höhere Bestellquantitäten gibt der Hersteller

Kosteneinsparungen bei Produktion, Vertrieb und Auftragsabwicklung an den Händler weiter, der zudem Lagerhaltung und Preisrisiko übernimmt. Ein Mengenrabatt, der sich nicht auf einen einzelnen Auftrag, sondern auf die in der Periode getätigten Umsätze bezieht, wird Bonus genannt.

Zeitrabatte beziehen sich auf Leistungen des Abnehmers zum Zeitpunkt der Bestellung oder der Abnahme von Produkten. Sie werden als Einführungs-, Vorausbestellungs-, Saison- oder Auslaufrabatte gewährt. Einführungsrabatte zielen auf eine Listung in der Einführungsphase des Produkts, Vorausbestellungsrabatte honorieren das „forward buying", das Kaufen vor dem Bedarfszeitpunkt. Diese beiden Varianten führen zu einem gewissen Vorratsdruck beim Handel und motivieren diesen zu besonderen Verkaufsanstrengungen. Werden Produkte am Ende der Saison geordert, findet der Saisonrabatt Anwendung. Möchte der Hersteller sein Lager von veralteten Produkten räumen, wird ein Auslaufrabatt gewährt.

Treuerabatte stehen in enger Beziehung zum Bonus. Diese Rabatte sollen den Abnehmern einen Anreiz bieten, die Waren überwiegend bei einem Hersteller zu beziehen. Häufig werden Treuerabatte als Verbraucherrabatte angewendet. Dies kann durch Rabattmarken, Sammelpunkte oder Kundenkarten (Payback, HappyDigits) umgesetzt werden.

Absatzkredite verbessern die Liquidität des Abnehmers. Sie sollen das Absatzvolumen durch die Gewinnung von Neukunden und die Erhöhung der Kaufintensität bestehender Kunden erhöhen (Meffert 2000, 591 ff.). Zwei Formen werden an dieser Stelle kurz vorgestellt. Bei Absatzgüterkrediten wird der Kaufpreis der erworbenen Güter kreditiert. Entsprechend individueller Vereinbarungen wird der Kaufpreis zurückbezahlt. Auch besonders lange Zahlungsfristen sind einem Absatzkredit ähnlich zu stellen. Beim Leasing geht im Gegensatz zum Absatzgüterkredit das Eigentum an der Ware nicht über. An die Stelle einer Kaufpreiszahlung treten meist eine Leasingsonderzahlung (Anzahlung) sowie periodische Ratenzahlungen während der Zeit, in der der Kunde die Ware nutzt. Am Ende der Leasingzeit kann der Kunde das Produkt zurückgeben oder kaufen.

Lieferungs- und Zahlungsbedingungen sind keine direkten Preisinstrumente, bestimmen jedoch den Rahmen des Kontrakts. Hierunter fallen neben allgemeinen Zahlungsbedingungen (Zahlungsmittel, Raten, Termine, Umgang mit Währungsrisiken etc.), Vertragsstrafen oder Lieferklauseln (Abholung ab Werk vs. Lieferung frei Haus) begleitende (geldwerte) Rahmenbedingungen. Solche sind beispielsweise verlängerte Garantien, Umtauschrechte oder Wartungs- und Serviceleistungen.

6.2.3 Preispolitische Strategien

Preispolitische Strategien können in Abhängigkeit von Unternehmen zu Unternehmen, den aktuellen Zielen sowie von der aktuellen Situation starken Schwankungen unterliegen. Ein Unternehmen, dessen Fortbestand durch Überkapazitäten, intensiven Wettbewerb und veränderten Verbraucherwünschen gefährdet ist, muss häufig aus Liquiditätsgründen das Lager schnell abbauen. Dies lässt sich durch Preissenkungen erreichen. Die Gewinne leiden bei diesem Vorgehen naturgemäß. Zielt das Unternehmen dagegen auf kurzfristige Gewinnmaximierung, wird der Preis so gesetzt, dass die bei diesem Preis abgesetzte Menge gewinnmaximal ist. Langfristig können jedoch durch überhöhte Preise das Image und die Kundenbindung leiden. Dies hat häufig langfristig niedrigere Gewinne zur Folge. Vom Ziel Gewinnmaximierung ist die Umsatzmaximierung zu unterscheiden. Meist liegt der Deckungsbeitrag beim umsatzmaximalen Preis niedriger als beim gewinnmaximalen Preis. Besonders beim Vorliegen von umsatzgebundenen Provisionen sind die Anreize für Führungskräfte im Vertrieb ein Grund, nicht den gewinnmaximalen Preis zu wählen. Beim Ziel des maximalen Absatzwachstums möchte ein Anbieter den Marktanteil erhöhen und erhofft sich durch hohe Volumina langfristig eine Senkung der Stückkosten sowie die damit verbundene Gewinnsteigerung. Ein Unternehmen könnte auch die Qualitätsführerschaft in seinem Markt anstreben. Dabei setzt es einen hohen Preis, um die beträchtlichen Kosten für den FuE-Aufwand, aus dem die Produktqualität resultiert, zu decken. Ein weiteres Ziel kann die maximale Marktabschöpfung sein. Mit hohen Preisen soll die Zahlungsbereitschaft der Kunden abgeschöpft werden (Kotler & Bliemel, 2001, 818 ff.).

Böhler und Scigliano (2005, 156 ff.) führen grundsätzlich drei Preisstrategien an: Penetration-Pricing, Skimming-Pricing und Preisdifferenzierung.

Im Rahmen einer Penetrationspreis-Strategie geht der Anbieter mit niedrigen Preisen in den Markt und befriedigt lediglich Mindestqualitätsansprüche. Diese Strategie wird häufig bei Me-too-Produkten oder von den Discountern (McFit, Aldi, Lidl, Norma) angewandt. Besonders in späteren Phasen des Produktlebenszyklus wird diese Strategie regelmäßig genutzt. Jedoch auch in früheren Phasen kann Penetration-Pricing sinnvoll sein. Wenn der niedrige Preis auf Kostenvorteilen beruht, kann rasch ein hoher Marktanteil aufgebaut und potentiellen neuen Wettbewerbern der Markteintritt erschwert (niedriger Preis als Markteintrittsbarriere) werden. Sogar eine Verdrängung von Wettbewerbern aus dem Markt ist möglich.

Einen umgekehrten Ansatz geht ein Unternehmen bei Verfolgung der Abschöpfungspreis-Strategie (Skimming-Pricing). Gerade in der Einführungsphase eines Produktes wird ein hoher Preis gesetzt. Im Verlauf des Produktlebenszyklus wird allmählich der Preis gesenkt. Besonders bei Marktinnovationen, bei denen der Pionier ein zeitlich begrenztes Monopol hat oder Konkurrenten vor hohen Markteintrittsschranken stehen, kann diese Strategie erfolgreich sein. So kann in kurzer Zeit ein hoher Deckungsbeitrag erwirtschaftet werden und die Amortisationsdauer verkürzt sich. Dies ist insbesondere in kurzlebigen Branchen (z. B. Computerchips, Saisongüter wie Ski) von Bedeutung.

Wenn Güter gleicher oder ähnlicher Art zu unterschiedlichen Preisen verkauft werden, spricht man von einer Preisdifferenzierungsstrategie. Hierbei lassen sich verschiedene Arten von Preisdifferenzierung beobachten. Bei geographischer Preisdifferenzierung variieren die Preise für das gleiche Produkt in unterschiedlichen Ländern. So unterscheiden sich die PKW-Preise in unterschiedlichen Ländern (verschiedene Listenpreise in Italien, Belgien, Frankreich, Deutschland). Hier kann es durch Reimporte dazu kommen, dass die Vertragshändler eines Herstellers nicht mehr konkurrenzfähig sind. Demographische Preisdifferenzierungen äußern sich z. B. in entsprechenden altersabhängigen Tarifen für Kinder, Jugendliche, Erwachsene und Rentner in Bahn, Schwimmbädern oder Museen. Sozioökonomische Preisdifferenzierungen zeigen sich durch Reduktionen in Sportvereinen für Studenten, Arbeitslose oder Angehörige des Bundesfreiwilligendienstes bzw. der Bundeswehr. Mittels eines emotionalen Zusatznutzens bei technisch-objektiver Gleichwertigkeit kann auf psychographischer Weise eine Preisdifferenzierung erfolgen. So ändert die Marke eines Mineralwassers oder T-Shirts bei nahezu identischen Inhaltsstoffen (H_2O und Mineralstoffe bzw. Baumwolle) die Preisbereitschaft. Weitere Möglichkeiten zur Preisdifferenzierung bietet das Verhalten. So lassen sich Mengenrabatte für Vielkäufer, Boni für treue Kunden, Pauschalpreise oder zeitliche Preisdifferenzierungen (Tag- und Nachtstrom, Kinokarten während der Woche vs. Wochenende, Skiliftpreise in Vor-, Haupt-, Nebensaison) als Preisinstrumente anwenden.

Weitere Preisstrategien sind das Premium-Pricing und das Compensation-Pricing. Bei einer Premiumpreis-Strategie geht ein Anbieter qualitativ hochwertiger Produkte mit hohen Einführungspreisen in den Markt und behält diese während des Lebenszyklus bei. Dies steht im Gegensatz zu den sinkenden Preisen beim Skimming-Pricing. Die Gefahr des Premium-Pricings ist das Anlocken von Wettbewerbern. Gerade hohe Gewinne in einer Branche ermutigen neue Wettbewerber, auch hohe Markteintrittsbarrieren zu überwinden. Premium-Anbieter nutzen deshalb meist die Marke als schwierig überwindbare Eintrittsbarriere (Ferrari, Escada, Gucci, Harley Davidson). Häufig führen Anbieter im Premiumsegment in späteren Phasen des Produktlebenszyklus günstigere Zweitmarken ein, um die Stamm- und Erstkäufer nicht durch Reduktionen zu verärgern.

Compensation-Pricing ist ein Ansatz von Handelsunternehmen. Im Sortiment finden sich sowohl Angebote mit einem hohen als auch niedrigem Kostenanteil. Der Verkauf von Produkten mit niedrigem Kostenanteil (und hohem Deckungsbeitrag) macht es möglich, gewisse Produkte nicht kostendeckend zu verkaufen. Die Verluste solcher Lockangebote, die Kunden in den Laden bringen, werden durch die hohen Deckungsbeiträge anderer Produkte finanziert. Dieses Verfahren wenden beispielsweise große Elektronikketten (Mediamarkt, Saturn) oder Mobilfunkanbieter an. Instrumente zum Umsetzen des Compensation-Pricings sind interne Subventionen von Produkten (z.B. Handy für 1 €), limitierte Zahl von Sonderangeboten („nur diese Woche ohne MwSt") oder Testangebote („1 Monat kostenfrei testen").

Die Wahl der Preisstrategie hängt u. a. von Branche, Konkurrenzverhalten, Ressourcen und Markenstärke des einzelnen Unternehmens ab und muss entsprechend des Geschäftsmodells sowie der Strategie individuell gewählt werden.

6.3 Kommunikationspolitik (Promotion)

Nach Produkt- und Preispolitik folgt nun die Kommunikationspolitik. Nach einer Übersicht über grundlegende kommunikationspolitische Entscheidungen folgen eine Darstellung der Kommunikationsinstrumente und Ausführungen zur Gestaltung von Werbebotschaften sowie zu Kommunikationsstrategien. Zudem werden Sportsponsoring und Ambush Marketing als besonders im Sport auftretende Instrumente im Rahmen der Kommunikationspolitik behandelt.

6.3.1 Grundlegende kommunikationspolitische Entscheidungen

Zum Marketing gehört mehr als die Entwicklung eines guten Produktes, dessen Markteinführung sowie die Festlegung eines attraktiven Preises. Es muss auch beworben werden. Der Kommunikationspolitik kommt genau diese Aufgabe zu. Sie informiert die „relevante Öffentlichkeit" über das Angebot, dessen Funktionen, Leistungen und Ausgestaltungen sowie die Angebotsbedingungen.

Zunächst soll geklärt werden, wer unter der „relevanten Öffentlichkeit" zu verstehen ist. Die Kommunikation eines Unternehmens zielt nicht nur auf aktuelle und potentielle Kunden. Viele weitere Stakeholder spielen eine Rolle und müssen im Rahmen der Kommunikation einer Organisation beachtet werden. Zielt die Kommunikation auf Markenaufbau sind u. U. auch Nicht-Kunden Zielgruppe der Kommunikation. Ein Luxusgut, z. B. ein Ferrari, wird neben seinen Leistungsmerkmalen (PS, Beschleunigung, Design) auch dadurch wertvoll, dass der Nutzer einer solchen Marke von einer besonderen „Aura" (Markenimage) umgeben ist. Nur wenn ein Großteil der Menschen die Aura auch wahrnimmt, ist dieses Image wertvoll. Brand-Kommunikation zielt deshalb häufig auch auf Nicht-Käufer. Weitere Gruppen, die oft Ziel von Kommunikationsmaßnahmen sind, sind Konkurrenten, Politiker, Investoren oder Aktivistengruppen (vgl. zur Stakeholderanalyse 4.3.2). Sportvereine und -verbände kommunizieren beispielsweise nicht nur mit ihren Mitgliedern und Kunden (z. B. Sponsoren), sondern auch mit potentiellen Mitgliedern sowie mit Bürgern, Anwohnern, politischen Entscheidern, anderen Sportvereinen oder Fachverbänden bzw. fachübergreifenden Sportbünden.

Helm (2009, 407) bezeichnet die Kommunikationspolitik als „Sprachrohr des Marketings", dessen Aufgabe es ist, „alle diejenigen Informationen bereitzustellen und zu verbreiten, die den Zielen des betreffenden Unternehmens nützlich sind."

Böhler und Scigliano (2005, 116 ff.) unterscheiden zwei grundsätzliche Entscheidungsbereiche im Rahmen der Kommunikationspolitik (vgl. Abbildung 65). Der erste Bereich betrifft die Kommunikationsgestaltung, der zweite die kommunikationspolitischen Strategien. Auf beide Bereiche wird später noch ausführlich eingegangen.

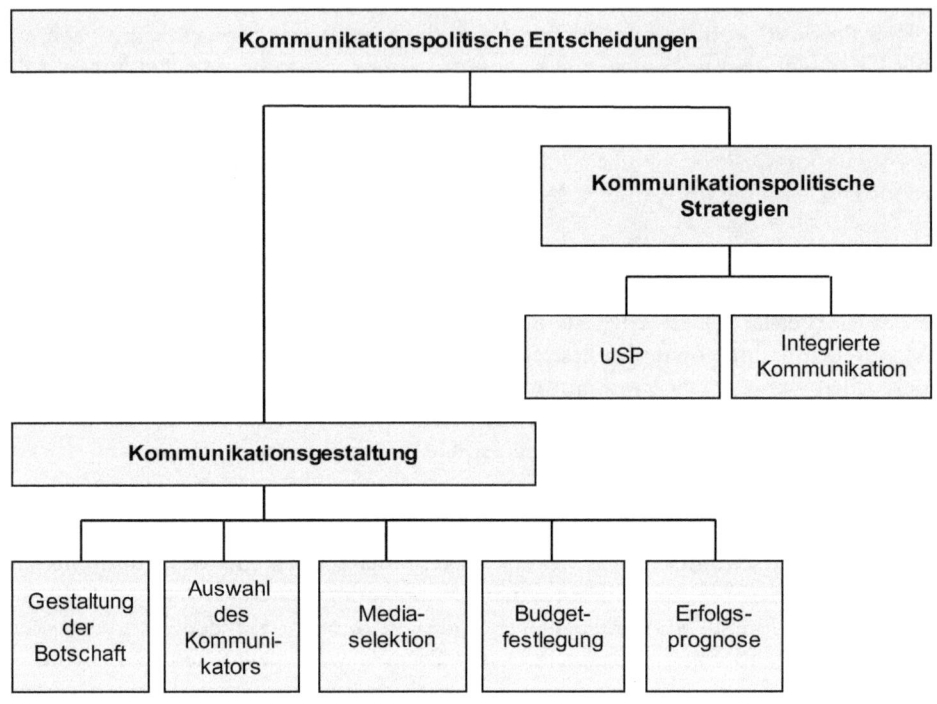

Abbildung 65: Kommunikationspolitische Entscheidungen (Böhler & Scigliano, 2005, 116 ff.)

6.3.2 Kommunikationsinstrumente

Zur Umsetzung bzw. Gestaltung einer Werbekampagne bieten sich verschiedene Kommunikationsinstrumente an (vgl. Tabelle 14).

Kotler und Bliemel (2001, 882) definieren klassische Werbung als „jede bezahlte Form der nicht-persönlichen Präsentation und Förderung von Ideen, Waren und Dienstleistungen durch einen identifizierten Auftraggeber." Die klassische Werbung setzt spezielle Massenkommunikationsmittel ein. Hierzu zählen Werbespots in Fernsehen (typisch: „30-Sekünder") oder Radio sowie Anzeigen in Printmedien (Zeitungen, Zeitschriften). Außenwerbung umfasst neben (Groß-flächen-)Plakaten, Litfaßsäulen oder City-Lights auch aufblasbare Werbeträger (inflatables), mobile Werbung auf Bussen, Bahnen oder sonstigen, teilweise zu Werbezwecken umgebauten Fahrzeugen sowie Ambient Media. Seit einigen Jahren wird auch das Internet als Plattform für die klassische Werbung genutzt. Die Anzeigen haben je nach Ausprägung Namen wie „Banner", „Button", „Micro Bar", „Skyscraper". Die Werbeformen im Internet entwickeln sich ständig weiter. So wurde die statische Werbung um „interstitials", die das Surfen der Web-User unterbrechen („Pop-up", „Superstitial", „Flash-Layer" etc.), ergänzt.

Tabelle 14: Kommunikationsinstrumente (eigene Darstellung)

Klassische Werbung	Fernsehen, Rundfunk, Print, Internet, Außenwerbung
Verkaufsförderung	Sonderaktionen, Preisausschreiben, Schulung der Außendienstmitarbeiter
Public Relations	Information der Öffentlichkeit über die wirtschaftlichen und gesellschaftlichen Aktivitäten der Organisation
Direkt-Kommunikation	Verkaufsgespräch, Telefon-Marketing, E-Mail, Fax, Werbebrief, Prospekt, Katalog
Sponsoring	Sport-, Kultur-, Sozio- und Umweltsponsoring
Event-Marketing	Golf-Turniere von Autohäusern, Modeschauen in Einzelhandelsgeschäften, Rockveranstaltungen von VW, City Games von Adidas
Messen und Ausstellungen	Präsentation neuer Produkte, direkter Kundenkontakt, Wettbewerbsvergleich, Vertragsabschlüsse, Erlangung von Marktinformationen
Product Placement	Integration von Produkten in den Handlungsablauf eines Kino- oder Fernsehprogramms, z. B. BMW in James Bond Filmen, Sebastian Vettel trinkt Red Bull während TV-Interviews
Virales Marketing	Sich über Mund-zu-Mund-Propaganda selbstverbreitende Botschaft (z. B. Mohrhuhnspiel von Jonny Walker, zahlreiche Videos mit Sportlern von deren Ausrüstern)
Social Media	Kommunikative Nutzung sozialer Netzwerke wie Facebook oder Xing

Verkaufsfördernde Maßnahmen werden auch Sales Promotion genannt. Solche Maßnahmen sollen den Absatz direkt unterstützen. Mit Hilfe handelsgerichteter Promotions versucht der Hersteller (z. B. Puma), den Vertriebsmittler (Sportfachhandel) zu beeinflussen und sich von Herstellern gleichartiger Produkte abzuheben. Dies geschieht z. B. mit Displays, Give-Aways oder Händlerseminaren. Konsumentengerichteten Promotions wenden sich dagegen direkt an den Endkunden. Solche können z. B. Probieraktionen in Supermärkten, Coupons, Warenbeigaben, Preispromotions oder Gewinnspiele sein. Schließlich können die verkaufsfördernden Maßnahmen auch an den Außendienst gerichtet sein. Im Rahmen solcher „staff promotions" finden z. B. Verkaufsschulungen oder Prämienaktionen statt.

Öffentlichkeitsarbeit, die auch Public Relations (PR) genannt wird, beeinflusst die Beziehung zwischen Unternehmen und der Öffentlichkeit. Der Einsatz von PR-Maßnahmen dient der planmäßigen und systematischen Information der relevanten Stakeholder sowie dem Aufbau von Vertrauen und Verständnis bezüglich des Unternehmens. In ihrer akquisitorischen Wirkung auf die Gruppe der Kunden hat Öffentlichkeitsarbeit auch absatzpolitische Relevanz (Meffert et al., 2012, 688 ff.). Typische PR-Maßnahmen sind u. a. Pressemitteilungen und -konferenzen, Interviews, Reden und Vorträge von Managern, Zurverfügungstellung von Informationsmaterial zum Unternehmen und dessen Produkten, Kundenzeitschriften („Corporate Publishing"), Beiträge in Zeitschriften oder Events für Journalisten. Gerade im Sport spielt PR eine besondere Rolle. Sport, sportliche Leistungen und Wettkämpfe sind Themen, die sehr stark von der interessierten Öffentlichkeit zur Unterhaltung nachgefragt werden. Somit liefert Sport stets Inhalt (Content) für Dritte (Medien), die dadurch ihre Informationsdienstleistungen besser vermarkten können. Vor dem Hintergrund entsteht eine win-win-Situation sowohl für die Medien, die über spannende Inhalte berichten können, als auch für die Sportorganisationen, die über PR sehr günstig mit der relevanten Öffentlichkeit kommunizieren können. Zur Vertiefung des Themas PR im Sport sei auf den Sammelband von Suchy (2011) verwiesen, der neben den Grundlagen der Sport-PR weitere spezielle Themen wie Krisen-PR, Live-Kommunikation und Social Media im Sport sowie die Besonderheiten diverser Sportarten behandelt.

Die bisher genannten Kommunikationsinstrumente richten sich an einen tendenziell „anonymen Markt". Direkt-Kommunikation (Direktwerbung, Direktmarketing, One-to-one-Marketing) ist personalisiert und individualisiert. Das heißt, die betreffenden Personen werden einzeln und meist namentlich umworben. Dies kann per Brief, Email, Fax, Prospekt, Katalog oder Telefon erfolgen. Eine besondere Rolle beim Direktmarketing spielt das Database-Marketing. Der Aufbau von Datenbanken mit (potentiellen) Kunden und deren individuellen Wünschen und Bedürfnissen verbessert die Informationsgrundlage eines Unternehmens. Somit wird ein effektives One-to-one-Marketing ermöglicht (Helm, 2009, 420).

Die Relevanz des Kommunikationsinstruments Sponsoring stieg in den letzten Jahren kontinuierlich an. Das Marktvolumen des Sponsorings wird mittlerweise auf ca. 4,4 Mrd. Euro geschätzt, wobei davon 2,7 Mrd. durch Sportsponsoring generiert werden (pilot checkpoint & FASPO, 2010). Beim Sponsoring stellt ein Unternehmen dem Gesponserten (Person und/oder Organisation) Geld, Sachmittel, Dienstleistungen und Know-how bereit. Mit der Förderung des Gesponserten, meist aus den Bereichen Sport, Kultur, Soziales, Umwelt oder Medien, gehen kommunikative Gegenleistungen einher (Bruhn, 2013, 5 ff.).

Kommunikative Gegenleistungen sind beispielsweise die Präsenz des Sponsorenlogos (Kleidung, Bande, Homepage, Briefpapier etc.), der priorisierte Zugang zu Eintrittskarten oder Hospitalitybereichen, die Möglichkeit der Nutzung des Logos des Gesponserten in der unternehmenseigenen Kommunikation, die Vergabe von Namensrechten oder die exklusive Zurverfügungstellung von Werbeträgern (Sportlern, Künstlern). Eine Praxisregel besagt, dass neben den Ausgaben für das Sponsorship selbst (Sponsoringfee) ein Budget in etwa gleicher Höhe für dessen Aktivierung eingeplant werden sollte. Erst die Vernetzung mit anderen Kommunikationsinstrumenten und -maßnahmen macht Sponsoring besonders wirkungsvoll.

Event-Marketing ist ein Kommunikationsinstrument, das der erlebnisorientierten Umsetzung von Marketingzielen eines Unternehmens durch die Planung, Vorbereitung, Realisierung und Nachbereitung von Events dient (Sistenich, 1999, 61). Events sind vom Unternehmen initiierte Veranstaltungen ohne Verkaufscharakter. Neben der bereits erwähnten Erlebnisorientierung sind Events durch Inszenierung und Interaktivität gekennzeichnet (Nufer, 2006, 18 ff.). Events sprechen die Zielgruppe auf emotionaler Ebene an und machen Marken und Produkte erlebbar. Die Integration von Events in den Kommunikationsmix und die Verknüpfung mit anderen Maßnahmen (PR, Promotions, klassische Werbung) erhöht die Wirkung des Event-Marketings.

Während Events einen gewissen Einmaligkeitscharakter aufweisen, sind Messen und Ausstellungen zumeist in regelmäßigem Turnus angebotene Veranstaltungen mit Marktcharakter, auf denen einem Messebesucher ein umfassendes Angebot eines oder mehrerer Wirtschaftszweige dargeboten wird (Meffert et al., 2012, 694).

Beim klassischen Product Placement erfolgt die gezielte Integration von Markenartikeln als Requisite in den Handlungsablauf von Spiel- oder Kinofilmen, Videoclips oder ins Fernsehprogramm (z. B. Autos, Uhren und Bekleidung von James Bonds) gegen Entgelt. Mittlerweile wird Product Placement auch in Videospielen, in Büchern oder in der Musik eingesetzt (Hermanns & Leman, 2007; Koppelmann, Volkmann & Weiss, 2008). Ein werbendes Unternehmen zielt mit Product Placement v. a. auf den Ausbau der Markenbekanntheit und eine Profilierung des Markenimages. Es kann zur Umgehung von Werbeverboten (z. B. Zigaretten, Alkohol) genutzt werden (Böhler & Scigliano, 2005, 118 f.).

Virales Marketing ist ein Kommunikations- und Vertriebskonzept, bei dem Kunden digitale bzw. digitalisierbare Produkte durch elektronische Post an weitere potentielle Kunden aus ihrem sozialen Umfeld senden und ihrerseits zur Weitervermittlung der Produkte animieren (Helm, 2000). Synonyme Begriffe sind Propagation, Aggregation Marketing oder Organic Marketing. Ein Austausch zwischen Anbieter und Nachfrager findet hier nur noch indirekt statt. Andere Kunden übernehmen die Funktion von Zwischenhändlern und lediglich der initiale Kontakt zu den ersten Adoptern geht vom Anbieter direkt aus. Der Bezug zu Viren ergibt sich durch die exponentielle Verbreitung der Information über Produkte und auch der Anbieterleistungen selbst, da die „Infizierten" diese per

E-Mail an viele Kontaktadressen versenden. Die Nutzung der Kommunikations-beziehungen zwischen den Web-Usern ist äußerst vielversprechend, denn neben Suchmaschinen und Links ist dies der häufigste Weg, wie Web-Surfer von anderen Websites Kenntnis erlangen.

Das Ziel, das Unternehmen mit dem Viral Marketing verfolgen, liegt anfänglich in der möglichst großzahligen Kundengewinnung, weniger in der Ertrags- oder Gewinnerzielung. Die dazu verwandten Instrumente sind werbefinanzierte, für Endkunden „kostenlose" Freeware wie E-Mail-Angebote, Nachrichtendienste, Kunden-Homepages usw. Diese kundenbindenden Leistungen werden im Gegenzug für die Identifizierung des Kunden gegenüber dem Anbieterunternehmen gewährt. Geldwerte Vorteile für die Empfehlung (wie bei der Freundschaftswerbung) müssen vom Anbieter nicht geboten werden.

Typischerweise werden besonders lustige oder interessante Videos, die von den Herstellern explizit abweichend von klassischen Werbespots produziert werden, über viralen Weg von (potentiellen) Kunden zu Kunden verbreitet. Im Sport nutzen Sportartikelhersteller oftmals bekannte Sportler, um diese in anscheinend neuen, „privaten", komischen oder seltenen Situationen zu zeigen. So verbreitete sich beispielsweise ein durch Nike arrangiertes Video von Ronaldinho, das scheinbar von einem Betreuer mit einem Handy aufgenommen wurde. In diesem werden dem am Boden sitzenden Star neue (goldene) Nike-Schuhe gebracht, die Ronaldinho „testet" und direkt unglaubliche Tricks vollführt.

Durch das veränderte Mediennutzungsverhalten und die Zunahme der Bedeutung des Internets im täglichen Leben spielen onlinebasierte soziale Netzwerke eine dominante Rolle im Leben vieler Menschen. In sozialen Netzwerken wie Facebook, Google+, Myspace oder (früher) Studi-VZ sowie Businessplattformen wie Xing oder Linkedin können Zielgruppen erreicht werden, die über klassische Kanäle nur schwer angesprochen werden können. Zudem ist eine zielgerichtete Kommunikation durch die über die User gesammelten Informationen, die die Betreiber der werbetreibenden Industrie zur Verfügung stellen, möglich (Bühler & Nufer, 2013, 38).

6.3.3 Botschaftsgestaltung

Unabhängig von den gewählten Kommunikationsinstrumenten muss eine Entscheidung bezüglich der Gestaltung der Werbebotschaft getroffen werden. Neben inhaltlichen Gestaltungsoptionen (z. B. Bild, Sprache) und formalen Gestaltungsmöglichkeiten (z. B. Farbe, Schrifttyp, Bildgröße) muss der Tenor der Botschaft festgelegt werden. Dieser kann rational oder emotional gehalten sein. Rationale Apelle setzen an den kognitiven Prozessen der Zielgruppe an und werben sachlich mit Preis, Garantieversprechen, Finanzierungsmöglichkeiten etc. Bei rationalen Botschaften wird die Sprache lediglich als gestalterisches Mittel eingesetzt (z. B. „Dr. Best – die klügere Zahnbürste gibt nach"). Emotionale Botschaften sprechen dagegen die Gefühle der Zielgruppen an. Dies geschieht durch den Einsatz von positiven Reizen wie Babys, Landschaften, Musik, Erotik oder durch Furchtapelle (z. B. Pharmaunternehmen, die mit der Angst vor Krankheiten spielen, oder Versicherungsvertreter, die Horrorszenarien ausmalen).

Am Beispiel des Modells der Wirkungspfade (Kroeber-Riel & Weinberg, 2003, 612 ff.) soll der Unterschied dieser zwei Möglichkeiten erläutert werden (vgl. Abbildung 66). Dieses Modell unterstellt in Abhängigkeit von Botschaftsgestaltung und Aufmerksamkeit des Rezipienten unterschiedliche hierarchische Verlaufsformen.

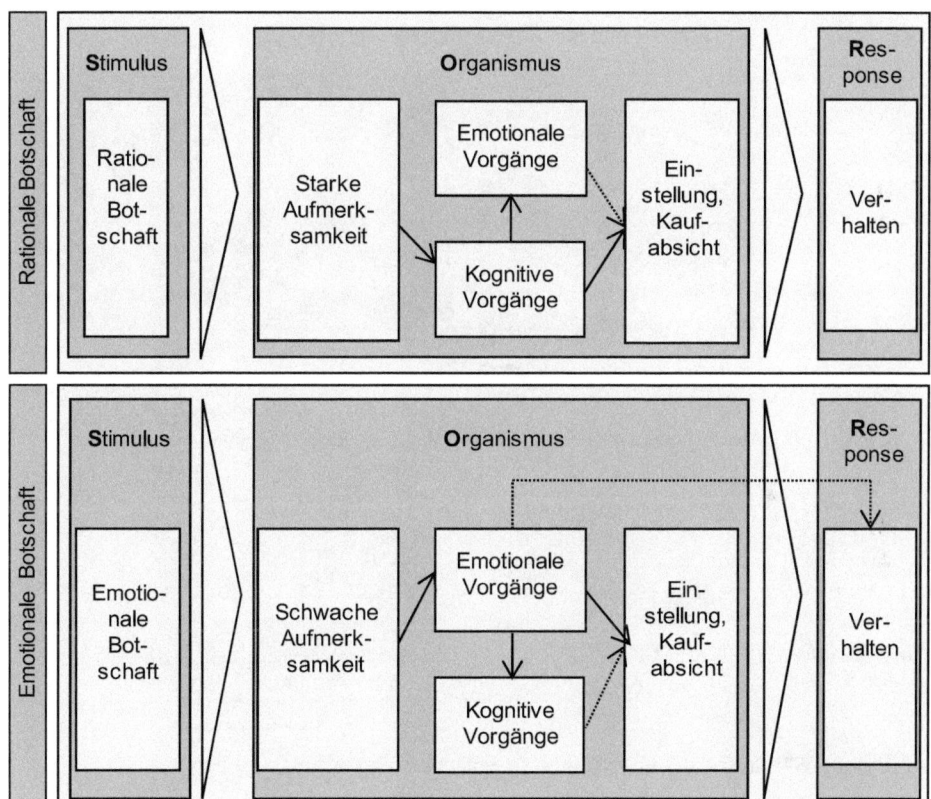

Abbildung 66: Werbewirkungspfade bei rationalen und emotionalen Apellen
(Böhler & Scigliano, 2005, 122; Kroeber-Riel & Weinberg, 2003, 624)

Trifft eine rationale Werbebotschaft auf einen hochinvolvierten Adressaten, werden vornehmlich kognitive Vorgänge ausgelöst. So informiert sich ein besorgter Anleger beispielsweise über die Zuverlässigkeit seiner Informationsquellen für Aktienanlagen (vgl. Abbildung 67). Diese kognitiven Vorgänge können mehr oder weniger ausgeprägt von emotionalen Prozessen begleitet werden (z. B. Freude über die erfolgreiche Entscheidung beim letzten Aktienkauf, den dieser Berater empfohlen hatte). Diese beiden Vorgänge tragen zur Positionierung der Marke bei. Sie wirken auf Einstellung und Kaufabsicht, die zum tatsächlichen Kauf führen kann (Böhler & Scigliano, 2005, 121).

Abbildung 67: Rationale vs. emotionale Botschaftsgestaltung

Bei schwacher Aufmerksamkeit wirken rationale Botschaften nur bedingt. Emotionale Werbung (vgl. Abbildung 67) dagegen führt auch bei schwacher Aufmerksamkeit zu einer automatischen Hinwendung zum Reiz. Eine emotionale Botschaft löst überwiegend emotionale Prozesse aus, wobei es gleichzeitig zu mehr oder weniger starken kognitiven Prozessen kommt (z. B. Hinwendung zur Botschaft, Erkennen der Marke, Speicherung der Jingles etc.). Bei häufiger Wiederholung können die Einstellung sowie die Kaufabsicht, die schließlich oft zum

Kauf führen, positiv beeinflusst werden. Insbesondere bei austauschbaren Produkten, die keinen objektiven USP haben, wird emotionale Werbung empfohlen (Böhler & Scigliano, 2005, 122). In der Praxis werden meist emotionale und rationale Bestandteile kombiniert zur Botschaftsgestaltung verwendet.

6.3.4 Kommunikationspolitische Strategie: Unique Selling Proposition (USP)

Grundüberlegungen einer Kommunikationsstrategie betreffen den Aufbau eines USP (Unique Selling Proposition) und die Abstimmung aller kommunikativen Maßnahmen (= integrierte Kommunikation). Zu den folgenden Ausführungen vergleiche Böhler & Sciliano (2005, 138 ff.).

Die Hauptaufgabe der Kommunikationspolitik ist es, den komparativen Konkurrenz-Vorteil (KKV) des Unternehmens der anvisierten Zielgruppe zu vermitteln. Der KKV wird in der Kommunikationspolitik unter dem Begriff USP (unique selling proposition = einzigartiges Verkaufsversprechen) diskutiert. Dieses Versprechen muss die wichtigsten Eigenschaften für den Verbraucher wahrnehmbar transportieren. Ein USP kann sich hierbei eher auf objektiv-sachliche Vorteile, auf emotionale Aspekte oder auf beide Komponenten beziehen. Ein erfolgreicher USP muss folgende Voraussetzungen erfüllen:

[1] FIRST
[2] VOICE (ständige Botschaftswiederholung)
[3] KISS (keep it short and simple)

Der Anbieter muss den entsprechenden USP als erster in den Markt bringen (FIRST). Nur mit einem innovativen USP kann man sich vom bestehenden Angebot differenzieren und wird nicht als Me-too-Anbieter wahrgenommen. Der USP muss ständig wiederholt werden (VOICE). Insbesondere wenn der USP schnell von der Konkurrenz kopiert werden kann, verfestigt sich der USP des Anbieters im Geist der Konsumenten und wird nicht auf einen Wettbewerber übertragen. Drittens muss die Botschaft, mit der der USP kommuniziert wird, kurz und einfach sein. Eine Werbebotschaft, die das KISS-Kriterium erfüllt (keep it short and simple), verfestigt sich schneller im Gehirn des Konsumenten („sail away – Becks!"; „just do it – Nike").

Bei der Umsetzung des USP dient die integrierte Kommunikation zur formalen und inhaltlichen Abstimmung aller internen und externen Kommunikationsaktivitäten eines Unternehmens. Die Integrierte Kommunikation stellt ein konsistentes Erscheinungsbild sicher und schafft Synergieeffekte zwischen den einzelnen Kommunikationsmaßnahmen, wodurch eine überproportional höhere Kommunikationswirkung erreicht werden kann. Die Abstimmung der Kommunikationsaktivitäten beginnt auf der Gesamtunternehmensebene mit der Schaffung einer Corporate Identity (CI) und der Gestaltung eines Corporate Designs (CD). So nutzt bspw. die Telekom für ihre Geschäftsfelder (T-Home, T-Mobile,

T-Systems) einen einheitlichen Auftritt (Magenta „T"). Innerhalb der Geschäfts-
felder werden die Kommunikationsinstrumente inhaltlich und formal aufeinan-
der abgestimmt. Inhaltliche Integration bezieht sich auf die thematische Abstim-
mung durch verbindende Elemente wie einheitliche Slogans („Wir machen den
Weg frei!"), Botschaften, Argumente, Schlüsselbilder (Segeljacht) oder Jingels
(„Sail away"). Formale Integration erfolgt durch die Verwendung einheitlicher
Markenzeichen wie Logos (Telekom-„T"; adidas drei Streifen, Nike swoosh),
Schrifttypen (Mercedes-Schrift) und Farben (Nivea-blau-weiß).

Eine wichtige Voraussetzung für die integrierte Kommunikation ist die weitgehend durchgängige Anwendbarkeit der Integrationsmittel in den verschiedenen
Medien (TV, Rundfunk, Print, Verpackung). Darüber hinaus sollte eine gewisse
Kontinuität der Werbeauftritte eingehalten sein. Ein zu häufiger Kampagnen-
wechsel schadet der Erinnerungsleistung beim Konsumenten.

6.3.5 Sportsponsoring

Im Rahmen der Vorstellung der wesentlichen Kommunikationsinstrumente (vgl.
Abschnitt 6.3.2) wurde die wachsende Bedeutung des Sponsorings in den letzten
Jahren sowie die grundsätzliche Bedeutung des Sportsponsorings innerhalb des
Marktes für Sponsoring vorgestellt. Gerade für das Management von Sportorganisationen stellt Sportsponsoring ein wichtiges Instrument dar, da die Erträge
durch Sponsoring für viele Organisationen einen wesentlichen Teil der Einnahmen ausmachen. Für Profliclubs im Fußball etwa stellen Sponsoringerträge mehr
als ein Viertel der Gesamterträge dar (DFL, 2014, 8 ff.).

Bei der Betrachtung der verschiedenen Formen der Unternehmensförderung wird
generell zwischen Mäzenatentum, Spendenwesen und Sponsoring unterschieden
(Bruhn, 2010, 3 ff.). Das Mäzenatentum ist rein altruistisch und von keinerlei
geschäftlicher Nutzenerwartung geleitet. Als Motiv für das Engagement ist die
Selbstverpflichtung eines Unternehmens denkbar, ein gewisses Budget ohne Gegenleistung einer förderungswürdigen Sache (hier dem Sport) zur Nutzung zu
überlassen (Bagusat & Hermanns, 2013, 460). Ebenfalls ohne direkte Gegenleistung sind Spenden. Diese jedoch sind, wenn sie an anerkannte gemeinnützige
Organisationen (wie es in der Regel eingetragene Sportvereine sind) erfolgen, bis
zu einer gewissen Höhe steuerlich absetzbar. Sponsoring dagegen ist der Austausch von Leistungen und Gegenleistungen. Nach Bruhn (2010, 6 f.) bedeutet
Sponsoring

- „die Analyse, Planung, Umsetzung und Kontrolle sämtlicher Aktivitäten,
- die mit der Bereitstellung von Geld, Sachmitteln, Dienstleistungen oder Know-
  how durch Unternehmen und Institutionen
- zur Förderung von Personen und/oder Organisationen in den Bereichen Sport,
  Kultur, Soziales, Umwelt und/oder den Medien

- unter vertraglicher Regelung der Leistung des Sponsors und Gegenleistung des Gesponserten verbunden sind,
- um damit gleichzeitig Ziele der Marketing- und Unternehmenskommunikation zu erreichen."

Diese Definition enthält die wesentlichen Elemente (Sponsoringprozess, Leistung durch Sponsor, Förderung von Gesponsertem, vertragliche Regelung, kommunikative Zielstellung), die auch in anderen Sponsoringdefinitionen enthalten sind (z. B. Bagusat & Hermanns, 2013, 459). Das Sponsoring in diesem Sinne wird vor allem als Kommunikationsinstrument verstanden und basiert auf dem magischen Dreieck des Sponsorings. Die Ecken des magischen Dreiecks bilden der Sport (Sponsoringnehmer bzw. Gesponserter), die Wirtschaft (Sponsoringgeber bzw. Sponsoren) und die Medien. In der Mitte des Dreiecks stehen die Zielgruppen, die alle diese drei Gruppen erreichen möchten. Der Sport zielt auf die Teilnehmer oder Zuschauer, die Medien auf die Medienkonsumenten und die Wirtschaft auf die Konsumenten ihrer Produkte. Der Sport erhält im Rahmen des Sportsponsorings finanzielle Unterstützung durch die Wirtschaft und liefert den Medien Inhalte, Themen und Nachrichten für deren Publikationen. Die Wirtschaft möchte in die Medien gelangen, um mit ihren Zielgruppen kommunikativen Kontakt zu halten. Dies kann direkt durch den Kauf von Werbezeiten geschehen oder indirekt durch Präsenz im Sport als Sponsor. Ein Sponsoring ist dabei durch die häufig sehr hohen Reichweiten (auf den ersten Blick) preisgünstiger als Werbespots. Ein weiterer Vorteil ist, dass Sportsponsoring die Zuschauer in nicht-kommerziellen Situationen anspricht und dass die Rezipienten in Werbepausen nicht der (Sponsoring-)Botschaft entfliehen können (z. B. durch Toilettengang, Umschalten, Getränke- und Nahrungsaufnahme). Zudem können mit Sponsoring Werbeverbote in den öffentlich-rechtlichen Sendern (z. B. nach 20 Uhr, an Sonn- und Feiertagen) umgangen werden.

Das Sportsponsoring hat sich im Laufe der letzten Jahre vom reinen Kommunikationsinstrument in Form von Trikot- und Bandenwerbung sowie als Contentgeber für sonstige Werbemaßnahmen (z. B. Betonung des offiziellen Sponsorstatus) zu einem umfassenderen Marketinginstrument weiterentwickelt. Deshalb wird empfohlen, die Definition des Sponsorings nicht zu stark auf kommunikative Aspekte zu fokussieren, die zwar eine wesentliche, aber mittlerweile nicht mehr alleinige Rolle bei der Nutzung dieses Instruments aus Sponsorensicht spielen. Entsprechend bietet sich die folgende Definition an (Nufer & Bühler, 2013c, 271): „Sportsponsoring ist eine geschäftsbedingte Partnerschaft zwischen Sponsor und Gesponsertem auf Basis von Gegenseitigkeit. Der Sponsor unterstützt den Gesponserten direkt mit monetären und nicht-monetären Leistungen und erhält dafür im Gegenzug vorab definierte Dienstleistungen, um seine Sponsoringziele zu erreichen."

Um diese Definition mit Leben zu füllen, werden im Folgenden die Ziele, denen Sportsponsoring dienen kann, vorgestellt (vgl. u. a. Bagusat & Hermanns,

2013, 465; Bruhn, 2010, 113 ff.; Drees, 2003, 53 f.; Hermanns, 2003, 74 f.; Nufer & Bühler, 2013c, 266). Häufig wird nur grob zwischen ökonomischen und außerökonomischen bzw. psychologischen Zielen differiert. An dieser Stelle soll jedoch eine weitere Ausdifferenzierung erfolgen, da mit Sportsponsoring eine Vielzahl unterschiedlicher Ziele angestrebt werden kann. Bei **ökonomischen Zielen** handelt es sich insbesondere um Gewinn, Absatz, Umsatz oder Marktanteil. **Kommunikationsziele** sind Bekanntheitsziele (Aufbau, Ausbau, Erhalt), Imageziele (Aufbau, Veränderung, Transfer, Pflege) oder die Präsentation von Produkten und Leistungspotentialen. Gerade bei sportnahen Unternehmen wie Sportartikelherstellern ist die Präsentation eigener Produkte direkt im Profisport die Regel. Der Grund für die Eignung von Sportsponsoring zur Kommunikation ist vielschichtig. Sport bietet zum einen hohe Reichweiten, zum anderen Content, also Inhalte, die für die Kommunikation der Sponsoren dienen können. Zudem findet Sport in einem Umfeld mit einer positiven Grundeinstellung von Besuchern von Sportevents bzw. Zuschauern von Sportübertragungen statt. Weiterhin kann Sportsponsoring auf **Vertriebsziele** ausgerichtet sein. In diesem Kontext kann Sportsponsoring zur Kundenbindung und -pflege dienen. Insbesondere werden Hospitality-Angebote als Kontaktplattform für bestehende und potentielle Kunden genutzt. Zudem kann Sportsponsoring den Zugang zu Märkten öffnen. Dies ist beispielsweise der Fall, wenn ein Bierhersteller Sponsor wird, um die Exklusivrechte zum Bierverkauf im Stadion zu bekommen. In anderen Fällen suchen Bauunternehmern Zugang zu Proficlubs, um bessere Aussichten beim anstehenden Bau des neuen Stadion zu bekommen. Auch kann Sportsponsoring zur Verfolgung interner Ziele dienen. Neben der Nutzung als Incentive für Führungskräfte und Mitarbeiter kann Sportsponsoring bei der Motivation und Bindung der Mitarbeiter behilflich sein.

Der Erfolg des Sportsponsorings zeigt sich in dessen Wachstum und Professionalisierung in den letzten Jahren. Dies liegt an den zahlreichen Vorteilen gegenüber anderen Kommunikationsmaßnahmen (Nufer & Bühler, 2013c, 284). So erfolgt die Kommunikation in einem emotionalen, positiven und attraktiven Umfeld und ermöglicht Imagetransfers von Sponsoringobjekten auf die Sponsoren. Zudem sind sehr hohe, teilweise internationale Reichweiten und damit relativ günstige Tausenderkontaktpreise realisierbar. Sportsponsoring nutzt Multiplikatoreffekte in den Massenmedien aus. Jedoch hat Sportsponsoring auch einige Nachteile. So ist die Zahl der verfügbaren Sponsoring-Objekte, die sehr gute Kommunikationsmöglichkeiten bieten, stark eingeschränkt. Die Nachfrage nach den begehrten Sponsoringobjekten wie dem FC Bayern oder der UEFA ist hoch, womit für solche Sponsorships sehr hohe Rechtefees anfallen. Zudem ist die kommunikative Konkurrenz durch andere Sponsoren hoch. Eine große Gefahr im Sportsponsoring besteht durch negatives Verhalten der gesponserten Personen. Im besten Fall handelt es sich dabei um Schlechtleistung im sportlichen Kontext und einer entsprechend geringeren Nachfrage der Medien. Jedoch können Doping oder schlechtes Benehmen von Athleten zu negativen Imagetransfers führen. Als Beispiel seien an den Sturz der Helden im Radsport (Jan Ullrich, Lance Armstrong) oder an Marco Reuss (Fahren ohne Führerschein und zeitgleiche Werbung für Opel und Aral) erinnert.

Das Sponsoring von Sportstars, Mannschaften und Events hat sich zum etablierten Instrument im Marketing entwickelt. Lediglich ein Belegen von Werbeflächen mit Logos im Rahmen von Sportsponsoringverträgen gehört der Vergangenheit an. Mittlerweile haben sich nicht nur die Sponsoringabteilungen in den Unternehmen und Agenturen, sondern auch die Anbieter von Sponsoring und deren Vermarkter professionalisiert. Erfolgreiches Sportsponsoring wird systematisch ins Marketingkonzept des Unternehmens integriert.

6.3.6 Ambush Marketing

Megaevents im Sport wie die Olympischen Spiele, Fußball-Welt- und -Europameisterschaften stehen im Interesse großer Teile der Bevölkerung und bieten für Unternehmen damit attraktive Plattformen, um die Sportveranstaltungen zu kommunikativen Zwecken zu nutzen. Die Veranstalter der Sportevents verkaufen privilegierte Nutzungsrechte an offizielle Sponsoren, die somit das Sportereignis werblich für sich nutzen können. Ambush Marketing betreiben Unternehmen, die im Gegensatz zu den offiziellen Sponsoren keine Vermarktungsrechte an einer Veranstaltung besitzen, aber dennoch durch ihre Marketingmaßnahmen eine Verbindung zu dem Sportereignis aufbauen (Nufer & Bühler, 2013a, 446).

Das Wort „to ambush" bedeutet „aus dem Hinterhalt überfallen". Ambushing ist somit ein „Marketingüberfall aus dem Hinterhalt, der teilweise auch als „Trittbrettfahren", „parasitäres Marketing" oder „Schmarotzer-Marketing" bezeichnet wird (Nufer, 2005, 210 f.).

Ambush Marketing lässt sich nach Nufer (2010, 31) definieren als „Vorgehensweise von Unternehmen, dem direkten und indirekten Publikum durch eigene Marketing-, insbesondere Kommunikationsmaßnahmen eine autorisierte Verbindung zu einem Event zu signalisieren, obwohl die betreffenden Unternehmen keine legalisierten oder lediglich unterprivilegierte Vermarktungsrechte an dieser von Dritten gesponserten Veranstaltung besitzen."

Mit Hilfe von Ambush Marketing soll von den Erfolgen des Sponsorings von Events profitiert werden, ohne dabei die (Zahlungs-)Verpflichtungen eines offiziellen Sponsors einzugehen. Die Ziele von Sponsoring und Ambush Marketing sind identisch. Sie lassen sich in ökonomische (z.B. Absatz, Umsatz, Gewinn, Marktanteil) und psychologische (z.B. Aufmerksamkeit, Bekanntheit, Image) Ziele unterteilen. Beim Ambush Marketing werden zudem häufig konkurrenzorientierte Ziele wie die Schwächung der Konkurrenz oder die Verminderung der Wirkung des Sponsorings angestrebt (Nufer, 2010, 35).

Im Rahmen des Ambush Marketings können sich unterschiedliche Ansätze und Vorgehensweisen identifiziert werden (vgl. Abbildung 68). Dabei lassen sich drei wesentliche Richtungen differenzieren (vgl. zu den folgenden Ausführungen ausführlich bei Nufer & Bühler, 2013a, 454 ff.): das direkte („plumbe"), das indirekte („subtile") sowie das dominant destruktiv-aggressive Ambush Marketing.

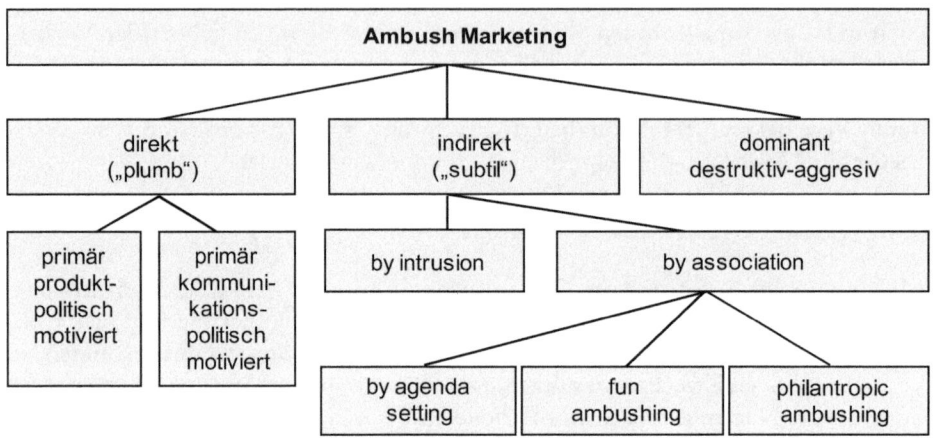

Abbildung 68: Erscheinungsformen des Ambush Marketing
(in Anlehnung an Nufer, 2010, 54; Nufer & Geiger, 2011, 4)

Direktes Ambush Marketing existiert in zwei Varianten. Das primär produktpolitisch motivierte Ambush Marketing besteht aus der unautorisierten Verwendung von Event-Marken oder Event-Materialien. Dies beinhaltet z. B. die Kennzeichnung von Fanartikeln, Souvenirs oder Bekleidung mit markenrechtlich geschützten Symbolen oder die unautorisierte Berichterstattung von Medien über eine Sportveranstaltung. Auch das nicht autorisierte Catering auf dem Veranstaltungsgelände ist eine Ausprägung des produktpolitisch motivierten Ambushings. Direktes Ambush Marketing kann auch primär kommunikationspolitisch motiviert sein. Hierunter fällt die Werbung mit Event-Marken, das Vortäuschen einer Sponsorenschaft, das Überstrapazieren unterprivilegierter Rechte einer Sponsoringsubkategorie sowie Werbung auf dem Veranstaltungsgelände.

Geht ein Ambusher gegenüber den genannten Beispielen subtiler vor, spricht man von indirektem Ambush Marketing. Dabei kann in Ambush Marketing by Intrusion und Ambush Marketing by Association unterschieden werden. Im Ambush Marketing by Intrusion werden Aktionen zusammengefasst, die eine Gelegenheit nutzen. Dazu gehören Werbung im geographischen Umfeld, Werbung im medialen Umfeld (z. B. PR mit einem Sportstar), Programmsponsoring und TV-Werbung im Rahmen der Eventberichterstattung, die Erbringung von Dienstleistungen im weiteren Event-Umfeld oder der Launch von Produkten oder Dienstleistungen anlässlich des Events. Ambush Marketing by Association umfasst drei Unterkategorien: Agenda Setting, Fun Ambushing und Philantropic Ambushing. Philantropic Ambushing bezeichnet vermeintlich altruistische, selbstlose und uneigennützige Maßnahmen von Nicht-Sponsoren, die einen Bezug zu einer Sportveranstaltung haben (z. B. Förderung von Straßenkindern in Brasilien anlässlich der Fußball-WM). Fun Ambushing versucht auf humorvolle und witzige Art und Weise eine Assoziation mit einem Event herzustellen (z. B. McDonalds als „inoffizieller" Nahrungslieferant der Fußballfans). Agenda Setting subsumiert Maßnahmen, die ein Unternehmen durch die Aktualität eines Themas positionieren sollen. Typische Ausprägungen von Agenda Setting sind die Verwendung von Sport und Events als inhaltliches Leitmotiv in der Kommunikationsstrategie (z. B. das Bier der Fußballfans), die Ausstattung von Sportlern und Mannschaften, die Nutzung von Testimonials und Celebrities in der Werbung, Werbung mit Bezug zur Event-Location (Austragungsland bzw. -stadt) und Kooperationen mit sportnahen Unternehmen zum einfachen Verbindungsaufbau mit dem Event (z. B. Cross-Promotion mit Sportartikelherstellern).

Die dritte Oberkategorie ist das dominant destruktiv-aggressive Ambush Marketing. Dabei versuchen Ambusher die Kommunikationswirkung von offiziellen Sponsoren zu verhindern. Dies kann dadurch geschehen, dass Werbeflächen bewusst verdeckt oder im Steigerungsfall vom eigenen Logo überdeckt verdeckt. So können beispielsweise Sportler, die von einem Nicht-Sponsor ausgerüstet werden, das offizielle Ausrüsterlogo verbergen (z. B. mit der Hand) oder gar mit dem eigenen Ausrüsterlogo überdecken (z. B. mit einem Handtuch).

Der Kampf gegen Ambush Marketing ist nicht einfach. Im Falle von gegen das Gesetz verstoßenden Ambush Maßnahmen (z. B. Verletzung des Markenrechts) kann gezielt gegen den Ambusher vorgegangen werden. Die Nutzung des Hausrechts kann verhindern, dass unberechtigte Werbung auf das Veranstaltungsgelände gelangt. Die FIFA hat bei ihren Events eine Art „Ambush Polizei" im Einsatz, die derartige Aktionen verhindern sollen. Dass dies jedoch nicht immer zielführend ist, zeigt der Fall der „Beer Babes" einer holländischen Brauerei bei der Fußball WM 2010. Diese stattete junge Frauen mit orangefarbenen Minikleidern mit einem nahezu nicht sichtbaren Logo der Brauerei aus. Erst das Einschreiten der Ambush Polizei, die mit dem Abführen der Damen und kurzzeitigen Inhaftierung der vermeintlichen Anführerin endete, wurde diese Aktion durch die Presseberichterstattung darüber wirksam (Nufer & Bühler, 2013a, 466 ff.).

Die Konsequenzen des Ambush Marketings tragen die Veranstalter, die offiziellen Sponsoren und die Medien. Für die offiziellen Sponsoren sinken die kommunikative Wirkung des Sponsorings und damit der Wert der teuer erkauften Pakete durch die Ambush Maßnahmen. Bei unzureichendem Schutz der Exklusivrechte der Sponsoren müssen die Veranstalter um die Höhe der künftigen Sponsoringeinnahmen bangen. Die Unsicherheiten der Veranstalter und Sponsoren wirken sich auch auf die Medien aus, da unter Umständen Programminhalte und Werbeeinnahmen verloren gehen können (Nufer & Bühler, 2013a, 460 ff.).

6.4 Distributionspolitik (Place)

6.4.1 Grundlegende distributionspolitische Entscheidungen

Die Distributionspolitik beschäftigt sich damit, wie die Produkte vom Entstehungsort zum Nachfrager gelangen (Klein, 2005). Zunächst sind der Distributionsgrad und damit die Zahl der Absatzkanäle, der Absatzmittler und der Außendienstmitarbeiter festzulegen. Es stellt sich die Frage, ob das Produkt direkt oder indirekt vertrieben werden soll. Der indirekte Vertrieb reduziert die Häufigkeit der Kontakte, denn der Handel bündelt die Nachfrage zeitversetzt und stellt den Nachfragern ein bedarfsgerechtes Sortiment bereit (Kotler & Bliemel, 2001, 1074 ff.). Für einen Waschmaschinenhersteller beispielsweise wäre es ineffizient, jeden Kunden direkt zu beliefern. Aus der Machtverteilung im Absatzkanal können sich allerdings Nachteile ergeben, die von der Art der Produkte abhängen können (Klein, 2005). Beispielsweise ist der Lebensmittelhandel in vielen Ländern sehr mächtig (vgl. Aldi, Edeka, Metro, Carrefour, Tesco). Deshalb kann er seine Preisvorstellungen gegenüber den Lebensmittelherstellern in der Regel durchsetzen (vgl. Milchpreisdiskussion). Beim Vertrieb von Waschmaschinen über den Fachhandel ist dies eher umgekehrt.

Entscheidungen bezüglich des Vertriebssystems wirken sich vor allem auf der Erlösseite aus, da die Produkte mit zunehmendem Distributionsgrad für die Nachfrager einfacher zu erreichen sind (Effektivität der Distribution). Andererseits steigen damit auch die Kosten für das Distributionssystem. Bei der physischen (logistischen) Distribution geht es damit unter Effizienzgesichtspunkten um die Lieferbereitschaft eines Unternehmens. Eng damit verbunden ist die Auswahl der Produktionsstandorte, der Vertriebslager und der Transportmittel zwischen Lager und Kunden. Gleichzeitig muss sichergestellt werden, dass die bestellten Waren stets am richtigen Ort, zur richtigen Zeit sowie in der richtigen Menge und Qualität vorhanden sind (Klein, 2005).

6.4.2 Gestaltung des Distributionssystems

Jeder Kanal im Distributionssystem hat bestimmte Aufgaben auf dem Weg der Güter vom Hersteller zum Konsumenten zu erfüllen. Die einzelnen Stakeholder des Distributionssystems tragen zu folgenden wesentlichen Funktionen bei (Kotler & Bliemel, 2001, 1076 f.):

- Informationsfluss: Sammlung und Weitergabe von Informationen über Markt, Marktteilnehmer (Kunden, Wettbewerber, sonstige Akteure) und Gestaltungskräfte im Marketingumfeld.

- Absatzförderung: Erstellung und Verbreitung überzeugender Marktkommunikation über das Angebot, für das man das Kaufinteresse des Kunden wecken will.
- Verhandlungen: Bemühungen eine endgültige Einigung über den Preis und andere Konditionen herbeizuführen, so dass die Eigentumsübertragung und Besitzübergabe eingeleitet werden kann.
- Bestellungen: Rückmeldungen an den Hersteller über die konkreten Kaufabsichten der Kunden.
- Finanzierung: Beschaffung und Zuordnung von Geldmitteln zur Finanzierung der Vorratshaltung bei den einzelnen Verweilstellen der Güter im Distributionssystem.
- Risikoverteilung: Übernahme von Risiken, die mit der Wahrnehmung von Distributionsaufgaben verbunden sind.
- Materieller Güterfluss: Inbesitznahme, Lagerung und Bewegung materieller Güter auf ihrem Weg vom Rohstoff bis zum Endabnehmer.
- Zahlungsfluss: Zahlung von Rechnungen durch die Käufer an die Verkäufer über Banken und andere Finanzinstitute als Gegenleistung für die gelieferten Waren und erbrachten Dienstleistungen.
- Eigentumsfluss: Eigentumsübertragung von einem Mitglied des Marketingsystems auf ein anderes.

Diese Distributionsfunktionen müssen wahrgenommen werden. Dabei stellt sich die Frage, wie diese Funktionen effizient verteilt werden können und wer welche Funktion wahrnimmt. Grundsätzlich könnte der Hersteller selbst alle oben

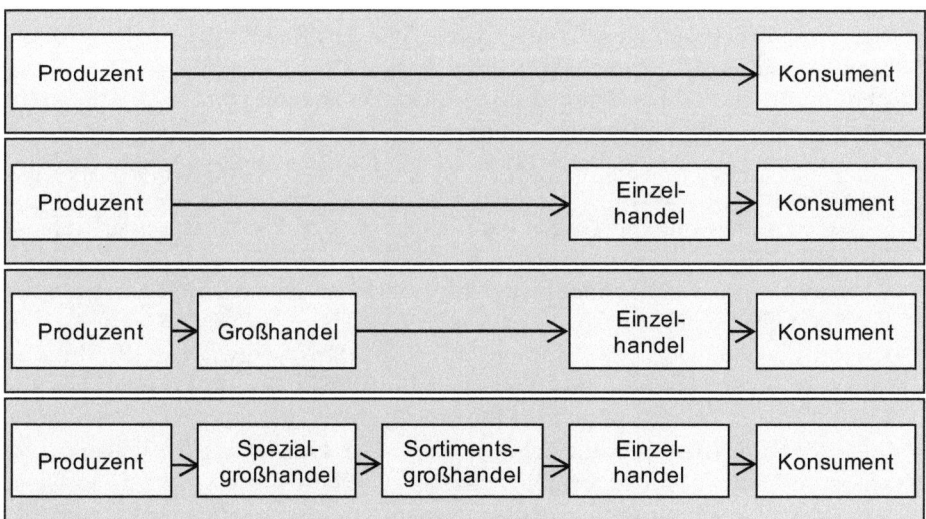

Abbildung 69: Distributionskanäle im Konsumgüterbereich
(Kotler & Bliemel, 2001, 1081)

genannten Funktionen übernehmen. Jedoch sind dessen Ressourcen begrenzt und die Funktionen lassen sich teilweise durch die Spezialisierung eines Dritten (hier: Händler) besser erfüllen. Abbildung 69 zeigt die verschiedenen Stufen des Distributionssystems. Jedes der zwischen Hersteller und Konsument geschaltete Organ übernimmt bestimmte Aufgaben.

Wird keine Stufe zwischen Produzent und Konsument geschaltet, spricht man vom Direktvertrieb, Nullstufenkanal oder Direktkanal. Die drei wichtigsten Arten des Direktverkaufs sind der Heimdienst (Haustürverkauf und Heimvorführsysteme wie z. B. Vorwerkstaubsauger), der Versandhandel (z. B. Dell) oder der Vertrieb über eigene Verkaufsstellen (z. B. Bäckereien oder Tschibo).

Ein Einstufenkanal liegt vor, wenn zwischen Hersteller und Verbraucher nur eine Zwischenstufe eingeschaltet wird. Bei Konsumgütern ist dies der Einzel- oder Fachhandel, bei Industriegütern eine Industrievertretung. So bestellen PKW-Vertragshändler direkt beim Hersteller oder große Lebensmittelketten (Aldi, Lidl etc.) kaufen direkt beim Erzeuger.

Sind zwei Zwischenstufen eingeschaltet, spricht man vom Zweistufenkanal. Hierbei verkauft der Hersteller zunächst an den Großhandel, der wiederum den Einzelhandel beliefert, bevor der Konsument dort die Produkte zum Verbrauch kauft (z. B. Einkaufsvereinigungen wie Edeka, Rewe).

Ein Dreistufenkanal liegt vor wenn zusätzlich noch ein Sortimentsgroßhandel zwischen Groß- und Einzelhandel geschaltet ist (z. B. Apotheken, Getränkehandel).

Der Handel hat folgende Funktionen (Helm, 2009, 362 f.):

- Raumüberbrückung: Der Handel überbrückt den Raum von der Rohstofferzeugung zur Verarbeitung bis hin zum Verbrauch.
- Zeitüberbrückung: Der Handel überbrückt die Spanne vom Produktionszeitpunkt bis hin zum Nutzungszeitpunkt.
- Quantitätsfunktion: Die Produktion von großen Mengen ermöglicht die Nutzung von Skaleneffekten.
- Sortimentsfunktion: Der Kunde kann aus mehreren Produkten einer Kategorie wählen.
- Werbefunktion: Der Handel bietet Informationen zu Preis und Leistung der Produkte.
- Kreditfunktion: Der Handel trägt die Kapitalkosten zwischen Produktion und Verbrauch. Heute ist die Handelsmacht jedoch teilweise so stark, dass der Hersteller, um überhaupt gelistet (= ins Sortiment aufgenommen) zu werden, lange Zahlungsziele in Kauf nehmen muss. Der Handel hat die Produkte oft schon verkauft, bevor er sie beim Hersteller bezahlen muss. Auf diese Weise kann der Handel, gutes Finanzmanagement vorausgesetzt, seinen Kapitalbedarf reduzieren.

Je nachdem, welche Handelsfunktionen genutzt werden sollen bzw. müssen, ist die jeweilige effizienteste Struktur des Distributionssystems zu wählen.

Große Unternehmen nutzen verschiedene Distributionskanäle zeitgleich (Multi-Channel). So vertreiben Sportgetränkehändler ihre Getränke nicht nur über Getränkeabholmärkte, den Lebensmitteleinzelhandel, Discounter, Verbrauchermärkte oder Warenhäuser, sondern auch über Tankstellen, die Gastronomie (Restaurants, Szene-Clubs, Diskotheken, Lieferdienste etc.) oder Fitnessstudios.

Die großen Sportartikelhersteller nutzten in der Vergangenheit häufig keinen direkten Vertrieb an die Endkunden. Sie belieferten ihre Zwischenhändler oder direkt ihre Key-Accounts, insbesondere Handelsketten wie Decathlon, Sport-Scheck, Runners Point oder Karstadt-Sport sowie Einkaufsverbünde wie Intersport oder Sport2000. Heute jedoch ist der direkte Vertrieb durch den Hersteller über einen eigenen Online-shop sowie markeneigene Handelsangebote wie Flagship stores zum weiteren Standbein geworden.

6.4.3 Distributionspolitische Strategien

Die traditionelle Sichtweise des Konsumgüter-Marketings basiert auf der Annahme, dass der Hersteller alle Marketinginstrumente (auch das distributionspolitische Instrumentarium) unter seiner Kontrolle hat und damit nicht auf ein bestimmtes Verhalten der Absatzmittler angewiesen ist.

Aufgrund der großen Marktmacht der Handelskonzerne, die oben schon kurz erwähnt wurde, sind die Hersteller jedoch nicht immer in der Lage, eigene strategische Zielsetzungen durchzusetzen. Häufig stimmen die Interessen des Herstellers nicht mit denen des Handels überein (vgl. Tabelle 15).

Tabelle 15: Zieldivergenzen zwischen Hersteller und Handel
(Böhler & Scigliano, 2005, 173)

	Hersteller	Handel
Produktpolitik	Aufbau innovativer Produkte und starker Marken; hohe Marktanteile in der Produktgruppe	Aufbau einer Sortimentskompetenz und eines Einkaufsstättenimages; Aufbau von Eigenmarken zur besseren Profilierung im horizontalen Wettbewerb
Kommunikations-politik	Aufbau von Markenbekanntheit; Schaffung von Markenpräferenzen und Markentreue; Erreichung von „Unverwechselbarkeit" (USP auf dem Wege emotionaler Positionierung)	Aufbau von Händlerbekanntheit und Einkaufsstättentreue; Profilierung der Handelskette und der einzelnen Geschäftsstätten

	Hersteller	Handel
Preispolitik	Einheitliche Endverbraucherpreise zur Erreichung eines bestimmten Preisimages; Preiskonstanz zur Vermeidung negativer Qualitätsassoziationen; Durchsetzung der Preisstrategie i. V. m. einer „angemessenen" Handelsspanne	Aggressive Preismaßnahmen (Sonderangebotspolitik); hohe Handelsspannen; Profilierung der Eigenmarken als preisgünstig und qualitativ hochwertig
Distributionspolitik	Große Bestellmengen; hohe Distributionsdichte; günstige Markenplatzierung; Sortimentspräsenz; ggf. Übernahme diverser Funktionen durch den Handel (z. B. Service und Beratung)	Schnelle Belieferung auch in kleinen Chargen; gleichmäßige Platzierung unterschiedlicher Marken verschiedener Hersteller (z. B. zur Signalisierung von Warengruppenkompetenz)

Nur selten kann der Hersteller eine Strategie der Stärke realisieren. Dies gelingt allerdings vor allem Premiumanbietern oder Anbietern die einen „market pull" (Kunde fragt das Produkt aktiv nach) generieren können (z. B. Ferrero Produkte, adidas, Nike). Vor diesem Hintergrund spielen Handelskooperationen eine besonders wichtige Rolle. Solche Kooperationen müssen dem Handel einen besonderen Nutzen bringen (z. B. Sondergrößen und -verpackungen, Co-Branding, Shop-in-shop-Konzepte). Kooperationsstrategien äußern sich darin, dass der Hersteller dem Händler bei der Sortimentsgestaltung hilft (Category Management), dass effiziente Produkteinführungen (kooperative Produktentwicklungen hinsichtlich Gebindegrößen oder Produktvarianten) realisiert werden, dass effiziente Verkaufsförderung (Kooperation hinsichtlich Zeitpunkt und Inhalt von Verkaufsförderungsaktionen) betrieben wird oder dass der Hersteller für eine effiziente Warenversorgung sorgt (Just-in-time-Liefersysteme).

Eine weitere Strategiealternative ist die Strategie der Umgehung, in der der Hersteller bewusst auf den Handel verzichtet und eigene Vertriebskanäle aufbaut (Böhler & Scigliano, 2005, 174 ff.). Gerade durch die Möglichkeiten des E-Commerce wird dies für Hersteller leichter. Ob Umbro, Nike, Puma oder adidas – die Sportartikelhersteller betreiben eigene Onlineshops. Zudem treiben sie den Aufbau eigener Brandstores voran (vgl. dazu ausführlich Abschnitt 6.4.5).

6.4.4 Vertragliche Vertriebssysteme

Im Folgenden sollen die unterschiedlichen vertraglichen Bindungs- und Vertriebssysteme vorgestellt werden, die sich einem Hersteller bieten (vgl. Abbildung 70). Hierbei wird zwischen Einzelbindung und vertraglichen Bindungssystemen unterschieden.

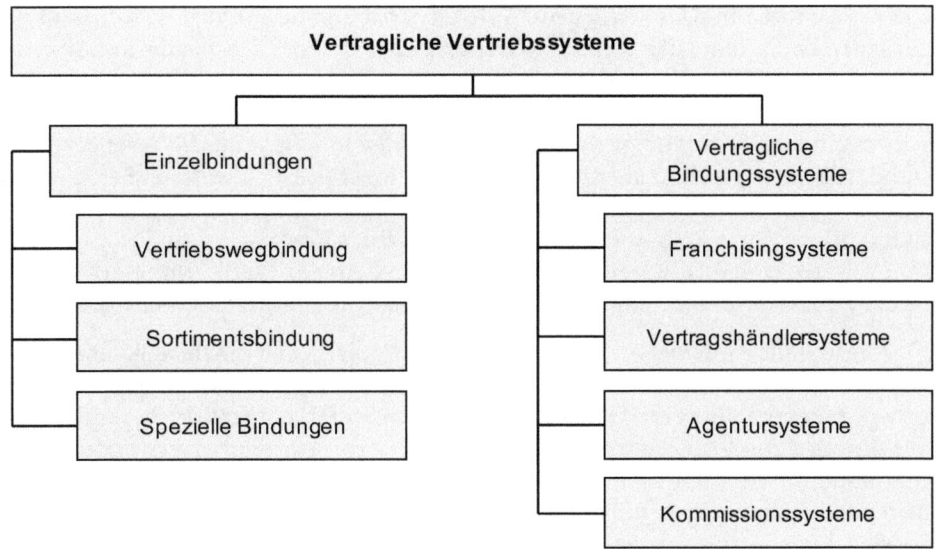

Abbildung 70: Übersicht über vertragliche Vertriebssysteme
(Böhler & Scigliano, 2005, 178)

Unter einer Vertriebswegebindung versteht man die vertragliche Verpflichtung eines Absatzmittlers zur Einhaltung eines bestimmten vom Hersteller festgelegten Absatzweges. Beim Selektivvertrieb muss der Absatzmittler vom Hersteller vorgegebene Mindestanforderungen erfüllen (z.B. Qualifikation des Personals, Verkaufsraumgestaltung, Möglichkeiten der Warenpräsentation). Beim Exklusivvertrieb wird dem Absatzmittler zudem ein Gebietsschutz gewährt.

Sortimentsbindung bedeutet, dass der Händler zur Führung bestimmter Sortimentsteile (z.B. Rosenthal-Studio-Haus) oder zu einer vordefinierten Warenpräsentation (z.B. Shop-in-Shop, Displays) verpflichtet ist.

Zu den Bindungssystemen zählen das Franchising, das Vertragshändlersystem sowie das Kommissions- und Agentursystem. Beim Franchising arbeitet ein rechtlich selbständiger, vertraglich gebundener Unternehmer (Franchise-Nehmer) fortlaufend eng mit dem Franchise-Geber zusammen. Die Franchise-Nehmer zahlen dem Franchise-Geber eine Lizenzgebühr (i.d.R. einmalig) und meist umsatzabhängige Gebühren. Der Franchise-Geber dagegen gewährt seinen Franchise-Nehmern das Recht und legt ihm zugleich die Verpflichtung auf, ein Geschäft entsprechend seinem Konzept zu betreiben. Der Franchise-Nehmer nutzt das Markenzeichen, bekommt das Know-how des Geschäftssystems (Franchise-Handbuch) sowie die wirtschaftlichen und technischen Methoden zur Verfügung gestellt. Häufig ist der Franchise-Nehmer auch gezwungen, seine Einkäufe über den Franchise-Geber zu tätigen. Vorteilhaft für den Franchise-Geber ist, dass er ein weitreichendes Vertriebsstellennetz mit einheitlichem Auftreten nach außen (Quasi-Filialisierung) aufbauen kann, ohne den Kapitalbedarf und die laufenden Kosten dafür aufbringen zu müssen. Der Franchise-Nehmer profitiert dagegen von der Bekanntheit und dem Image der Marke sowie der Marketing-Konzeption und behält trotzdem seine rechtliche Selbständigkeit und ein hohes Gewinnpotential. Insbesondere die standardisierte Geschäftsausstattung, konkrete Servicevorschriften, Beteiligung an nationaler Werbung und Kooperationen bei Verkaufsförderungsmaßnahmen sind typische Vorteile eines Franchise-Betriebs. Franchise-Systeme in Deutschland sind z. B. McDonalds, Burger King, Subway und Apollo-Optik. Im Sportbereich ist die Fitnesskette Injoy eine Franchisemarke der Inline-Unternehmensberatung.

Vertragshändlersysteme sind Bindungssysteme, die dem Franchising sehr ähnlich sind. Jedoch entfallen hier die Franchise-Gebühren, und es erfolgt eine deutlichere Herausstellung der Firma des einzelnen Unternehmers. Insbesondere in der Automobilindustrie wird dieses Bindungssystem sehr häufig verwendet. Vertragshändler wie auch Franchise-Nehmer sind rechtlich selbständige Unternehmen und bieten in eigenem Namen und auf eigene Rechnung ihre Leistungen an. So sind hier nur unverbindliche Preisempfehlungen durch den Hersteller möglich. Will der Hersteller die Endverkaufspreise selbst bestimmen, bieten sich ihm das Agentur- und Kommissionssystem an.

Beim Agentursystem bleibt der Hersteller Eigentümer und der Agent schließt in fremden Namen und auf fremde Rechnung den Kaufvertrag ab (§ 84 I HGB). Typische Agentursysteme finden sich bei Tankstellen und Versicherungen. Beim Kommissionsgeschäft übernimmt der Kommissionär den Verkauf von Waren in eigenem Namen, aber auf fremde Rechnung (§ 383 HGB). In Deutschland wird im Weinhandel ein großer Teil des Geschäfts über Kommissionäre abgewickelt (vgl. (Böhler & Scigliano, 2005, 177 ff.).

6.4.5 Flagship Stores zur Markeninszenierung und als neuer Vertriebskanal im Sportartikelhandel

In den letzten Jahren ist eine Vorwärtsintegration im Sportartikelhandel zu beobachten. Neben der Einrichtung eigener Online-Shops bauen die großen Sportmarken eigene Handelskonzepte auf. Neben markenspezifischen Handelsfilialen werden sogenannte Flagship Stores genutzt. Flagship Stores sind exklusive und einzigartige Filialen von Marken in Großstädten, die ein umfangreiches Angebot des Sortiments führen. Die Flagshipstores unterscheiden sich von anderen Filialen der Marke durch ihre Architektur und ihren exklusiven Standort. Im Gegensatz zur Distribution über andere Kanäle, z. B. als eines von vielen Angeboten in Warenhäusern oder Fachgeschäften, wird das Markenangebot umfänglicher inszeniert. Zudem kann ein unmittelbares Feedback zur Reaktion auf die unter der Marke geführten Angebote erhalten werden. Oftmals ist die Marke ähnlich wie bei Brandlands in den Stores interaktiv für den Kunden erlebbar (Esch, 2014).

Die Gründe für die Schaffung solcher markeneigener Angebote sind vielfältig. Neben der durch die Vorwärtsintegration möglichen Abschöpfung der Handelsmarge sind Flagship Stores Instrumente des Brandmanagements. So kann der Hersteller die Kontrolle über den Einzelhandel und die Verkaufsfläche ausüben und die eigene Marke optimal inszenieren. Exklusive Angebote und die Ermöglichung einmaliger Einkaufserlebnisse dienen dem Hersteller zur Abgrenzung von der Konkurrenz.

Wie relevant das Thema der Schaffung eigener Vertriebskanäle bei Sportartikelherstellern ist, zeigt das Beispiel der adidas Group. Diese beabsichtigt, in den kommenden Jahren den Anteil von selbst kontrollierten Verkaufsflächen am Konzernumsatz auf über 50 % auszubauen. Dazu gehören die Eröffnung von neuen Einzelhandelsläden der Marken adidas und Reebok, der Ausbau der Mono-Branded-Franchise-Stores sowie neue Shop-in-Shop-Initiativen mit Einzelhandelspartnern. Bis 2015 sollen mindestens 750 eigene adidas und Reebok Einzelhandelsgeschäfte eröffnen (adidas Group, 2014, 71).

Repetitorium

Zusammenfassung

Das vierte Kapitel beschäftigte sich mit der Implementierung einer Marketingstrategie. Anhand der Marketinginstrumente Produkt, Preis, Kommunikation und Distribution (4 Ps nach McCarthy) wurde erläutert, wie eine Marketingstrategie operativ umgesetzt werden kann. Zunächst wurde die Produktpolitik thematisiert. Nach einer grundlegenden Einordnung wurde der Themenkreis Produktentwicklung anhand der Arbeitsschritte bei der Entwicklung neuer Produkte erörtert. Anschließend standen produkt- und programmpolitische Entscheidungen im Fokus. Im Rahmen der Preispolitik wurden insbesondere die preispolitischen Instrumente Rabatte, Absatzkredite und Liefer- und Zahlungsbedingungen erarbeitet. Hierauf wurden mögliche Preisstrategien (insb. Skimming-Pricing, Penetration-Pricing, Preisdifferenzierung) vorgestellt. Als drittes P des Marketings wurden die Grundlagen der Kommunikationspolitik (promotion) angesprochen. Hierunter fielen neben den kommunikationspolitischen Instrumenten klassische Werbung, Verkaufsförderung, PR, Direkt-Kommunikation, Sponsoring, Event-Marketing, Messen und Ausstellungen, Product Placement sowie Virales Marketing auch das Thema Botschaftsgestaltung. Dieses wurde auf Basis der Theorie der Werbewirkungspfade bei emotionaler und rationaler Ansprache behandelt. Anschließend wurden die Grundlagen der kommunikationspolitischen Strategien (USP und integrierte Kommunikation) vorgestellt. Als viertes Instrument im Marketing-Mix wurde die Distributionspolitik erläutert. In diesem Rahmen wurden Gestaltungsmöglichkeiten eines Distributionssystems, distributionspolitische Strategien, vertragliche Bindungssysteme und die Rolle von Flagship Stores im Sportartikelhandel behandelt.

Wiederholungs- und Transferfragen

- Welche grundlegenden produktpolitischen Entscheidungen muss ein Unternehmen treffen? Stellen Sie diese am Beispiel eines Herstellers von Sporttaschen dar!

- Erläutern Sie die Aspekte und Rahmenbedingungen, die im Rahmen des Produktentwicklungsprozesses aus Sicht eines Herstellers für Pulsuhren zu beachten sind?

- Welche produkt- und programmpolitischen Entscheidungen muss der Manager eines Mehrspartensportvereins treffen?

- Welche grundlegenden preispolitischen Überlegungen hat der Geschäftsführer eines Herstellers von Golfschlägern zu beachten?

- Welche Instrumente der Preispolitik stehen einem Snowboardhersteller zur Verfügung?

- Welche preispolitischen Strategien könnte der Betreiber einer Fitnessstudiokette mit bisher fünf Filialen verfolgen? Welche Vor- und Nachteile hätten die einzelnen Alternativen?

- Vor welchen kommunikationspolitischen Entscheidungen steht ein Profifußballclub?

- Stellen Sie die wesentlichen Kommunikationsinstrumente vor! Welche sollte ein Unternehmen, das sich auf die Lizenzierung von Fitnessprogrammen spezialisiert hat, wählen?

- Beschreiben Sie das Modell der Werbewirkungspfade! Bei welchen sportbezogenen Produkten bietet sich eine emotionale, bei welchen eine rationale Ansprache an?

- Inwiefern ist die Schaffung eines USP grundlegend für eine Kommunikationsstrategie? Wie ist ein USP erfolgreich umzusetzen?

- Diskutieren Sie kritisch mögliche Ziele des Kommunikationsinstruments „Sportsponsoring"?

- Was ist unter „Ambush Marketing" zu verstehen? Welche Erscheinungsformen lassen sich unterscheiden?

- Welche Funktionen übernehmen die einzelnen Mitglieder des Distributionssystems?

- Wie können Distributionskanäle im Konsumgüterbereich aufgebaut sein?

- Welche Funktionen kann der Handel übernehmen?

- Diskutieren Sie Zieldivergenzen zwischen Handel und Hersteller am Beispiel des Sportartikelhandels!

- Welche Möglichkeiten bieten sich für vertragliche Bindungssysteme? Identifizieren Sie Beispiele im Sportkontext.

- Welche Rolle spielen Flagship Stores im Sportartikelhandel?

7 Sport- und Marketing-Controlling

Controlling ist eine wichtige Führungsaufgabe. Sie ermittelt die Ergebnisse des Handelns und stellt fest, inwieweit der geplante Erfolg eingetreten ist. Unter Controlling versteht man die Summe aller Maßnahmen, „die dazu dienen, die Führungsbereiche Planung, Kontrolle, Organisation, Personalführung und Information so zu koordinieren, dass die Unternehmensziele optimal erreicht werden." (Wöhe & Döring, 2005, 218).

Im Folgenden werden grundlegende Ansätze des strategischen und operativen Marketing-Controllings erarbeitet. Zunächst werden die ungerichtete und die gerichtete Überwachung als Kernelemente des strategischen Controllings erläutert. Anschließend werden ökonomische und psychographische Kontrollgrößen vorgestellt, die im operativen Controlling Anwendung finden können. Zudem erfolgt die Vorstellung eines Prozessaudits für den Sportmarketingprozess.

7.1 Strategisches Controlling

Da Strategien die grundsätzliche Richtung der Unternehmensentwicklung prägen, werden sie in der Regel nicht in kürzester Zeit umgesetzt. Typisch dagegen ist, dass sich die Realisierung einer Strategie über einen längeren Zeitraum erstreckt. Eine ex-post-Kontrolle nach der Umsetzung, wie es für Kontrollaktivitäten eigentlich typisch ist, lässt hierbei keine Möglichkeit, um auf eventuelle Abweichungen zu reagieren. Deshalb muss die Kontrolle von Strategien primär zukunftsorientiert erfolgen. Man spricht auch von Vorkopplung („feed forward") statt von Rückkopplung („feed back"). Dies setzt voraus, dass kontinuierlich, also bereits während der Strategieplanung und -umsetzung mit dem Controlling begonnen wird (Hungenberg, 2012, 394 f.).

Betrachtet man die strategische Kontrolle demnach als einen die Planung begleitenden Prozess, der Unsicherheit und Komplexität der Planungsaufgabe explizit berücksichtigt, wird meist der Ansatz von Schreyögg und Steinmann (1985) als Grundschema empfohlen (vgl. z. B. Bea & Haas, 2013, 243 ff.; Böhler & Scigliano, 2005, 185 ff.; Corsten, 1998, 192 ff.; Hungenberg, 2012, 394 ff.; Müller-Stewens & Lechner, 2011, 694 ff.). Abbildung 71 zeigt die drei Bestandteile dieses Ansatzes: Überwachung, Prämissenkontrolle und Durchführungskontrolle. Böhler und Scigliano (Böhler & Scigliano, 2005, 186) fassen Prämissen- und Durchführungskontrolle unter dem Stichwort „gerichtete Überwachung" zusammen und bezeichnen die strategische Überwachung als „ungerichtet". Diesem Ansatz folgend werden diese beiden Sichtweisen näher behandelt.

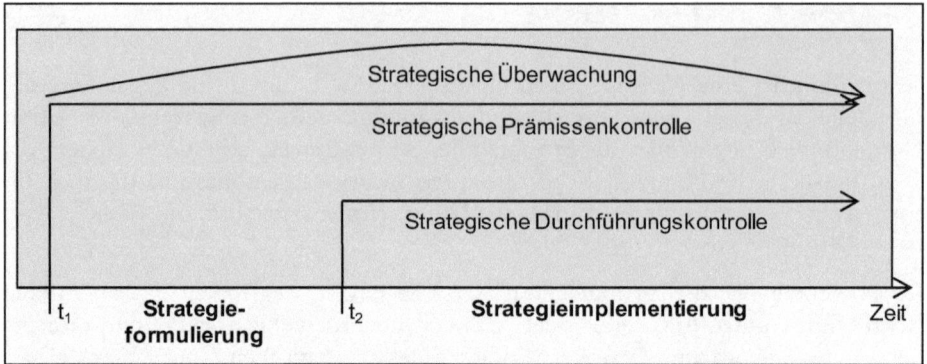

Abbildung 71: Strategische Kontrollkonzeption (Schreyögg & Steinmann, 1985)

7.1.1 Gerichtete Überwachung – Monitoring

Die gerichtete Überwachung (Monitoring) besteht aus Prämissen-, Konsistenz- und Durchführungskontrolle.

Im Rahmen des strategischen Planungsprozesses werden sukzessive Prämissen aufgestellt, um aus der komplexen Umwelt eine vereinfachte Entscheidungssituation zu formulieren, auf deren Basis Strategien abgeleitet werden können. Solche Prämissen erstrecken sich auf alle Umwelt- und Unternehmensbereiche (vgl. SWOT-Analyse unter 4.1) und betreffen beispielweise Wechselkurse, Lohnabschlüsse, Absatzzahlen, technische Entwicklungen, Dauer des Produktlebenszyklus, Kundenpräferenzen, Art und Weise der Umsetzung von Gesetzen, Wettbewerberverhalten, künftige sportliche Erfolge etc. Bei jeder Investition wird davon ausgegangen, dass eine bestimmte Nachfrage zu erwarten ist. Im Laufe der Zeit lässt sich feststellen, ob diese Prämisse auch zutrifft. Die strategische Prämissenkontrolle hat demnach die Aufgabe, die explizit gemachten Prämissen kontinuierlich auf ihre Gültigkeit hin zu überprüfen (Bea & Haas, 2013, 239). Sollte ein Profifußballclub der Bundesliga damit planen, künftig in der ersten Liga zu spielen, müsste die Prämisse der Erstklassigkeit regelmäßig auf Gültigkeit kontrolliert werden. Die Bundesligasaison 2014/15 zeigt, dass auch für bislang unabsteigbar geltende Clubs (HSV; Stand Saison 2014/15) oder aktuelle Championsleague Teilnehmer (BVB 09) diese Prämisse ständig auf dem Prüfstand stehen sollte.

Strategien können für sich und durch ihre Vernetzung mit anderen Managementgegenständen äußerst komplex sein. Aus diesem Grund ist es sinnvoll, eine spezielle Konsistenzkontrolle durchzuführen. Diese Form der strategischen Kontrolle ist Bestandteil der Strategiebeurteilung und -auswahl und beginnt bereits vor der Strategieverabschiedung. Zudem sollte sie die Phase der Strategieumsetzung begleiten, da sich hier durch notwendige Anpassungsmaßnahmen immer wieder neue Inkonsistenzen auftun können. Dabei wird vor allem überprüft, ob bei der strategischen Planung alle relevanten Informationen erfasst und in angemessener Weise verarbeitet wurden. Inhaltlich wird die Stimmigkeit der verschiedenen Elemente einer Strategie und ihre Abstimmung mit anderen Gegenständen des Managements kontrolliert (Hungenberg, 2012, 396).

Bei der Durchführungs- bzw. Umsetzungskontrolle geht es nach Müller-Stewens und Lechner (2005, 696 f.) im Sinne einer Planungsfortschrittskontrolle um das „Wie" der Strategieumsetzung. So wird überprüft, in welchem Ausmaß die Maßnahmen zur Implementierung der intendierten Strategie umgesetzt werden konnten, inwieweit die geplanten Aktivitäten innerhalb der gesetzten Zeiträume (Meilensteine) umgesetzt wurden, ob die Budgets im Sinne ihrer Allokation eingesetzt wurden, wo und warum es unerwartete Widerstände gab und welche Folgen diese hatten.

Das strategische Controlling sollte im Unternehmen institutionalisiert werden. Sei es durch eigene Stabsabteilungen des Topmanagements oder durch das jeweilige Management selbst. Letzteres gilt insbesondere für Sportorganisationen, die meist nicht groß genug sind, um eine spezielle Stabsabteilung einzuführen. Die institutionalisierten Gremien analysieren in regelmäßigen Workshops die Gültigkeit der Prämissen, die Konsistenz der Strategie und die Umsetzung. Die Balanced Scorecard, als ganzheitliches Planungs-, Steuerungs- und Controlling-Instrument, bietet ebenfalls einen Rahmen, um strategische Ziele zu überwachen (vgl. 5.4.4).

7.1.2 Ungerichtete Überwachung – Scanning

Beim Monitoring, sei es bei der Prämissen- oder Durchführungskontrolle, sind die Kontrollobjekte (Prämissen bzw. Meilensteine) von vornherein klar definiert. Somit handelt es sich um eine gerichtete und damit selektive Kontrolle. Folglich werden beim Monitoring bestimmte Teile des Entscheidungsfeldes ausgeblendet. Deshalb muss zusätzlich eine globale, ungerichtete Kontrolle stattfinden, um die ausgeblendeten Teile ebenfalls zu überwachen. Bei der strategischen Überwachung werden die gesamte externe Umwelt sowie interne Entwicklungen kontinuierlich gescannt. Das Scanning fungiert quasi als „strategisches Radar", das die Umwelt flächendeckend auf strategiegefährdende Informationen überwacht (Bea & Haas, 2013, 113). Methodisch werden beim Scanning die Instrumente und Ansätze der strategischen Früherkennung (vgl. 4.2.2) sowie der Makroanalyse (vgl. 4.3.1) verwendet. Institutionalisiert man solche Instrumente, entstehen Früherkennungssysteme, die eine spezielle Form von Informationssystemen darstellen. Sie verfolgen das Ziel, führungsrelevantes Wissen und Veränderungen frühzeitig zu erkennen, zu diagnostizieren und weiterzugeben.

7.2 Operatives Marketing-Controlling

Beim operativen Marketing-Controlling werden im Voraus festgelegte Schlüsseldaten periodisch in Soll-Ist-Vergleichen überprüft und daraufhin bewertet, inwiefern die zugrunde liegenden Marketingmaßnahmen richtig und effizient waren (Kotler & Bliemel, 2001, 1273). Bei negativen Soll-Ist-Abweichungen, sprich einem Überschreiten bestimmter Toleranzschwellen, wird ein Regelkreis aktiviert. Im Rahmen des Regelkreises werden die Ursachen für die Abweichung analysiert und die erforderlichen Steuermaßnahmen eingeleitet.

7.2.1 Ökonomische Kontrollgrößen

Die gängigsten ökonomischen Kontrollgrößen sind Umsatz, Marktanteil, Kosten, Deckungsbeiträge und Absatzmengen. Diese können sowohl auf Gesamtunternehmensebene als auch auf Teilbereiche fokussiert Anwendung finden. So lassen sich produktspezifische Betrachtungen (Marktanteil, Umsatz, DB oder Absatz von Produkt A vs. Produkt B) anstellen. Marktspezifische Differenzierungen sind auf geographischer Basis möglich, z.B. kontinentale Betrachtung (Amerika-Europa-Asien-Geschäft), getrennte Betrachtung nationaler Märkte (Umsatz in Deutschland vs. Frankreich) oder regionale Märkte (in Deutschland häufig Nielsen-Gebiete) sowie unternehmensspezifische Einteilungen (z.B. nach Filialen). Neben produktorientierter und geographischer Differenzierung bietet sich auch eine an den Präferenzen der Nachfrager orientierte bzw. funktionale Betrachtung an. So kann ein PC als Spiel- und Unterhaltungs- oder als Arbeitsgerät genutzt und auf entsprechenden Märkten verkauft werden. Demnach wird der Absatz, Umsatz etc. in diesen Segmenten analysiert. Sportartikelhersteller differenzieren häufig nach Businessunits, die sich beispielsweise nach Produktkategorien (Schuhe, Apparel und Accessoires) oder Marken (adidas Group: adidas, Reebok, Taylormade, Rockport) bilden lassen. Für jede dieser Betrachtungsweisen bietet sich eine Vielzahl von Kennzahlen an.

Neben den schon erwähnten typischen Größen lassen sich folgende, den einzelnen Marketinginstrumenten zugeordnete Kontrollgrößen und Kennzahlen aufführen (vgl. Böhler & Scigliano, 2005, 187ff.; Reinecke & Janz, 2009, 999):

- Produktpolitik:
  - Erstkäufer- und Wiederkäuferanteil
  - Absatzmengenentwicklung
  - Marktanteilsentwicklung
  - Markenwert (ökonomische Berechnung)
- Programmplanung:
  - absolute Stückdeckungsbeiträge
  - relative Stückdeckungsbeiträge (Deckungsbeitrag pro Engpass-Einheit)

- Umsatzanteile der Produkte am Gesamtumsatz (produktbezogene ABC-Analyse)
- Kommunikationspolitik:
  - Werbebudget
  - Kosten der Werbemittel (Tausender-Kontakt-Preise (TKP), Kosten Anzeigenschaltung und Fernsehspotpreise)
  - Streukosten (eigene und Konkurrenz)
  - Umsätze, Marktanteile (aus Paneldaten), wobei die Zusammenhänge zwischen diesen Größen und den Werbebudgets regressionsanalytisch geschätzt werden können.
- Preispolitik:
  - Fortlaufende Kontrolle der Erlöse und der Kosten als Grundlage für Preisanpassungen
  - Abverkaufspreise im Handel (nach Vertriebswegen und Betriebsformen)
  - Deckungsbeiträge für einzelne Produkte bzw. Produktgruppen in Folge von Preisänderungen
- Distribution:
  - Deckungsbeiträge je Auftrag, Verkaufsbezirk, Außendienstmitarbeiter, Absatzweg etc.
  - kundenbezogene ABC-Analyse nach Absatz, Umsatz, DB
  - numerische und gewichtete Distribution
  - laufende Vertriebskostenüberwachung

Weitere Größen lassen sich situations-, branchen- und unternehmensspezifisch ableiten.

7.2.2 Außerökonomische und psychographische Kontrollgrößen

Die alleinige Kontrolle der Marketingaktivitäten anhand ökonomischer, quantitativer Kriterien ist nicht ausreichend, da diese nicht in der Lage sind, qualitative Marktentwicklungen zu erfassen. Daher ist im Marketing-Controlling neben den ökonomischen Kontrollgrößen auch außerökonomischen, qualitativen, psychographischen Größen eine besondere Beachtung zu schenken.

Im Rahmen des Kommunikationscontrollings lässt sich die Qualität der belegten Medien durch eine Vielzahl von Kennzahlen kontrollieren (vgl. Reinecke & Janz, 2009, 999). Die Reichweite stellt eine der grundlegenden Kennzahlen dar. Sie wird unterschieden in Brutto-Reichweite und Netto-Reichweite. Die Netto-Reichweite ist die Anzahl der Personen, die mindestens einen Kontakt mit einem Werbemittel (z. B. Trikotwerbung, Bandenwerbung, Stadionnamingright) und Werbeträger (z. B. Fernsehen, Zeitung, Radio) hatten. Die Brutto-Reichweite ist die Summe aller Kontakte, unabhängig von der Anzahl der Personen. Das heißt, in die Brutto-Reichweite zählen auch mehrere Kontakte einer Person mit demselben Werbemittel und Werbeträger (z. B. mehrfache Kontakte mit der Trikotwerbung während einer Fußballübertragung). Erfolgt eine werbeträgerübergreifende Summierung der Kontakte, spricht man von kumulierter Reichweite (z. B. alle Kontakte mit der Trikotwerbung in Liveübertragung, Zweitverwertung, in Printpublikationen und im Internet).

Neben der Reichweite dient die Anzahl der durchschnittlichen Kontakte innerhalb der Zielgruppe mit mindestens einem Kontakt zur Bewertung der Medienqualität. Für visuelle Medien wird die durchschnittliche Kontaktzahl „OTS" (opportunity to see) und für auditive Medien „OTH" (opportunity to hear) genannt. Die Kennzahl „Durchschnittskontakte" ergibt sich aus dem Quotienten Brutto-Reichweite geteilt durch Netto-Reichweite. Haben beispielsweise fünf Millionen Menschen die Übertragung einer Sportveranstaltung im Fernsehen verfolgt (= Netto-Reichweite), wobei eine Bandenwerbung eine Brutto-Reichweite von 20 Millionen erreicht hat (hier: Sichtbarkeit der Bande 120 Sekunden), beträgt die OTS der Bande 4.

Im Normalfall kommuniziert auch die Konkurrenz eines Werbetreibenden. Vor diesem Hintergrund ist die Kennzahl „share of voice" zu betrachten. Sie ist definiert als der Anteil eines Werbetreibenden an der gesamten Werbung einer Branche.

Mit Hilfe der Gross Rating Points (GRP) werden Kampagnen hinsichtlich deren Werbedrucks bewertet und vergleichbar gemacht. Die GRPs ergeben sich aus der relativen Netto-Reichweite einer Kampagne in einer Zielgruppe und der durchschnittlichen Kontaktzahl. Werden beispielsweise mit einem Trikotsponsoring 50 % der Zielgruppe durchschnittlich zehnmal erreicht, ergibt sich für das Trikotsponsoring ein GRP von 500.

Zudem wird zur Bewertung eines Mediums der Tausender-Kontakt-Preis (TKP) herangezogen. Diese Kennzahl gibt den Preis wieder, den man einsetzen muss, um 1.000 Personen mit einem Werbekontakt zu erreichen.

Neben diesen Kennzahlen zur Bewertung der Qualität der Medien sind psychographische Kennzahlen verbreitet. So kann die Aufnahme einer Werbebotschaft durch die Messung von Wahrnehmung (z. B. Blickregistrierung), Verarbeitung (z. B. Hautleitfähigkeit) und Speicherung (z. B. Recall und Recognition Tests) überprüft werden. Daneben stellen Einstellungen der Konsumenten, des Handels sowie anderer Marktteilnehmer gegenüber dem Unternehmen sowie dessen Image bei diesen Gruppen wichtige Frühwarnindikatoren dar. Denn Einstellungs- und Imageänderungen gehen vielfach Änderungen im Kaufverhalten voraus. Des Weiteren sind vor allem Indikatoren der Kundenzufriedenheit wichtige psychographische Kontrollgrößen. Die regelmäßige und systematische Erfassung der Kundenzufriedenheit sowohl mit den Produkteigenschaften, den Rahmenbedingungen als auch den Services, liefert eine Fülle an Informationen über Defizite in der Marketing-Mix-Gestaltung (Meffert, 2000, 1142).

Weitere psychographische Kontrollgrößen sind die Markenbekanntheit, Markentreue, Kaufabsichten, Slogankenntnis, assoziierte Produkteigenschaften, Anzahl der eingegangenen Beschwerden und die wahrgenommene Produktqualität.

7.2.3 Sportmarketingprozessaudit

Ein Prozessaudit ist ein Instrument des Qualitätsmanagements, das eine Optimierung des Outputs durch eine systematische Bewertung und Beurteilung der internen Arbeitsabläufe gewährleisten soll. Dabei werden die einzelnen Prozesse hinsichtlich ihres Beitrags zur Zielerreichung (Effektivität) und der Aufwand-Nutzen-Relation (Effizienz) untersucht. Im Fokus steht die Erfüllung bzw. Einhaltung von definierten Anforderungen, Normen oder Standards.

Um einen solchen Prozessaudit für den Sportmarketingprozess (i.S.v. Marketing mit Sport) eines Unternehmens durchzuführen, ist der Idealprozess zu definieren (Abbildung 72). Dieser dient als Analysegrundlage, um die einzelnen Arbeitsschritte analysieren, bewerten und verbessern zu können. Dabei erfolgen im Rahmen des Audits die Beschreibung, Aufnahme und Analyse des Prozesses hinsichtlich

- der vorherrschenden organisationalen Strukturen,
- der in den einzelnen Phasen involvierten Personen,
- ihrer konkreten Aufgaben,
- der verwendeten Ressourcen,
- bestehender Berührungspunkte mit anderen Prozessen,
- der Übereinstimmung mit der Unternehmenspolitik und -ethik (Compliance),
- den verwendeten Kontrollpunkten und -instrumenten sowie
- der Integration und Umsetzung des kontinuierlichen Verbesserungsprozesses.

Kontinuierlich während des gesamten Sportmarketingprozesses erfolgt eine Überprüfung, inwieweit das Sportmarketing in die unternehmensweite Marketingstrategie und den Marketingmix passt. Dabei wird der Fit von Sportmarketing und der Konzern- bzw. Unternehmensstrategie, der konzern- bzw. unternehmensweiten Marketingstrategie sowie den einzelnen Brandstrategien überprüft.

Der Sportmarketingprozess beginnt mit einer Situationsanalyse. Dabei sind Markt, Kunden, Konsumenten, User, Handel, Wettbewerb sowie interne Faktoren zu berücksichtigen. Im Rahmen des Audits wird insbesondere geprüft, welche Instrumente zur Analyse eingesetzt werden und inwiefern diese passend für den Anwendungszweck sind.

Bei der Festlegung der Sportmarketingziele sind diese auf den Fit mit den Konzern- bzw. Unternehmenszielen sowie mit Marketing- und Brandzielen zu kontrollieren. Dann sind die Sportmarketingziele zu konkretisieren (z.B. hinsichtlich Markterschließung, der Absatzziele, der kommunikativen Ziele wie Reichweiten, Kontaktzahlen, recall, awareness, Einstellung etc.). Der Audit soll klären, an-

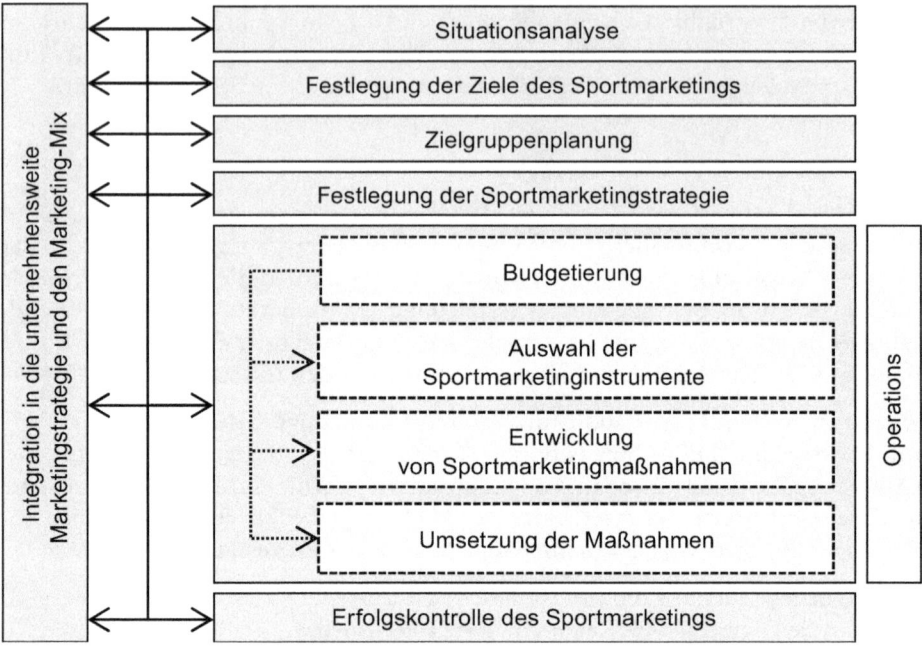

Abbildung 72: Sportmarketingprozess (in Anlehnung an Bruhn, 2010, 46)

hand welcher Kriterien der Fit überprüft wird, wie die Ziele formuliert werden und ob sie den SMART-Kriterien entsprechen (spezifisch, messbar, akzeptiert, realistisch, terminiert).

Im Rahmen der Zielgruppenplanung erfolgt die Festlegung, welche Zielgruppen durch die Sportmarketingaktivitäten erreicht werden sollen. Sollen die Maßnahmen also Konsumenten, Shopper, User und/oder Handel ansprechen? Im Prozessaudit wird beispielsweise geprüft, wie die Zielgruppen ausgewählt werden, welche Kriterien dabei herangezogen werden und ob so die relevanten Zielgruppen berücksichtigt werden können.

Schließlich gilt es, die Strategie festzulegen, mit der die definierten Ziele erreicht werden soll. Dabei stehen sieben Ws im Fokus:

- Wer ist das Sponsoringsubjekt? (Gesamtunternehmen, Marke oder Produkt)
- Wem gilt das Sponsoring? (Zielgruppe)
- Was ist die Botschaft?
- Wen soll das Unternehmen sponsern? (Gesponserter)
- Wie soll das Sportmarketing umgesetzt werden? (Maßnahmen)
- Wo soll das Sportmarketing stattfinden? (lokal, regional, national, international, global)
- Wann finden die einzelnen Maßnahmen statt?

Im Rahmen der operativen Umsetzung steht zunächst die Budgetierung im Fokus. Dabei sind die Kosten für die Rechte, die Kosten für die Umsetzung und Aktivierung sowie die notwendigen internen Ressourcen zu beachten. Im Rahmen des Prozessaudits stellt sich dabei die Frage nach dem Vorgehen bei der Budgetverteilung sowie Maßnahmen zur Sicherstellung eines passenden Kosten- und Ressourcenmanagements.

Bei der Auswahl der eingesetzten Sportmarketinginstrumente sind Richtlinien für den Auswahlprozess zu definieren. Zudem ist für eine Sicherstellung der Klärung rechtlicher Fragen zu sorgen. Schließlich gilt es, die Entscheidungsregeln zu definieren, anhand derer die einzelnen Maßnahmen ausgewählt werden.

Im Zuge der Umsetzung der Sportmarketingmaßnahmen können Checklisten die Arbeitsabläufe erleichtern. Weiterhin ist zu berücksichtigen, welche Stakeholder (intern, extern) involviert sind, wie diese berücksichtigt und gesteuert werden können. Schließlich ist zu prüfen, inwieweit Risiken identifiziert und bewertet werden (Risikomanagement).

In der letzten Phase sind die Maßnahmen zu evaluieren, mit denen der Erfolg des Sportmarketings gemessen werden soll. Tabelle 16 zeigt exemplarisch Methoden zur Messung der Kommunikationswirkung von Sponsoringmaßnahmen. Selbstredend sind zur Messung anderer avisierter Ziele, die keine kommunikativen Ziele darstellen, andere Methoden einzusetzen. Durch den Prozessaudit wird sichergestellt, dass die eingesetzten Evaluationsmethoden für das Anwendungsfeld passend sind. Insbesondere klassische Gütekriterien wie Objektivität, Validität und Reliabilität der Methoden werden dabei auf die Prüfung gestellt.

Tabelle 16: Wirkungskontrolle im Sponsoring (Bruhn, 2010, 70)

Messmethode / Kategorie der Kommunikationswirkung	Beobachtung	Befragung
Kognitive Wirkung	▪ Blickaufzeichnung ▪ Beobachtung des Aufnahmeverhaltens	▪ Recall-Test (Day-After-Recall, Top-of-Mind) ▪ Recognition-Test ▪ Rating-Skalen
Affektive Wirkung	▪ Blickaufzeichung ▪ Apparative Verfahren	▪ Verbale und nonverbale Erlebnismessungen ▪ Einstellungs- und Imageskalen ▪ Imagery-Forschung
Konative Wirkung	▪ Verhaltensregistrierung ▪ On-Screen-Zeit	▪ Erinnertes Verhalten ▪ Befragung nach Präferenz und Verhaltensabsicht

Das Wesentliche bei einem Prozessaudit als Controllinginstrument ist, dass ein neutraler Blick auf das eigene Agieren innerhalb der Organisation geworfen wird. Zwar ist dies am einfachsten durch externe Auditoren oder unternehmensinterne Auditspezialisten zu gewährleisten. Jedoch können auch Abteilungen in einer kritischen, strukturierten Selbstbewertung Schwachstellen und Best-Practices aufdecken und damit das eigene Handeln steuern. Somit kann dem Zweck des Controllings, nämlich Planungs-, Kontroll-, Organisations- und Führungsfunktionen zu erfüllen und hinsichtlich der Erfüllung der Organisationsziele zu koordinieren, genüge getan werden.

Repetitorium

Zusammenfassung

Das Kapitel Controlling gab einen Überblick über strategisches und operatives Controlling. Strategisches Controlling wurde hierbei in gerichtete Überwachung (Monitoring) mit den Subbereichen Prämissen- und Durchführungskontrolle und ungerichtete Überwachung (Scanning) eingeteilt. Das operative Marketing-Controlling wurde auf Basis ökonomischer sowie außerökonomischer und psychographischer Kontrollgrößen und Kennzahlen vorgestellt. Zudem wurde am Beispiel des Sportmarketings der Einsatz eines Prozessaudits im Marketing gezeigt.

Wiederholungs- und Transferfragen

- Begründen Sie die Notwendigkeit des strategischen Controllings!
- Warum können Prämissen, die Basis einer Strategieplanung waren, ungültig werden?
- Was unterscheidet Prämissen- und Durchführungskontrolle?
- Definieren Sie den Begriff „Scanning"! Welche Instrumente lassen sich zur ungerichteten Kontrolle verwenden?
- Geben Sie einen Überblick über ökonomische sowie außerökonomische und psychographische Kontrollgrößen!
- Warum sind ökonomische Kontrollgrößen alleine nicht ausreichend?
- Welche Kennzahlen können zur Bewertung der Medienqualität im Rahmen des Kommunikationscontrollings herangezogen werden?
- Welche Fragen stehen bei einem Prozessaudit im Marketingkontext im Fokus?

8 Fazit und Ausblick

Dieses Lehrbuch behandelt Schwerpunktmäßig die Themen Strategie und Marketing und bezieht allgemeine Theorien und Instrumente auf sportspezifische Anwendungsfelder. In den heutigen, wettbewerbsintensiven Märkten stellt ein strategisches Vorgehen beim Auftreten auf dem Markt einen der wichtigsten Erfolgsfaktoren dar. Die komplexen Rahmenbedingungen einer Organisation, sei es die globale Makroumwelt oder die Mikroumwelt, bedürfen ständiger Beobachtung und Berücksichtigung, um langfristig erfolgreiche Strategien zu entwickeln. Gerade die Komplexität der Sportbranche mit ihren unterschiedlichen Organisationen von gemeinnützigen Sportvereinen über Sportverbände, kommerzielle Sportanbieter, Sportunterhaltungsanbieter, spezialisierte Agenturen, Sportmedien bis hin zu global agierenden Sportartikelkonzernen sowie der Verflechtung und Einflussnahme vielfältiger Stakeholder erschweren den Verantwortungsträgern das Treffen von Entscheidungen zur optimalen Ausrichtung der eigenen Organisation.

Im Rahmen des Marketingmanagements spielen die iterativen, kontinuierlichen und sich ergänzenden Teilbereiche Analyse, Planung, Implementierung und Controlling eine wichtige Rolle. Die vorgestellten Verfahren, Ansätze und Instrumente stellen ein wichtiges Handwerkzeug für Sportmanager dar, die die Strategien der vertretenen Organisation umsetzen möchten.

Strategisches und operatives Marketingmanagement alleine reichen jedoch nicht aus, um ein Unternehmen oder eine Non-Profit-Organisation langfristig erfolgreich zu führen. Weitere Teilbereiche der Betriebswirtschaft, seien es nun Finanzierung, Investitions- oder Kostenrechnung, steuerliche Belange, Bilanzpolitik, Personalmanagement, Produktion oder Organisationslehre, müssen das Marketingmanagement ergänzen.

Literatur

adidas Group (2014). *For the love of sport – adidas Group Geschäftsbericht 2013*. Herzogenaurach.

AGF. (2014). *Die Top Twenty 2013. Zuschauer Gesamt, alle Sender, Montag-Sonntag, 03:00-03:00 Uhr, Mindestlänge 10 Minuten.* Zugriff am 30.09.14 unter https://www.agf.de/daten/tvdaten/hitliste/#.

Andrews, P. & Daumann, F. (2005). Die Stadtmarathon-Branche in Deutschland. Eine ökonomische Analyse der Marktposition der Veranstalter. *Sport und Gesellschaft – Sport and Society, 2* (1), 67–91.

Ansoff, I. (1965). *Corporate Strategy.* New York.

Ansoff, I., Declerck, R.P. & Hayes, R. (1976). *From strategic planning to strategic management.* London.

Bagusat, A. & Hermanns, A. (2013). Grundlagen des Sportsponsorings. In: A. Galli, V.-C. Elter, R. Gömmel, W. Holzhäuser & W. Straub (Hrsg.), *Sportmanagement* (S. 457–480). München: Vahlen.

Bain, J.S. (1949). A note on pricing in monopoly and oligopoly. *American Economic Review, 39,* 448–464.

Bain, J.S. (1956). *Barriers to new competition* (Harvard Univ. series on competition in American industry, vol. 3): Harvard University.

Bea, F.X. & Haas, J. (2013). *Strategisches Management* (UTB) (6. Aufl.). Konstanz, Stuttgart: UVK; Lucius.

Becker, F.G. & Fallgatter, M.J. (2011). *Strategische Unternehmungsführung. Eine Einführung; mit Aufgaben und Lösungen* (4. Aufl.). Berlin: Erich Schmidt.

Behnam, M., Gilbert, D. & Kreikebaum, H. (2011). *Strategisches Management* (7. Aufl.). Stuttgart: Kohlhammer.

Benkenstein, M. & Uhrich, S. (2009). *Strategisches Marketing. Ein wettbewerbsorientierter Ansatz* (3. Aufl.). Stuttgart: Kohlhammer.

Böhler, H. (2004). *Marktforschung* (3. Aufl.). Stuttgart: Kohlhammer.

Böhler, H. & Scigliano, D. (2005). *Marketing-Management.* Stuttgart: Kohlhammer.

Brockhoff, K. (2009). *Betriebswirtschaftslehre in Wissenschaft und Geschichte.* Wiesbaden: Gabler.

Brockhoff, K. (2012). *Betriebswirtschaftslehre in Wissenschaft und Geschichte. Eine Skizze* (3. Aufl.). Wiesbaden: Gabler Verlag.

Bruhn, M. (2010). *Sponsoring. Systematische Planung und integrativer Einsatz* (5. Aufl). Wiesbaden: Gabler.

Bruhn, M. (2013). *Kommunikationspolitik. Systematischer Einsatz der Kommunikation für Unternehmen* (7. Aufl.). München: Vahlen, Franz.

Bühler, A. & Nufer, G. (2012). Marketing im Sport. In G. Nufer & A. Bühler (Hrsg.), *Management im Sport. Betriebswirtschaftliche Grundlagen und Anwendungen der modernen Sportökonomie* (S. 377–416). Berlin: ESV.

Bühler, A. & Nufer, G. (2013). Marketing im Sport. In G. Nufer & A. Bühler (Hrsg.), *Marketing im Sport. Grundlagen und Trends des modernen Sportmarketing* (Sportmanagement, 2, S. 27–64). Berlin: ESV.

Buzzell, R.D., Gale, B.T. & Greif, H.-H. (1989). *Das PIMS-Programm. Strategien und Unternehmenserfolg.* Wiesbaden: Gabler.

Cezanne, W. (2005). *Allgemeine Volkswirtschaftslehre* (6. Aufl.). München.

Charan, R. & Freeman, R. E. (1979). Stakeholder negotiations: Building bridges with corporate constituents. *Management Review, 68* (11), 8–13.

Chatrath, S. & Voerste, K. (2014). Yield Management im Profifußball-Ticketing. *Sciamus Sport und Management* (3), 7–24.

Corsten, H. (1998). *Grundlagen der Wettbewerbsstrategie.* Stuttgart: Teubner.

Cox, W. E. (1967). Product live cycles as marketing models. *The Journal of Business, 40* (4), 375–384.

Daumann, F. (2015). *Grundlagen der Sportökonomie* (UTB) (2. Aufl.). Konstanz: UVK.

Daumann, F., Langer, M. & Altmann, A. (2007). *Zusammenarbeit zwischen den Olympiastützpunkten und der Wirtschaft, Entwicklung einer empirisch-basierten Vermarktungsstrategie,* Köln: Sportverl. Strauß.

Daumann, F. & Römmelt, B. (2009). Ökonomische Analyse des Marktes für TV-Rechte im Sport. In: H.-D. Horch, C. Breuer, G. Hovemann, S. Kaiser & S. Walzel (Hrsg.), *Sport, Medien und Kommunikation.* Beiträge des 6. Deutschen Sportökonomie-Kongresses (S. 199–224). Köln.

Daumann, F. & Römmelt, B. (2013). *Qualitätsmanagement im Bundessportfachverband. Qualitätsrelevante Stakeholder in Bundessportfachverbänden; eine qualitative Studie als Basis für die Implementierung eines Qualitätsmanagementsystems.* Köln: Sportverl. Strauß.

Deutscher Bundestag (2011, Juli). *Antwort der Bundesregierung auf die kleine Anfrage der Abgeordneten Martin Gerster, Sabine Bätzing-Lichtenthäler, Petra Ernstberger, weiterer Abgeordneter und der Fraktion der SPD – Drucksache 17/6530. Die Bedeutung des Sports in der Politik der Bundesregierung.* Berlin.

DFL (2014). *Bundesliga Report 2014. Die wirtschaftliche Situation im Lizenzfußball.*

DOSB (2013, Oktober). *DOSB | Bestandserhebung 2013.* Frankfurt am Main.

Drees, N. (2003). Bedeutung und Erscheinungsformen des Sportsponsoring. In: A. Hermanns & F. Riedmüller (Hrsg.), *Sponsoring und Events im Sport. Von der Instrumentalbetrachtung zur Kommunikationsplattform* (S. 47–66). München: Vahlen.

Ellert, G. & Klaußner, A. (2012). Balanced Scorecard im Sport. In: G. Nufer & A. Bühler (Hrsg.), *Management im Sport. Betriebswirtschaftliche Grundlagen und Anwendungen der modernen Sportökonomie* (S. 471–495). Berlin: ESV.

Esch, F.-R. (2014). *Flagship Store.* Zugriff am 25. Januar 2015 unter http://wirtschaftslexikon. gabler.de/Archiv/82801/flagship-store-v6.html.

Figge, F. & Schaltegger, S. (2000). *Was ist „stakeholder value“? Vom Schlagwort zur Messung.* Lüneburg.

Freeman, R. (1983). Strategic management: A stakeholder approach. *Advances in Strategic Managment, 1,* 31–60.

Freeman, R. (1984). *Strategic management – a stakeholder approach.* Boston.

Freeman, R. E. & Mc Vea, J. (2001). A Stakeholder Approach to Strategic Management. In: M. A. Hitt, R. E. Freeman & J. S. Harrison (Hrsg.), *The Blackwell handbook of strategic management* (S. 189–207). Oxford, UK, Malden, MA: Blackwell.

Graumann, M. & Thieme, L. (2010). *Controlling im Sport. Grundlagen und Best Practice für Vereine, Verbände und Ligen.* Berlin: ESV.

Gutenberg, E. (1984). *Grundlagen der Betriebswirtschaftslehre. Band 2: Der Absatz* (2). Berlin, Heidelberg, New York.

Haas, O. & Rieder, F. (2008). Mehr Controlling in Sportunternehmen – die Bedeutung der Balanced Scorecard. In: A. Hermanns & F. Riedmüller (Hrsg.), *Management-Handbuch Sport-Marketing* (S. 527–542). München: Vahlen.

Heinemann, K. (1998). Was ist und wozu benötigen wir eine Sportökonomik? *Sportwissenschaft, 28,* 265–282.

Heinze, R. & Römmelt, B. (2012). Kundensegmentierung in Fitnessstudios. Themenheft: Strategisches Management für Fitnessstudios. *Sciamus Sport und Management, 3* (3), 33–48.

Helm, R. (2009). *Marketing. Strategische Analyse und marktorientierte Umsetzung* (Grundwissen der Ökonomik: Betriebswirtschaftslehre, 919: Betriebswirtschaftslehre) (8. Aufl.). Stuttgart: Lucius & Lucius.

Helm, S. (2000). Viral Marketing. *WISU, 29* (3), 313.

Hermanns, A. (2003). Planung des Sportsponsorings. In A. Hermanns & F. Riedmüller (Hrsg.), *Sponsoring und Events im Sport. Von der Instrumentalbetrachtung zur Kommunikationsplattform* (S. 67–92). München: Vahlen.

Hermanns, A. & Leman, F. M. (2007). Product Placement. *WISU, 36* (10), 1232–1236.

Hermanns, A. & Riedmüller, F. (2008). Die duale Struktur des Sportmarktes. In: A. Hermanns & F. Riedmüller (Hrsg.), *Management-Handbuch Sport-Marketing* (S. 39–65). München: Vahlen.

Heuss, E. (1965). *Allgemeine Markttheorie.* Tübingen.

Horch, H.-D., Schubert, M. & Walzel, S. (2014). *Besonderheiten der Sportbetriebslehre.* Berlin, Heidelberg: Springer Berlin Heidelberg.

Hungenberg, H. (2012). *Strategisches Management in Unternehmen. Ziele – Prozesse – Verfahren* (7. Aufl.). Wiesbaden: Springer Gabler.

IfD Allensbach (2014, Juli). *Allensbacher Markt- und Werbeträger-Analyse – AWA 2014.*

Kaplan, R. S. & Norton, D. P. (1992). The Balanced Scorecard – Measures that Drive Performance. *Harvard Business Review, 70* (1), 71–79.

Klein, A. (2005). Marketing Mix. *WISU, 34* (10), 1182–1184.

Koppelmann, U., Volkmann, M. & Weiss, M. (2008). Product Placement. *WISU, 37* (3), 352–356.

Kotler, P. & Bliemel, F. (2001). *Marketing-Management. Analyse, Planung und Verwirklichung* (10. Aufl.). Stuttgart: Schäffer-Poeschel.

Kotler, P., Bliemel, F. & Keller, K. L. (2007). *Marketing-Management. Strategien für wertschaffendes Handeln* (Wi) (12. Aufl.). München: Pearson Studium.

Kreikebaum, H. (1997). *Strategische Unternehmensplanung* (6. Aufl.). Stuttgart [u. a.]: Kohlhammer.

Kroeber-Riel, W. & Weinberg, P. (2003). *Konsumentenverhalten* (8. Aufl.). München.

Kumar, A. (2000). *Global executive information systems – Key issues and trends.* New York, London.

Kunz, M. & Pratschko, M. (2003). *Pulver aus der Kanone.* Zugriff am 28.07.14 unter http://www.focus.de/wissen/natur/umwelt-pulver-aus-der-kanone_aid_198088.html.

Kutz, O. (2006). Strategische Analysetechnik. In: M. P. Zerres & C. Zerres (Hrsg.), *Handbuch Marketing-Controlling* (S. 11–44). Berlin.

Lainsecq, M. de (2000). *Der Klimawandel bringt Skigebiete in Bedrängnis. Medienservice* (8). Zürich: Geographisches Institut der Universität Zürich-Irchel.

MacCarthy, J. (1960). *Basic marketing: A managerial approach A managerial approach.* Homewood.

Manz, K. & Dahmen, A. (2001). *Kostenrechnung/Controlling* (3. Auflage). München: Verlag Franz Vahlen.

Markowitz, H. (1959). *Portfolio Selection.* New York, London, Sydney.

Mason, E. (1939). Price and Production Policies of Large Scale Enterprise. *American Economic Review, 29,* 61–74.

Meffert, H. (2000). *Marketing. Grundlagen marktorientierter Unternehmensführung: Konzepte, Instrumente, Praxisbeispiele; mit neuer Fallstudie VW Golf* (9. Aufl.). Wiesbaden: Gabler.

Meffert, H., Burmann, C. & Kirchgeorg, M. (2012). *Marketing. Grundlagen marktorientierter Unternehmensführung* (11. Aufl.). Wiesbaden: Gabler.

Mintzberg, H. (1987). The Strategy Concept I: Five Ps For Strategy, *30* (1), 11–24. unter http://search.ebscohost.com/login.aspx?direct=true&db=buh&AN=4760299&site=ehost-live.

Moser, S. (o. J.). *Balanced Scorecard im Deutschen Alpenverein, Sektion Ringsee e.V.* Zugriff am 28. August 2014 unter https://www.yumpu.com/de/document/view/3683970/vision-ringsee/13.

Müller-Stewens, G. & Lechner, C. (2011). *Strategisches Management. Wie strategische Initiativen zum Wandel führen* (4. Aufl.). Stuttgart: Schäffer-Poeschel.

Neumann, J. von & Morgenstern, O. (1944). *Theory of games and economic behavior* (60th anniversary ed.). Princeton: Princeton University Press.

Nufer, G. (2005). Ambush Marketing – Angriff aus dem Hinterhalt oder eine Alternative zum Sportsponsoring? In: H.-D. Horch, G. Hovemann, S. Kaiser & K. Viebahn (Hrsg.), *Perspektiven des Sportmarketing. Besonderheiten, Herausforderungen, Tendenzen* (S. 209–227). Köln.

Nufer, G. (2006). *Event-Marketing – Theoretische Fundierung und empirische Analyse unter besonderer Berücksichtigung von Imagewirkungen* (2. Aufl.). Wiesbaden.

Nufer, G. (2010). *Ambush-Marketing im Sport. Grundlagen – Strategien – Wirkungen.* Berlin: Erich Schmidt.

Nufer, G. & Bühler, A. (2013a). Ambush Marketing im Sport. In: G. Nufer & A. Bühler (Hrsg.), *Marketing im Sport. Grundlagen und Trends des modernen Sportmarketing* (S. 445–474). Berlin: ESV.

Nufer, G. & Bühler, A. (2013b). Marketing und Sport: Einführung und Perspektive. In: G. Nufer & A. Bühler (Hrsg.), *Marketing im Sport. Grundlagen und Trends des modernen Sportmarketing* (S. 3–25). Berlin: ESV.

Nufer, G. & Bühler, A. (2013c). Sponsoring im Sport. In: G. Nufer & A. Bühler (Hrsg.), *Marketing im Sport. Grundlagen und Trends des modernen Sportmarketing* (S. 263–291). Berlin: ESV.

Nufer, G. & Geiger, C. (2011). Ambush Marketing im Sport – Systematisierung und Implikationen für Ambusher. *Sciamus Sport und Management, 2* (2), 1–18.

Ott, A. E. (1979). *Grundzüge der Preistheorie* (3. Aufl.). Göttingen: Vandenhoeck und Ruprecht.

Pastowski, S. (2004). *Messung der Dienstleistungsqualität in komplexen Marktstrukturen.* Wiesbaden.

Penrose, E. (1959). *The theory of the Growth of the firm.* New York.

Pepels, W. (2005). *Grundlagen des Marketing.* Frankfurt/M: Redline Wirtschaft.

pilot checkpoint & FASPO (2010). *Sponsorvisions 2010.* Hamburg.

Porter, M. (1979). How competitive forces shape strategy. *Harvard Business Review, 57* (2), 137–145.

Porter, M. E. (1980). *Competitive strategy. Techniques for analyzing industries and competitors.* New York: Free Press.

Porter, M. E. (1985). *Competitive advantage. Creating and sustaining superior performance.* New York, London: Free Press; Collier Macmillan.

Porter, M. E. (2004). *Competitive strategy. Techniques for analyzing industries and competitors* (1st Free Press export ed.). New York: Free Press.

Porter, M. E. (2008). The five competitive forces that shape strategy. *Harvard Business Review, 86* (1), 78–93.

Porter, M. E. (2013). *Wettbewerbsstrategie. Methoden zur Analyse von Branchen und Konkurrenten* (12. Aufl.). Frankfurt am Main: Campus.

Posten, M. (2009). Basking in Glory and Cutting off Failure. In: A. Bühler & G. Nufer (Hrsg.), *Relationship Marketing in Sports* (S. 66–67). London.

Rasche, C. (1994). *Wettbewerbsvorteile durch Kernkompetenzen.* Wiesbaden.

Reinecke, S. & Janz, S. (2009). Controlling der Marketingkommunikation. Zentrale Kennzahlen und ausgewählte Evaluationsverfahren. In: M. Bruhn, F.-R. Esch & T. Langner (Hrsg.), *Handbuch Kommunikation. Grundlagen – Innovative Ansätze – Praktische Umsetzungen.* Wiesbaden: Gabler.

Riedmüller, F. (2013). Sportmarketing. In: T. Bezold, L. Thieme, G. Trosien & R. Wadsack (Hrsg.), *Handwörterbuch des Sportmanagements* (S. 334–341). Frankfurt am Main: Peter Lang.

Römmelt, B. (2010). Kundenanalyse als Basis einer Marketingstrategie. *Jenaer Beiträge zum Sport, 15* (1), 29–32.

Römmelt, B. & Daumann, F. (2009). Football, TV-rights and Porter's Five Forces – the case of the German Bundesliga TV-rights negotiations. In: M. Pekny & S. Tvaroh (Hrsg.), *Vewda v pohybu pohyb ve vede 2009* (S. 38–43). Prag: Univerzita Karlova v Praze.

Sander, M. (2004). *Marketing-Management. Märkte, Marktinformationen und Marktbearbeitung* (UTB, 8251). Stuttgart: Lucius und Lucius.

Schafmeister, G. (2004). Wertschöpfungskonfigurationen bei Sportdienstleistern – unter besonderer Berücksichtigung von problemlösenden Unternehmen. In: A. Meyer (Hrsg.), *Dienstleistungsmarketing* (S. 169–190). Wiesbaden.

Scheuss, R. (2008). *Handbuch der Strategien. 220 Konzepte der weltbesten Vordenker.* Frankfurt am Main: Campus.

Schierenbeck, H. & Wöhle, C. B. (2012). *Grundzüge der Betriebswirtschaftslehre* (18. Aufl.). München: Oldenbourg.

Schneider, D. (2002). *Einführung in das Technologie-Marketing.* München.

Schreyögg, G. & Steinmann, H. (1985). Strategische Kontrolle. *Zeitschrift für betriebswirtschaftliche Forschung, 37,* 391–410.

Schubert, M. (2008). Besonderheiten des Sports für das Marketing. In: A. Hermanns & F. Riedmüller (Hrsg.), *Management-Handbuch Sport-Marketing* (S. 85–99). München: Vahlen.

Sistenich, F. (1999). *Eventmarketing. Ein innovatives Instrument zur Metakommunikation in Unternehmen.* Wiesbaden: Dt. Univ.-Verl.

SpEA. (2010). *Die ökonomische Bedeutung des alpinen Wintersports in Österreich Jahresbericht 2009.* Wien.

Spieler, A. & Römmelt, B. (2007). *Die Sport-City-Card. Ein innovatives Finanzierungstool für Breitensportvereine.* Saarbrücken: VDM-Verl. Müller.

Stabell, C. & Fieldsted, O. (1998). Configuring value for competitive advantage: on chains, shops, and networks. *Strategic Management Journal, 19,* 413–437.

Strauss, B. (2006). Das Fußballstadion als Pilgerstätte. *Fußball und Politik* (1), 38–48.

Suchy, G. (Hrsg.) (2011). *Public Relations im Sport. Basiswissen – Arbeitsfelder – Sport-PR und Social Media.* Berlin: ESV.

Walter, W. G. & Wünsche, I. (2013). *Einführung in die moderne Kostenrechnung.* Wiesbaden: Springer Fachmedien Wiesbaden.

Witt, P. (2003). *Corporate Governance.* Wiesbaden.

Wöhe, G. & Döring, U. (2005). *Einführung in die allgemeine Betriebswirtschaftslehre* (22. Auflage). München: Vahlen.

Woratschek, H. (1998). Sportdienstleistungen aus ökonomischer Sicht. *Sportwissenschaft* (3-4), 344–357.

Woratschek, H. (1999). Verhaltensunsicherheit und Preispolitik – Konsequenzen für Betriebe im Bereich der Sportökonomie. *Betriebswirtschaftliche Forschung und Praxis* (2), 166–182.

Woratschek, H. (2004). Kooperenz im Sportmanagement – eine Konsequenz der Wertschöpfungslogik von Sportwettbewerben und Ligen. In: K. Zieschang & H. Woratschek (Hrsg.), *Kooperenz im Sportmanagement* (S. 9–29). Schorndorf: Hofmann.

Woratschek, H., Roth, S. & Pastowski, S. (2002). Geschäftsmodelle und Wertschöpfungskonfigurationen im Internet. *Marketing ZfP, Spezialausgabe „E-Marketing“*, 57–72.

Stichwortverzeichnis